MEL GIBSON

von

**Karin Lobinger
Andrea Rennschmid**

Das Werk ist urheberrechtlich geschützt
Alle Rechte, insbesondere die der Vervielfältigung sowie der Übersetzung vorbehalten. Kein Teil des Werks darf in irgendeiner Form (durch Photokopie, Mikrofilm oder ein anderes Verfahren) ohne schriftliche Genehmigung des Verlags reproduziert oder unter Verwendung elektronischer Systeme verarbeitet, vervielfältigt oder verbreitet werden.

ISBN: 3-9802987-5-2
© 1999 Reinhard Weber, Fachverlag für Filmliteratur
Litschengasse 712 c
84028 Landshut

Zeichnungen: Georg Forster, Obergangkofen
Fotos: Verlagsarchiv Weber / Privatarchiv Harald Schneider, Dachau

Satz und Druck: Hartig Offsetdruck, Am Hascherkeller, 84032 Landshut
Buchbindung: Hörmann, Sandstr. 2, 83022 Rosenheim

Für freundliche Unterstützung danken wir:
Herrn Harald Schneider, Dachau
Herrn Peter Heinrich, München
Herrn Manfred Königbauer, Landshut
Frau Dr. Gesa Anssar, Landshut

INHALT

Biographie	2
Summer City	54
Mad Max	58
Tim	62
Die Kettenreaktion	67
Die grünen Teufel vom Mekong	69
Gallipoli	73
Mad Max - Der Vollstrecker	79
Ein Jahr in der Hölle	82
Die Bounty	92
Menschen am Fluß	97
Flucht zu dritt	103
Mad Max - Jenseits der Donnerkuppel	112
Zwei stahlharte Profis	116
Tequila Sunrise	120
Brennpunkt L.A.	125
Ein Vogel auf dem Drahtseil	129
Air America	134
Hamlet	140
Brennpunkt L.A. - Die Profis sind zurück	148
Forever Young	152
Der Mann ohne Gesicht	158
Maverick	164
Pocahontas	173
Casper	176
Braveheart	178
Kopfgeld	187
Fletchers Visionen	192
Fairy Tale: A True Story	198
Ein Vater zuviel	199
Payback	201
Lethal Weapon 4 - Zwei Profis räumen auf	202
Chicken Run	209
The Million Dollar Hotel	209
Personenregister	210
Literaturverzeichnis	218

I

"Ich wurde in upstate New York, an einem Ort, der Peekskill heißt, am 3. Januar 1956 in eine große katholische Familie hineingeboren. Als ich fünf Jahre alt war, zogen wir zu einem anderen Ort weiter nördlich, der Mount Vision heißt, was nicht ohne Bedeutung sein kann. Viel Schnee, viele Bäume, viel Kälte. Dann waren da andere kleine Städte um Oneonta. Mein Vater arbeitete für ein Eisenbahnunternehmen. Nachdem er verletzt worden war und eine großzügige Abfindung erhalten hatte, gingen wir nach Australien. Da war ich 12." Diesen standardisierten Lebenslauf hatte sich Mel Gibson im Laufe seiner Schauspielerlaufbahn für allzu aufdringliche Journalisten zurechtgelegt. Doch trotz dieser spärlichen Kurzbiographie konnte er nicht verhindern, daß die Öffentlichkeit mehr über sein Leben erfuhr. Also nochmals von vorne, aber dieses Mal ausführlicher:

Am 3. Januar 1956 erblickte um 16 Uhr 45 im Peekskill Hospital bei New York Mel Colmcille Gerard Gibson als siebtes Kind von Hutton und Anne Gibson das Licht der Welt. Colmcille ist der Name der irischen Diözese, in der Mels Mutter geboren wurde und Gerard heißt der Schutzpatron der Schwangeren, mit dem sich Mels Mutter Anne besonders verbunden fühlte, zumal sie zehn Kindern das Leben schenkte. Ed Stinson, ein Freund der Familie meinte damals: "Gott, er wird in der Highschool oder am College sein, bevor er seinen Namen buchstabieren kann." Doch auch dieser Kommentar hielt die Eltern nicht davon ab, ihr Baby mit diesem komplizierten Namen zu strafen. Die Gibsons wohnten zu der Zeit in Verplanck´s Point, einem Dörfchen am Hudson. Ihr Haus war alt und klein, hatte nur wenige Zimmer, einen winzigen Garten und anfangs kein Bad. Es gab nur kaltes fließendes Wasser. Hutton baute das Haus schrittweise um – besser gesagt, er erneuerte es fast von Grund auf. "Die Kinder standen sich sehr nahe. Sie spielten alle miteinander und beschäftigten sich selbst. Es erstaunte mich schon, daß sie innerhalb des Hauses, das so klein war, so gut miteinander auskommen konnten, und während der Vater das Haus unter ihren Füßen umbaute", erzählt Ed Stinson. Einmal wollte Hutton den Speicher ausbauen und dazu wurde dann das Dach abgedeckt, so daß die Kinder unter freiem Himmel nächtigen mußten. Doch dann zog – Hutton befand sich gerade in der Arbeit - ein Gewitter auf und der Kampf, den die Kinder mit vielen Eimern und Schüsseln gegen die Regengüsse führten, war ein verlorenes Unterfangen. Nach dem Schauer konnte man das Ausmaß der Katastrophe übersehen. Ein Großteil der Einrichtung war zerstört. Die Eltern schafften es nun nur noch mit strengster Sparsamkeit, die Familie zu ernähren. Hutton selbst gab einmal zu, daß er einen amerikanischen Dime so lange ausquetschen könne, bis der Indianer auf der einen Seite auf dem Büffel der anderen Seite reitend wieder herauskäme. Obwohl die Mittel spärlich waren, fütterte Mama Gibson, die eine gute Köchin war, ihre Kinder fast etwas zu reichlich. Auch Mel setzte Fettpölsterchen an und wurde ein properer kleiner Kerl. Erst, als er bereits erwachsen war, und sich etwas schauspielerischer Erfolg eingestellt hatte, schaffte er es abzunehmen.

Nach einiger Zeit eifrigen Sparens konnte sich die Familie 1961 den Traum von einem geräumigeren Haus auf dem Lande erfüllen. Sie kauften eine Farm in Mount Vision im Hochland, die malerisch in Berge gebettet lag. Die Ortschaft war jedoch 200 Meilen von New York City entfernt. Die Farm wiederum lag nochmals 4 Meilen nördlich vom Dorf. Das bedeutete völlige Abgeschiedenheit, die Gibsons waren fast am Ende der Welt gelandet. Für sie war es das erste Mal, daß sie auf dem Lande lebten, und als eingefleischte Städter kamen sie damit nur bedingt zurecht. Befand sich Hutton in der Arbeit, so verblieb die Familie ohne Fahrzeug und somit ohne Verbindung zur Außenwelt. Ein Wagen wäre für Mutter und Kinder aber auch nicht gerade hilfreich gewesen, da Anne keinen Führerschein besaß und die Sprößlinge noch viel zu klein waren. Also wurde in dieser Einöde ein normaler Einkauf in einem entfernten Laden schon zum Abenteuer. Der Vater konnte nicht jeden Tag nach Hause fahren, da er in New York beschäftigt war und die Strecke allein schon in Anbetracht der Benzinkosten unüberwindbar schien. Außerdem wurden die Vorstellungen vom idyllischen Landleben bald zerstört. Mount Vision war besonders dafür bekannt, daß seine Winter hart, lang, und die Sommer kaum der Rede wert waren. Nun stellte sich heraus, daß sich die Familie nicht ausreichend auf das neue Leben vorbereitet hatte. Die Trinkwasserversorgung im Haus hing von einer Bergquelle ab, die im Winter prompt einfror. Die Versuche, sich vom Ertrag der Farm selbst versorgen zu können und in einem von Milchwirtschaft dominierten Gebiet Viehzucht zu betreiben, gingen gründlich daneben. Das Gemüse wurde von den Kindern allzu frühzeitig ausgerupft und der Hauptvorteil der äußerst wanderfrohen Rinder bestand wahrscheinlich allein darin, die Kinder entweder mit dem Einfangen der kleinen Ausreißer oder mit dem Säubern der Ställe zu beschäftigen und damit von den Beeten fernzuhalten.

Im Alter von 6 Jahren wurde Mel eingeschult. Er war bei den Ortsansässigen als "kleines stilles Kind" bekannt und seine Lehrer bezeichneten ihn als "sehr klugen Burschen". Mel zeigte schon damals, daß er ein geborener Schauspieler war. So erzählt seine Tante Kathleen: "Er war wie ein Komödiant, er machte die ganze Zeit verschiedene komische Sachen, er machte sich über dies und jenes lustig. Und nicht, weil er es etwa im Fernsehen gesehen hatte. Nein, es steckte einfach in ihm, und weil in der Familie viel Lustiges passierte. Mel war sehr gescheit, aufgeweckt. Und ein richtiger kleiner Teufel. Einmal erzählte er mir: 'Tante Kathleen, ich wäre fast auf einen Hund getreten.' Ich fragte: 'Wie ist das passiert? Du kannst doch nicht so grausam sein.' Dieser kleine Hund war eines jener flauschigen Dinger, ein Yorkie oder ein Schoßhund, den eine Dame an der Leine spazieren führte. Und Mel, der sehr wohl wußte, was das ist, sagte zu seinem Vater: 'Daddy, was ist das?' Sein Vater machte bei dem Scherz mit und sagte: 'Es ist eine Spinne.' Und Mel: 'Oh, dann kann ich also drauftreten?' Sein Vater: 'Natürlich, mach's nur.' Also gab er vor, es tun zu wollen, und die Dame kreischte: 'Junge, laß das!' Er war wirklich ein Teufel." Ed Stinson dazu: "Wenn er einen zum Lächeln oder Lachen brachte, war er glücklich. Es war niemals Bosheit in Mels Herzen und ich glaube nicht, daß sie es jemals sein wird." Mel gab später zu: "Natürlich genieße ich es, Leute zu unterhalten. Ich hab das schon gemacht, seit ich klein war. Man weiß ja, wie es kleine Kinder so machen. Sie lieben Aufmerksamkeit – besonders wenn sie aus einer großen Familie kommen. Es hat mir immer einen Riesenspaß gemacht, Wirkung auf andere zu erzielen, egal welche. Das treibt einen an."

Mels Vater war ein sehr strenger Mann. Ebenso wie seine Frau ein Nachkomme irischer Immigranten, hatte er nicht nur feuerrotes Haar – sein Spitzname lautete Red – sondern auch ein feuriges Temperament. Obwohl er die Kinder über alles liebte, bestrafte er sie bei Ungehorsam hart, wenn es sein mußte sogar mit Schlägen. Hutton hatte als junger Mann am Zweiten Weltkrieg teilgenommen, war auch verwundet worden, und nachdem er das viele Töten dort gesehen hatte, entwickelte er sich zum leidenschaftlichen Pazifisten. Er trat daraufhin in ein Priesterseminar ein, zeigte sich aber mit den aus seiner Sicht zu modernen und reformfreudigen Ansichten seiner Kollegen unzufrieden. Da er dies nicht mit seiner reaktionären Haltung vereinbaren konnte, verließ er das Seminar, um nun vom Zölibat befreit Kinder in die Welt zu setzen, die "den guten alten Glauben" weitertragen konnten. Deshalb war er besonders auf eine strenge religiöse Erziehung der Sprößlinge erpicht. Der Einfluß des Vaters trug zumindest bei zwei Kindern Früchte. Kevin besuchte ein Priesterseminar und Patricia trat in ein Kloster ein. Alle Dinge, die der wahren Herzensbildung abträglich sein konnten, wurden aus dem Gibsonhaushalt verbannt, z. B. Comics oder Fernsehen – letzteres änderte sich dann im Laufe der Zeit. Fluchen war strengstens untersagt und wurde mit einer Ohrfeige bestraft. Todsünden waren auch Rauchen und Trinken. Tee war das Familiengetränk.

Das Leben der Gibsons drehte sich hauptsächlich um die Familie. Sie nahmen weder viel an öffentlichen Veranstaltungen teil noch waren sie Mitglieder in Clubs oder Verbänden. Von der Tatsache abgesehen, daß man sich das kaum leisten konnte, erwies sich die Gegend um Mount Vision als stark protestantisch gefärbt und eingefleischte Katholiken waren nicht gerade sehr willkommen. Hutton hatte sich noch nie davon abhalten lassen, seine religiöse Überzeugung öffentlich zu bekunden: "Es gibt nichts besseres, als Katholik zu sein. Man hat die lebenslange Befriedigung, auf dem rechten Weg zu sein." Die einzigen Abwechslungen stellten für den Gibson-Clan Besuche von Verwandten und Freunden und Aktivitäten innerhalb der Kirche dar. Es scheint auch sehr unwahrscheinlich, daß die Kinder jemals im Kino waren – welche Ironie, daß ausgerechnet ein Sproß dieser Familie einer der größten Leinwandidole aller Zeiten werden sollte. Wegen Geldmangels galt auch Urlaub als Fremdwort und die Geburtstage feierte man ohne viel Aufhebens. Nie wurden dabei Klassenkameraden zu Parties eingeladen oder große Geschenke verteilt. Auch an Weihnachten stand die religiöse Feier im Mittelpunkt und weniger die Präsente. Man darf aber nicht behaupten, daß die Gibson-Kinder deshalb unglücklicher gewesen wären als Gleichaltrige. Trotz dieser entbehrungsreichen Jahre hatte man immer noch die Familie und die Geschwister waren und sind jetzt noch auf ihren Familienzusammenhalt stolz.

Nach einiger Zeit mehr oder weniger glücklichen Landlebens in Mount Vision erlitt Mels Vater am 11.12.1964 um 12 Uhr 30 einen schweren Betriebsunfall. Er übersah eine Ölpfütze, rutschte aus und stürzte schwer. Dabei zog er sich schlimme Verletzungen an der Wirbelsäule zu. Es folgten mehrere Operationen. Die New York Central Railroad wies jegliche Verantwortung für den Unfall von sich und verweigerte Entschädigungszahlungen. Die Farm mußte wieder verkauft und ein billigeres Haus in der Nähe der Großstadt gemietet werden. Nun wurden also die zehn Sprößlinge (Patricia, Sheila, Mary Bridget, Kevin Bernard, Maura Louise, Mel, Daniel Leo und Christopher Stuart, die eineiigen Zwillinge, Donal Regis Gerard und Ann) und der ganze Haushalt wieder ins Auto verladen und man zog nach Salisbury Mills. Die Familie war jetzt fast mittellos. Mels zwei ältere Schwestern suchten eine Stelle, um die Familie über Wasser zu halten. Tante Kathleen erzählte: "Sie hatten solch eine schreckliche Zeit, nachdem Red sich verletzt hatte. Sie hungerten praktisch. Drei oder vier Jahre lang litten sie fürchterlich." Das neue Haus war eine Bruchbude und also begab man sich wieder einmal daran, das Gebäude bewohnbar zu machen und umzubauen.

Während seiner Krankenhausaufenthalte hatte Hutton viel gelesen und sich weitergebildet. Er sandte eine Bewerbung für die Quizshow *Jeopardy* ab, zumal er einige Jahre zuvor bereits einige Hundert Dollar bei einer örtlichen Show kassiert hatte. Und er bewies auch dieses Mal sein Können. Nach einigen Wissenskämpfen vor laufender Kamera kassierte er mehrere tausend Dollar, was für die Familie mehr als lebensrettend war. In der Endrunde brachte ihm das Ratespiel $ 21.000 ein, was Frau und Kinder, die sich bis dahin endlich einen kleinen Fernseher geleistet hatten, strahlend vor dem Bildschirm mitverfolgten. Da sich Hutton bewußt war, daß er auf diese Weise die Kinder nicht dauerhaft versorgen konnte, suchte er ein Rehabilitationszentrum auf, durch das er einen neuen Berufsstart zu schaffen hoffte. Mit 45 Jahren ließ er sich zum Programmierer ausbilden. Zudem hatte er nach langen Kämpfen vor Gericht am 14. Februar 1968 $ 145.000 Schadensersatz von seiner ehemaligen Firma bekommen.

Mit Beginn des Vietnamkriegs traf der Vater die folgenschwere Entscheidung, mit der Familie auszuwandern. "Mein älterer Bruder stand vor der Einberufung und mein Vater wollte seine Söhne nicht ausschicken, damit sie Dschungelfieber oder Schlimmeres bekämen. Er wollte uns nicht einen nach dem anderen wegschicken müssen, damit wir zerhackt würden", erklärt Mel die damaligen Auswanderungspläne und fügt hinzu: "Meine Eltern wollten sich einfach verändern. Die sogenannte *New Frontier* fasziniert einen immer, und da man in den USA nicht mehr viel weiter nach Westen gehen kann, wählten wir Australien." Der Gedanke, ausgerechnet nach Australien zu gehen, kam nicht von ungefähr. Mels Großmutter väterlicherseits, Eva Mylott, eine sehr talentierte und berühmte Opernsängerin, von der ihr Enkel nicht nur das künstlerische Talent, sondern seine berüchtigten blauen Augen geerbt hat, war seinerzeit von ihrer Heimat Irland nach Australien ausgewandert und nur aufgrund ihres Berufes in die Staaten gekommen. Als sich die Gibsons nun zum Umzug bereit machten, vergaßen auch Patricia und Kevin plötzlich ihre religiöse Berufung und folgten dem Lockruf der Familie an das andere Ende der Welt. Australien erschien ihnen, besonders aber Hutton, das "Gelobte Land" zu sein, denn dort zählten Traditionen noch, ganz im Gegensatz zum "dekadenten" Amerika. Natürlich ging es nicht sofort in die neue Heimat, denn der Vater wollte seinen Sprößlingen erst noch die Welt zeigen. Die Route führte quer über den Globus, vorbei an Irland, und plötzlich saß man nach einer dreimonatigen Reise in Rom, was bei Huttons strenger Religiosität nicht verwunderlich erschien. Die Familie verbrachte einige Tage allein damit, die Messen im Petersdom zu besuchen, bis man nach diesem "Höhepunkt" der Welttour wirklich ernsthaft bereit war, in das fremde Zuhause aufzubrechen. Man befand sich also auf dem Flughafen Leonardo da Vinci, fertig zum Abflug in ein neues Leben, und es ging zum Gruppenappell. Acht, neun ... neun, doch wo war Nummer zehn und wer war der Schlingel? Nein, nicht schon wieder Mel! Der 12jährige Fratz war nirgends aufzufinden. Also organisierte Papa Suchtrupps. Aber der Kleine schien wie vom Erdboden verschluckt zu sein. Nun wurde auch Hutton nervös. Es begann das große Fragespiel, wo man ihn denn zuletzt gesehen habe. Plötzlich fiel es ihnen wie Schuppen von den Augen: die Flughafentoilette. Als sie ihn dann dort tatsächlich antrafen, zuckte der verlorene Sohn nur mit den Schultern und sagte zu seinem Vater: "Ich wußte, du würdest mich finden, also bin ich geblieben, wo ich war."

Die Gibsons stellten sich sogleich bei der australischen Bevölkerung in einem Zeitungsartikel vor. Die Presse hatte von den außergewöhnlichen Einwanderern gehört und also brachte der *Melbourne Herald* am 4. November 1968 ein großes Foto mit der Überschrift "Lernen Sie die Gibsons kennen – 12 von ihnen" Weiter stand in dem Artikel: "Sie meinen also, S I E hätten Probleme, Ihre Kinder in Reichweite Ihres Arms zu halten?" Anne meinte aber, auf die Größe ihrer Familie angesprochen, immer nur: "Sehen sie sich Cary Grant an. Er hatte fünf Frauen und starb mit nur einem Kind. Das ist aus meiner Sicht ein völlig unproduktives Leben."

Das richtige Plätzchen, um sich niederzulassen, war noch nicht gefunden. Erst als sie alle großen australischen Städte besucht hatten, fiel die Wahl auf Sydney. Hutton hatte sich nun voll von seinem schweren Unfall erholt und arbeitete den ganzen Tag als Programmierer. Doch Anne schienen die Kinder zu entgleiten und sie fühlte sich nicht mehr richtig ausgelastet. Also wurde kurzerhand Familienmitglied Nummer 11, ein 9 Monate alter Junge namens Andrew, adoptiert, da sie selbst schon zu alt war, um noch Nachwuchs in die Welt zu setzen. Obwohl das Land herrlich, das Klima besonders für die an Eis und Kälte gewöhnten Amerikaner eigentlich wie das Paradies auf Erden schien, hatte besonders Mel eine harte Zeit vor sich. Auf der Suche nach einer geeigneten Schule für seinen Jungen hatte sich Papa für eine konservative und natürlich katholische Bildungsstätte entschieden. Im St. Leo College mußte Mel Schuluniform tragen, wobei er sich ziemlich lächerlich vorkam, was aber noch das geringste seiner Probleme war. Als unüberhörbarer Amerikaner wurde er von seinen Mitschülern oft gehänselt. Er, der *Yank*, ließ sich das selbstverständlich nicht gefallen und so kam es nicht selten zu kleineren Balgereien. Die Lehrer zeigten sich nicht zimperlich und diese Lappalien wurden mit Prügel bestraft. Da er sowieso schon ein Außenseiter war, hatte er nichts mehr zu verlieren und entwickelte sich, sehr zum Leidwesen seiner Lehrer, zum kleinen Rebellen. Einmal sollen Mel und einige Mitschüler einen Wettstreit begonnen haben, wer von ihnen an einem Tag die meisten Schläge mit dem Riemen ergattern könnte. Mel ging dabei mit 72 Schlägen eindeutig als Sieger hervor. Er spielte jedoch nur den harten Kerl, im Grunde war er damals äußerst verletzlich, besonders im Hinblick auf seine noch so junge Vergangenheit: "Ich dachte immer, daß alle diese Kinder etwas hätten, das ich nicht hatte, daß sie eine Identität hatten." Zudem soll er auch sehr scheu und zurückgezogen gewesen sein, wenn es um andere weibliche Wesen als seine Mutter oder Schwestern ging.

Als er dann das Rauchen anfing und hin und wieder ein Bierchen trank, wurde er in der Schule immer öfter bestraft. "Jeder in dem Alter, das ich damals hatte, ist sowieso sehr verletzlich, und ich war ein pubertierendes Bündel von Paranoia." Sein Haß gegen die Schule ging schon so weit, daß er im Alter von 13 Jahren ernsthaft darüber nachdachte, Priester zu werden und in ein Seminar einzutreten, nur um dieser Hölle zu entkommen. Doch seinem Charakter entsprach eher eine andere Lösung: "Gewöhnlich verbrachte ich meine Zeit damit, den Lehrern eins auszuwischen, indem ich ihnen Streiche spielte. Ich ging im einen Moment normal vorbei und im nächsten gab ich vor, tot zu sein." Oder er machte die Leute glauben, er wäre gegen die Tür gerannt und hätte sich verletzt. "Ich war nicht sehr gut in der Schule, aber ich bin kein Idiot – ich mochte sie einfach nicht." Eines Tages mischte sich sein Vater jedoch in die schulische Erziehung ein, jedoch wohl kaum wegen der dort herrschenden Mißstände. Hutton war lediglich besorgt, daß die Mönche die religiöse Erziehung nicht streng genug vollzogen, z. B. zwangen sie die Schüler nicht, täglich die Messe zu besuchen. Nun wurde der Filius also auf die staatliche Asquith High School geschickt und erhielt seinen Religionsunterricht bei Papa. Auf der neuen Schule wurde er zwar auch wegen seines Yankee-Akzents gehänselt, aber dieses Mal entschied er sich dafür, die Spötter ernsthaft mit Gewalt zum Schweigen zu bringen und er erkämpfte sich mit seinen Fäusten den gehörigen Respekt. Deshalb gab man ihm damals wohl auch den Spitznamen "Mad Mel". Bald nahm er den australischen Akzent an und wie durch ein Wunder stieg die Akzeptanz für den kleinen Yank. Mel selbst leugnet dies jedoch vehement. Seiner Meinung nach änderte sich seine Aussprache erst bei seiner Berufsausbildung: "Mein Akzent hätte sich nicht so stark geändert, wenn ich nicht Schauspieler geworden wäre. Nehmen Sie meine Mutter und meinen Vater – sie klingen immer noch gleich. Aber wenn man Schauspieler ist, muß man den Akzent annehmen, der zu dem Ort paßt, an dem man die Rolle spielt, und das ist für mich Australien."

Inzwischen begann der Vater einen Kleinkrieg gegen die neuen Tendenzen der Volkskirche, wie Messen nicht mehr gemäß dem alten Ritus in Latein zu lesen. Huttons Protest ging so weit, daß er seine Tochter Anne nicht firmen ließ und mit einigen Verbündeten eigene Messen feierte. Auch die Kinder mußten ihn bei seiner Kampagne unterstützen. Heute noch steht Mel voll hinter den Ansichten seines Vaters, und das Buch, das Hutton über seine religiösen Ansichten veröffentlicht hat, ist sein steter Begleiter. "Mel zollt seinem Vater höchsten Respekt. Er sieht wirklich zu seinem Vater auf. Er fühlte, daß Hutton ein sehr gottesfürchtiger Vater war und er respektiert das zutiefst. Wirklich, er hat seinem Vater nachgeeifert. Mel kann sogar Gebete in Latein rezitieren", erinnert sich eine von Mels Ex-Freundinnen. Mel selbst gestand einmal: "Ich interessiere mich nicht für persönliche Helden, aber ich habe einen – *my old man*. Meine Bewunderung für ihn ist unermeßlich."

Hutton zeigte zudem starkes Mißtrauen Ärzten gegenüber und so versuchte er seine Kinder möglichst fit zu halten, indem er sie mit frischem Gemüse und Vitamintabletten vollstopfte. Auch diese Marotte vererbte er seinem Sohn, der tagtäglich mindestens 30 verschiedene Sorten dieser Tabletten schluckt - sagt er jedenfalls. Mel wirkte sogar einmal ohne Bezahlung an einem Werbespott mit, in dem er beteuerte, wie gesund Vitamine doch seien.

Daß Mel die Schauspiellaufbahn einschlug, liegt wohl in seinen Genen, denn ein Großteil der Familie versuchte sich in künstlerischen Berufen. Der Vater war schon der Stolz des Kirchenchors gewesen und Patricia und Sheila wurden professionelle Sängerinnen; Mary hatte noch in den USA einige Zeit Schauspiel studiert, da sie ein Stipendium gewonnen hatte, und Mels jüngerer Bruder Donal entschied sich später auch für die Bretter, die die Welt bedeuten. Mel meinte dazu: "Und ich hatte in dieser Sache keine Wahl. Es war, als ginge ein Welpe dahin, wohin ihn die Mutterhündin führt. So ging ich. Hatte eine Ausbildung und fing an zu spielen. So einfach war das." Also machte er sich mit dem Motto "Wenn man keine großen Erwartungen hat, kann man auch nicht enttäuscht werden", in einen neuen Lebensabschnitt auf. Die Wahl hatte seine Schwester Sheila für ihn getroffen, als sie den nach Schulabschluß unschlüssigen Bruder für einen Vorsprechetermin am örtlichen Schauspielinstitut anmeldete.

II

Da er sonst auch nichts Besseres zu tun hatte, merkte er sich die beiden Vorsprechtage vor und marschierte recht ahnungslos, was ihn dort eigentlich erwarten würde, nach Kensington in die High Street, wo das Institut auf einem ehemaligen Pferderennplatz untergebracht war. Mit ihm waren hunderte zitternder und bebender Mitbewerber, deren Lebenstraum es war, einen der wenigen begehrten Studienplätze zu ergattern. Einer gewissen Nervosität konnte zwar auch Mel nicht entgehen, aber der fehlende Zwang, um jeden Preis erfolgreich sein zu müssen, verschaffte ihm sicher einen nicht zu unterschätzenden Vorteil gegenüber seinen Konkurrenten.

"Wir mußten dort all dieses dumme Zeug machen - improvisieren, singen, tanzen. Ich weiß, daß ich furchtbar war, aber es wirkte damals wohl gut. Man sah anscheinend etwas Ausbaufähiges in mir. Der Typ fragte mich, warum ich Schauspieler werden wolle, und ich antwortete :'Ich habe mein ganzes Leben lang herumgealbert. Da dachte ich mir, man könnte damit doch auch Geld verdienen'. Und so wurde ich genommen." Für den Vortrag hatte er eine Rede aus *König Lear* und *Tod eines Handlungsreisenden* ausgewählt.

Was auch immer die Auswahlkommission gesehen haben mochte, nachhaltig war der Eindruck nicht. John Clark, Leiter des NIDA, blieb aus dem Vorsprachemarathon jenes Jahres nur eine Kommilitonin Gibsons in Erinnerung: Judy Davis, die später ebenfalls Filmruhm ernten sollte.

Mel folgte der Richtung, die ihm fast ohne eigenes Zutun aufgedrängt worden war, aber die Begeisterung oder gar ein persönliches Interesse an der Schauspielerei ließen nach wie vor zu wünschen übrig. "Anfangs gefiel es mir überhaupt nicht. Aber ich fand, ich konnte so etwas nicht einfach sausen lassen", äußerte er sich rückblickend kurz nach Ausbildungsende. Er konnte das Dilemma, das ihn schon während seiner Schulzeit verfolgt hatte, nach wie vor nicht abschütteln. Der Außenseiter, der er dort gewesen war, blieb er auch hier. Er schaffte es nach wie vor nicht, aus sich herauszugehen, ohne Faxen zu machen, und war daher für die meisten schwer zugänglich. "Er gehörte einfach nicht zu uns und das wußte er auch", meint ein ehemaliger Mitstudent. Außerhalb vertrauter Umgebung fühlte er sich denkbar unwohl, was ihn gelegentlich in peinliche Situationen brachte. Beim ersten "Kennenlernumtrunk" mit dem Schauspieldozenten Richard Wherrett, der mit seinen Studenten *Romeo und Julia* auf die Bühne bringen wollte, landete der Trank nicht in der Kehle, sondern auf Wherrett. Bei seinem nervösen Gefuchtle hatte er das Glas umgestoßen.

Der mangelnde Ernst, mit dem der zukünftige Star seinen Studien nachkam, stieß bei so manchen seiner ambitionierten Kommilitonen auf Ablehnung und rief bei den Dozenten verständnisloses Kopfschütteln hervor. Nach einem Jahr stand denn auch die erste Bewährungsprobe an.

Einmal am NIDA aufgenommen worden zu sein, bedeutete keineswegs, eine Bleibe für die kommenden drei Jahre gefunden zu haben. Nach dem ersten Jahr trat der Lehrkörper zusammen und entschied, wen zu behalten es sich lohnte. Wieder einmal war Mel das Glück hold, wobei die Abstimmung durchaus nicht einhellig zu seinen Gunsten ausgefallen war. George Whaley, ein erfolgreicher Bühnenregisseur, der 1976 die Leitung der Schauspielabteilung übernahm, stieß auf erstaunlich viele Ressentiments gegenüber dem Jungschauspieler: "Wenn ich meine Kollegen zu Beurteilungen zusammenrief und wir den Fortschritt diskutierten, herrschte wegen Mel immer Besorgnis, was ich nicht verstehen konnte, weil ich ihn für glänzend hielt. Nun, manche dieser Sorgen stammten noch aus dem ersten Jahr, das für ihn offensichtlich nicht so herausragend gewesen war. Aber ich glaube, es lag vor allen Dingen daran, daß Mel einfach anders war. Er war schüchtern, zog sich zurück, stand nicht in vorderster Reihe. Er war einer von denen, die nur bei der Arbeit aus der Menge herausstechen. Er war ein unglaublich begabter Schauspieler, aber immer hörte man im Chor: 'Was machen wir nur mit Mel?'"

Seinem zurückhaltenden Wesen entsprechend hatte der Student sein Gesicht hinter einem dichten Bart und üppiger Hippiemähne versteckt, die seine wirkliche Physiognomie nur ahnen ließen. Auf Druck seiner genervten Dozenten rang er sich gegen Ende des ersten Jahres dazu durch, seine Zotteln wenigstens mit einem Band zusammenzuhalten. Vielleicht hatte dies zu seinem Hinüberretten ins zweite Studienjahr beigetragen. "Man sah, daß sein Gesicht sich tatsächlich bewegte, alles, was sich in ihm abspielte, konnte man darauf erkennen." (Aubrey Mellor) Diese Meinung teilten aber nicht alle uneingeschränkt. "Gefühle wie Wut und Schmerz kann er sehr gut ausdrücken. Was die Freude und die glückliche Seite des Lebens anbelangt, da ist er nicht besonders. [...] Diese müssen von innen kommen, denn aufgesetzt wirken sie, wie gut auch immer man sein mag, unecht." (Monroe Reimers) Peter Weir stellte nach *Gallipolli* Jahre später fest: "Mel ist nicht der Typ, der die Dinge gern verbal ausdrückt und er hat auch nichts für tiefergehende Analyse übrig. Er mag das viele Gequatsche einfach nicht. Eine Einstellung drückt er durch seine Stimmung aus. Aber nie, wirklich *niemals*, läßt er von seiner Vorsicht, seinem Argwohn, seiner Wachsamkeit. Wie ein Revolverheld, der immer über die Schulter blickt."

Gibson selbst gab an, nach dem ersten Jahr den Knackpunkt erreicht zu haben: "Die Hauptaufgabe lag darin, die Furcht davor zu überwinden, aus mir selbst herauszugehen. Ich fand es schwer, die Barrieren zu durchbrechen, ohne mich lächerlich und unbehaglich zu fühlen. Aber ich brauchte diese Umgebung, um zu lernen, wie man etwas herausläßt. Es dauerte mindestens ein Jahr, bis ich die Schauspielerei allmählich mochte oder gar genoß."

Etwa zu dieser Zeit begann er auch, flügge zu werden und das behagliche, wenn auch überfüllte, heimische Nest zu verlassen und zumindest räumlich auf Distanz zu Eltern und Geschwistern zu gehen. Nicht daß eine gefühlsmäßige Entfremdung eingetreten wäre, das Verhältnis war nach wie vor bestens und die Kochkunst der Mama geschätzt, aber es schien Mel langsam an der Zeit, der Fürsorge, aber auch dem wachsamen Auge Annes und Huttons zu entkommen. Diese fürchteten nicht ganz zu Unrecht, daß seine neuen Kameraden so manchen moralisch verderblichen Einfluß nehmen könnten. Der streng katholischen Überzeugung zum Trotz verstand es Mel durchaus, Wein, Weib und Gesang zu huldigen - vielleicht manches Mal mit schlechtem Gewissen, aber der Glaube allein machte noch keinen Heiligen aus ihm. Gibsons altem Schulfreund Jeremy Connolly gelang es, über seinen Vater eine leere Wohnung im Stadtteil von Kings Cross aufzutreiben. Das bunte, hektische Treiben in diesem Viertel ließ sie sich bald nach einem abgelegeneren Platz umsehen, den sie aber dann selbst zum Mißfallen der Anwohner mit genügend Leben füllten. Die Wohngemeinschaft wurde noch um zwei Mitglieder, Monroe Reimers und Steve Bisley, Kommilitonen Mels, aufgestockt und Richtung Strand verlegt. "Schabenschloß" nannten sie ihre Behausung am Bondi Beach. "Es war zum Abriß bestimmt und so sah es auch aus. Aber es war billig und wir hatten sehr wenig Geld - so wenig, daß wir in dem Pizzaschuppen am Ende der Straße anschreiben ließen." (Bisley) Fern der elterlichen Autorität konnten sich die jungen Männer die Hörner abstoßen. "Wir tranken und haschten auf diesen Parties, und es gab Rot- und Weißwein und Bier in Flaschen zuhauf. Die Drogenkultur stand in ihrer Blüte. Leute saßen herum, tranken, rauchten und hatten am nächsten Tag einen schrecklichen Kater. Sie bewegten sich eng umschlungen über die Tanzfläche. Ich fiel dauernd über Leute, die sich gerade zu Unfeinem anschickten. Man mußte sich seinen Weg vorsichtig suchen, um nicht in Peinlichkeiten zu treten." (Linda Newton) Einen nicht genannten Freund zitiert Clarkson in seiner Biographie: "Sie [die Parties] waren echt wild. Es waren eine Menge Mädchen da, und wir alle vernaschten so ein oder zwei. Schließlich gab's Aids in jenen Tagen noch nicht. Wir waren einfach auf Spaß aus. Was Drogen betraf, da versuchten wir so alles. Damals machte man das einfach allgemein so."

Neben der Wohnung und der gemeinsamen Freizeit teilten sich die Freunde auch einen klapprigen alten Kombi, der dem Charakter des Schabenschlosses ähnelte und die finanziellen Verhältnisse widerspiegelte, in denen sich insbesondere Mel befand. Eine üppige Apanage ließen die familiären Verhältnisse nicht zu und gelegentliche studentische Aushilfsjobs konnten die chronische Ebbe im Beutel nur selten lindern. Mundraub am Hamburgerimbiß war durchaus nicht unter der Würde. Auch Fabrikarbeit während der Ferien war gefragt und brachte ungewohnte neue Erkenntnisse: "Ich half beim Mischen des Konzentrats und bei der Flaschenabfüllung. Wir pumpten dickflüssige Orangenpampe aus einem Faß. Dazu kamen Leitungswasser, jede Menge Chemie und alle Farbstoffe der Welt, weißer Zucker und Säure. Mel Gibsons Rat an die Welt: Hände weg von unorganischem Orangensaft."

Dem studentischen Gammelleben zum Trotz ließ sich Mel aber mit eiserner Disziplin allmorgendlich im NIDA-eigenen Fitneßraum blicken, um für das umfangreiche Unterrichtsprogramm einigermaßen gewappnet zu sein, das nicht nur so Gewichtiges wie Schauspiel-, Literatur- und Sprechunterricht umfaßte, sondern auch Gesang, Gymnastik, Fechten und - Tanz. Besonders letzteres war Mels Sache nicht. "Ich brauchte eine Weile, dies in den Griff zu kriegen. Wir waren vier von der stämmigeren Art. Ich hatte immer zwei linke Füße und war einen halben Takt hinter allen anderen." Vom körperlichen Erscheinungsbild war auch in späteren Jahren so mancher, der den mit ca. 1,75 m nicht übermäßig großen Schauspieler in natura sah, überrascht. "Er hat so einen eigenartigen Körper. Kurze Beine, einen etwas zu langen Oberkörper und hohlbrüstig", stellte eine enttäuschte Helena Bonham-Carter nach den Arbeiten zu *Hamlet* fest.

Das zweite Studienjahr brachte auch die ersten größeren Herausforderungen mit sich. In einer schulinternen Aufführung drängte man ihn wider Willen in den Part des Romeo - mit Judy Davis als Julia. "Er sagte, er werde es versuchen. Er mochte gedacht haben, Romeo sei als Rolle etwas für einen Weichling, aber er drückte ihr seinen eigenen Stempel auf. Er brachte eine wunderbar jungenhafte Qualität ein, die durchaus hervorragend war." (Aubrey Mellor) Mit jedem Tag am Institut, mit jedem neuen Auftritt vor Zuschauern wuchsen allmählich das Selbstvertrauen und das Vergnügen an Rollenspielen, deren Wirkung in der Freizeit ganz gerne erprobt wurde. So waren nach ein paar Bier inszenierte Kneipenschlägereien im Repertoire der Freunde recht beliebt. Der Inhalt der auf jedem Tisch anzutreffenden Ketchupflaschen steigerte den dramatischen Effekt durch rote Farbtupfer. Die Flucht vor etwaigen Ordnungshütern gelang stets rechtzeitig. "Zu den Übungen gehörte auch, daß wir uns ein Leiden ausdachten, eine gebrochene Hand oder so was, und dann 24 Stunden damit lebten. Mel und ich nahmen den Bus nach Hause, und er wollte einarmig sein, also steckte er seine Hand innen ins Hemd und ließ den Ärmel einfach hängen und gab vor, nur einen Arm zu haben. Und der Bus auf dem

Heimweg hielt und fuhr wieder an und ruckelt e und Mel stand und stellte sich furchtbar dämlich an, versuchte auf den Beinen zu bleiben und seine Bücher nicht loszulassen, und jeder dachte 'armer Tölpel' und hatte unübersehbar Mitleid mit ihm." (Monroe Reimers)

Im November 1976 kam der erste kleine Schritt in Richtung auf die spätere große Karriere. Der junge australische Produzent Phil Avalon war auf der Suche nach Darstellern für einen kleinen Billigfilm ohne große künstlerische Ambitionen. Ein Absolvent des NIDA, John Jarrat (der Albert aus Peter Weirs *Picknick am Sankt Valentinstag*), hatte ihm den Tip gegeben, sich Bisley einmal anzusehen, und er war sofort begeistert. Mel aber war nur zweite Wahl. "Er hatte damals schulterlanges Haar und schien sehr schüchtern und introvertiert, aber ich dachte, er könnte ganz gut sein", (Avalon) und so durfte Gibson, nachdem die ursprüngliche Besetzung ausgefallen war, die Rolle des zurückhaltenden Surfers Scollop übernehmen. Die Haarpracht mußte nun endlich daran glauben, ein bloßes Gummiband genügte angesichts der in den 60ern angesiedelten Handlung nicht mehr. "Die Verwandlung war phänomenal. Kurzes Haar steht ihm wirklich." Ein großes Handicap angesichts der darzustellenden Figur hatte Avalon bei der Besetzung übersehen: Mel war ein miserabler Surfer und Ross Bailey mußte als Stuntman her, um den Charakter glaubwürdig zu machen. Gedreht wurde an der Catherine Hill Bay zwischen Sydney und Newcastle. In einer Stimmung, in der sich Vorfreude und Abenteuerlust mischten, wollten Steve und Mel schon eine Woche vor Drehbeginn aufbrechen. "Sie nahmen den großen schwarzen Chevy, der auch eine bedeutende Rolle im Film hatte. Dem Auto fehlte es an der Zulassung wie am Benzin. Da gerade Ölstreik war, machten sich Mel und Steve daran, sich Benzin von anderen Wagen in der Straße zu 'borgen'. Es war lustig. Ein Auto war gegenüber meinem Haus in Tamacama über die Klippen gerollt. Steve und Mel kletterten hinunter und saugten das Benzin aus dem umgestürzten Fahrzeug. Das reichte, um nach Catherine Hill Bay zu gelangen. Ich gab ihnen ein paar dutzend Colaträger mit und weg waren sie. Ich wäre in dieser Woche gern Fliege an der Wand in Catherine Hill Bay gewesen; ich kann mir vorstellen, was ihnen da an Faxen einfiel." (Avalon) Die Unterkunft war alles andere als komfortabel. Ein Bürgersaal beherbergte Darsteller und Arbeitsräume. Chaos regierte vor und hinter der Kamera. Der australische Busch stand in Flammen und die Crew wurde zum Löscheinsatz mit den Einheimischen abgeordnet. Avalon war so knapp bei Kasse, daß er sich aus allen erdenklichen Quellen Geld leihen mußte, um seinen rund 25 Mann auch nur die vereinbarten Mindestlöhne zu zahlen.

Gibson behauptete später immer, nicht mal den erhalten zu haben, was Avalon heftig bestreitet.

Die Beliebtheit des Filmteams vor Ort hielt sich in Grenzen, insbesondere die Eskapaden der beiden angehenden Jungstars trugen nicht gerade dazu bei, die Stimmung zu fördern. Eine Filmszene verlangte von beiden, ihren Allerwertesten kurz zu entblößen. So wie sie während des Studiums gern die neu erworbenen Fertigkeiten der Öffentlichkeit vorführten, so konnten sie es sich auch hier nicht verkneifen, blank zu ziehen; allerdings bei denkbar ungünstiger Gelegenheit. Das Filmteam hatte einer Hochzeitsgesellschaft für einen Tag weichen müssen und sich in ein Pub zurückgezogen. Nach ausgiebigem Biergenuß wollten sich Mel und Steve zu ihren Schlafsäcken begeben, aber sie hatten nicht mit der Ausdauer der Hochzeitsgäste gerechnet und machten ihrem Frust auf vorgenannte Weise Luft, bevor sie wieder ins Pub verschwanden. Die Feiernden fanden den Anblick zweier halbnackter Besoffener wenig amüsant und rotteten sich in Minutenschnelle zusammen. Avalons beherztes Eingreifen verhinderte Schlimmeres.

Alles in allem war Mels erste filmische Erfahrung ernüchternd gewesen. "Man hat sich Tag und Nacht gefragt, ob man zum Schlafen oder Essen kommt, ob man bezahlt wird, oder was sonst passieren werde. Es war Wahnsinn, wie wir so von Tag zu Tag weitermachten, wir waren richtig aufgekratzt." Avalon war Mädchen für alles - Koch inklusive. Seinen Drehplan organisierte er so, daß ihm Zeit für die Essensvorbereitung blieb - wenn's denn die Umstände erlaubten. "Sehr oft waren sie nicht gerade beeindruckt, wenn die gestrigen Reste im heutigen Eintopf waren. Ich tat einfach nur mein Bestes."

Neben einer rückblickend grauenvollen Erinnerung an die chaotischen Drehtage brachte Gibson auch eine Liaison mit: Deborah Forman, die die Rolle der Caroline spielte. Gibson hatte sich gerade von Julie getrennt, einem Mädchen aus bürgerlichem Hause, dem das Schauspielermilieu bei aller Liebe nicht auf Dauer geheuer schien, und das sich schließlich für einen soliden Handwerker entschied. Deborah kannte da keine bürgerlichen Skrupel, und Mel ließ sie auch in keinerlei Zweifel über seine Absichten. Guter Katholik wie er war, legte er bei anderen einen hohen moralischen Maßstab an, ohne sich selbst seines Vergnügens berauben zu wollen. "Mel hatte sehr bestimmte Vorstellungen, wie Frauen zu sein und sich zu benehmen hatten. Er war sehr altmodisch und sagte, Frauen sollten jungfräulich sein." Wer aber meint, er wäre dann wenigstens Kavalier gewesen - weit gefehlt. "Nicht ein einziges Mal besorgte er Blumen für mich. Er war einfach nicht der Typ dafür und er hielt auch keine Tür für mich auf. Im Grunde führte er nicht gerne Mädchen aus. Man hing eher nur so mit ihm und seinen Kumpels rum. Essen bei Kerzenschein gab es nicht. Er ist da der typische Australier." Eine Erfahrung, die Goldie Hawn 1990 als Filmpartnerin in einem Interview nur bestätigen konnte: "Es gibt Männer, die sind von Natur aus Schürzenjäger und aufs Flirten aus - aber wer auf der Suche nach einer Romanze ist, wird nicht an ihn denken." Es kam bald zu einem Bruch, den Debbie nicht verkraftete. Sie "hatte eine ziemlich schmerzliche Phase. Ich aß kaum, trank viel und nahm Drogen." Dies hielt sie aber nicht davon ab, eine der berühmten Parties im "Schabenschloß" zu besuchen. "Ich war immer noch sehr beleidigt, war *stoned* und hatte ein paar Pillen eingeworfen. Ich war nicht bei mir. Ich wurde wirklich sauer auf ihn, und dann goß ich ein Glas Wein über ihn aus und trat nach ihm." Danach flüchtete sie in den Garten, wo sie sich die Pulsader aufschnitt, glücklicherweise nicht tief genug.

Das Leben ging weiter, und Mel blieb noch ein Jahr Zeit, seine bereits erworbenen Fähigkeiten am NIDA zu vertiefen. Ganz unbemerkt war sein Auftritt in *Summer City* nicht geblieben. Bill Shannahan, Sydneyer Agent, der zu einem väterlichen Freund werden sollte, bot ihm eine kleine Rolle als Marineoffizier in der Seifenoper *The Sullivans* an. Er griff zu, in der vergeblichen Hoffnung, eine Fernsehproduktion sei besser durchorganisiert als es sein erstes Kinoprojekt gewesen war. Er erkannte seinen Irrtum bald. Die Regisseure verschwendeten noch weniger Zeit und Energie auf Proben oder Szenenwiederholungen. Hauptsache im Kasten. Drei Wochen allabendliches Erscheinen wurden so in zwei Wochen abgedreht. Frustriert wandte sich Mel wieder der Theaterbühne zu. Am NIDA trat er in einer Kleinstrolle in Brendan Behans *Die Geisel* an. "Er spielte einen IRA-Wachmann. Ich glaube nicht, daß er eine Sprechrolle hatte. Er [der Charakter] war nicht sehr intelligent. Sein Job war das Bewachen der Geisel. Man konnte die Augen nicht von ihm nehmen, denn Mel brachte in einer wenig spektakulären Rolle Außergewöhnliches zuwege. Alles vollkommen passend. Die Entscheidungen, die er bezüglich des Charakters und dessen Auftretens traf, wie sich die Figur bewegen, wie sie ihr Gewehr halten sollte, waren erheiternd, aber gänzlich korrekt, nicht nur eine Burleske um ihrer selbst willen." (Whaley)

Eines der zahlreichen weiteren Stücke, die noch auf dem Ausbildungsplan standen, war *Mother and Son* von Louis Essen, worin er als Gegenüber von Judy Davis die Hauptrolle belegte. Seine Abschlußprüfung 1977 absolvierte er schließlich mit einem Auftritt als stummer Amerikaner in *Once in a Lifetime* von Kaufmann und Hart.

Für seine Zukunft war zu dieser Zeit bereits gesorgt. Im September hatte er einen Vorsprachetermin für ein Roadmovie namens *Mad Max*, von einem noch völlig unbekannten Cineasten und hauptberuflichen Chirurgen auf die Beine gestellt. "Bei der Vorsprache bat mich Miller, einen Witz zu erzählen. Er war wohl gut. Ich wurde genommen." Ob der Witz in der Erfindung der Legende lag, die sich mittlerweile um diesen Termin rankt? Angeblich soll sich Mels Erfolg trotz - oder gerade wegen - eines etwas ramponierten äußeren Erscheinungsbildes eingestellt haben. Eine besonders drastische Schilderung findet sich in Ragans *Mel Gibson*. "Also, es war so", erzählt Mel. "Ich war in dieser Bar und kümmerte mich nur um meine eigenen Angelegenheiten, als diese drei Betrunkenen, große Kerle, plötzlich Hackfleisch aus mir machen wollten. Und das taten sie dann auch. Fragen Sie mich nicht, warum. Ich fand es nie heraus. Vielleicht gefiel ihnen mein Gesicht nicht, an dessen Neugestaltung sie sich machten. Obwohl ich ganz gut in Form war, konnte ich mit ihnen allen nicht mithalten. Und wie eine dieser gestellten Schlägereien fing auch die in der Bar an und ging draußen auf der Straße weiter. Gott, sie waren alle über mir. Sie schlugen mich so oft ins Gesicht, daß ich nichts mehr sah. Meine Augen waren blau geschlagen, meine Nase platt, ich wurde herumgetreten wie ein Fußball. Mein Gesicht hinterließen sie wie eine aufgeplatzte Grapefruit. Nun, ich verbrachte die Nacht beim Zusammenflicken im Krankenhaus. Die Ärzte waren sich nicht einmal sicher, daß es wieder werden würde. Ich hatte noch nie solche Schmerzen. Und ich fühlte mich umso elender, als ich am nächsten Morgen zu einer Vorsprache für einen Film namens *Mad Max* ging. Ich schleppte mich zum Termin dorthin und sah aus wie der Elefantenmensch, da stellte ich fest, daß sie nach einigen übel aussehenden Typen suchten. Sie brauchten sich nicht weiter umzusehen." Sogar ein Polizist, Ollie Garrick, soll bezeugt haben, ihm an besagtem Tag erste Hilfe geleistet zu haben. Mitch Matthews, die fürs Casting verantwortlich war, kann sich an einen solchen Auftritt ebenso wenig erinnern wie Miller selbst. Umso begeisterter waren sie von Mels Wirkung bei den Probeaufnahmen. "Es lief mir ganz kalt den Rücken herunter, als ich Mel durch das Okular sah. Es war einfach wie Zauberei. Er hatte große Tiefe und Feingefühl." Ähnlich charakterisierte die Schauspielerin Linda Hunt ihren Kollegen später: "Einer der Schauspieler, die vor einer Szene abwesend sind. Seine Aufmerksamkeit liegt ganz woanders. Er ist absichtlich nicht dabei, weit weg. Eine Machoeinstellung - 'Filmen ist keine Arbeit'. Aber wenn er vor die Kamera tritt, ist die Aufmerksamkeit gewaltig und vollständig. Er übt die Gewalt über die Kamera aus. So hat der junge Brando gespielt, heißt es - er hat die Energie bis zur Darbietung aufgespart und gebündelt. Sehen Sie sich Mel auf der Leinwand an. Man merkt es. Keinerlei Vergeudung."

Bisley bekam diesmal die kleinere Rolle und Judy Davis war zu imposant für die eher nebensächliche weibliche Hauptrolle und kam nicht zum Zuge. Miller war von seinem neugefundenen Darsteller so angetan, daß er die Dreharbeiten noch ein klein wenig verschob, damit Mel Zeit für die Abschlußprüfung blieb.

Gleich danach tanzte er im Melbourner Hauptquartier an. Groß dürfte seine Begeisterung zunächst nicht gewesen sein, denn die Rahmenbedingungen waren denen in *Summer City* nicht so unähnlich. Das Projekt war ebenfalls klein und mehr von Enthusiasmus als Professionalität geprägt. Das Nachtquartier mit Mehrbettlager war altbekannt, immerhin diesmal ein privates Haus. Geschlafen wurde in zwei Schichten. Die Rolle war in einem Punkt der ersten gleich: Dialog war kaum gefragt, was Gibson bestimmt nicht unangenehm war. Er konnte seine übliche Zurückhaltung so wenig abschütteln wie eh und je. "Es gab ein wenig Sex, Drugs and Rock 'n' Roll, und jede Menge Tequila wurde gekippt, aber Mel schien sehr scheu. Er machte einen sehr nervösen Eindruck. Ich erinnere mich, ihm anfangs die Hand gegeben zu haben, aber er war so schüchtern und zog sich zurück", hat John Dowding die Einstandsfete im Gedächtnis. Die Dreharbeiten erwiesen sich als Tortur für die alles in allem ziemlich unerfahrene Mannschaft. Miller konnte erst aufatmen, als der "Alptraum", wie er es selbst nannte, vorüber war. Er hatte das Gefühl, als habe "der Film mir eins ausgewischt. Es war, als führe man einen großen Hund Gassi. Man will ihn in eine Richtung führen, und er möchte in eine andere." Die falsche war es nicht gewesen. Als *Mad Max* in die Kinos kam, gönnte sich Mel einen Besuch. "Ich saß inmitten von so 800 Bikern [...] Ich muß zugeben, daß mir nicht gefiel, was der Film der Menge zu geben schien. Viele davon nahmen ihn anscheinend ein wenig zu ernst. Aber solche Leute wird es wohl immer geben. Ich bin nur froh, daß einige dieser Kerls sich nicht die Mühe machten, zu schauen, wer da neben ihnen saß." Tante Kathleen in den fernen USA machte sich ebenfalls so ihre Gedanken: All der Krach und die Autowracks und die Leute, die umgebracht wurden. Ich hielt Mel für umwerfend, aber mit dem Film hatte ich einfach nicht gerechnet. Sogar mit all dem Dreck, Blut und Makeup, und obwohl so viele Jahre vergangen waren, war es der kleine Mel dort oben, das Kind, das immer Spiele machen und Spaß haben wollte. Jetzt wurde er dafür bezahlt und alles war wie ein Traum. Ich mußte einige Minuten in meinem Kinosessel sitzen bleiben, bevor ich auf die Beine taumeln und nach draußen gehen konnte". Das großgewordene Kind hielt den Streifen eher für eine Art Comic, dessen Gewalt einen komischen Aspekt nicht entbehrte. Man denke nur an klassische "Kinder"-Comics wie *Tom und Jerry* oder *Der rosarote Panther*, die bei genauer Betrachtung ein haarsträubendes Sammelsurium der Brutalität bieten, aber wohl angesichts der Phantasiehandlung kaum zum Nachahmen einladen - eine Gefahr, die der in einer fernen, aber doch wieder nicht so entfernten Zukunft angesiedelte *Mad Max* durchaus bot.

Zunächst wandte sich Gibson wieder einer ernsthafteren Beschäftigung zu. Er hatte das Glück, nicht das Schicksal vieler arbeitsloser Kollegen zu teilen. Die South Australian Theatre Company engagierte ihn und er verbrachte den größten Teil des Jahres 1978 in kleinen Nebenrollen. Im Repertoire waren Sophokles' *Ödipus*, wo er im Chor einer von vielen war, Shakespeares *Heinrich V* (als Godshill, Vernon, Mouldy und Mortimer), und die hierzulande unbekannten Stücke Die *Les Darcy Show* (als Father Coady), und *Cedoona* (als Chuck). In Adelaide, wo er sein Stammquartier aufschlug, kam auch die Wende für sein bis dahin eher unstetes Privatleben. Er fand ein billiges Zimmer für 15 Dollar die Woche. Der andere Mieter war eine zurückhaltende, dunkelhaarige Zahnarzthelferin namens Robyn Moore. "Ich wachte eines Morgens auf, ging in die Küche und da stand sie und machte Frühstück. Sie war die neue Mitbewohnerin. Wir teilten uns die Miete. Es war nicht sofort die ungeheure Romanze. Wir wurden erst gute Freunde und gingen immer zusammen einkaufen und so." Es dauerte noch einige Zeit, bis sich die gemeinsamen Aktivitäten erweiterten. Gibson genoß es, jemanden zur Hand zu haben, der von der Schauspielerei völlig unbeeindruckt war und sich lieber den alltäglichen Dingen des Lebens widmete. Er hatte mit Robyn einen Ruhepol, zu dem er sich aus dem Trubel und der Hektik des Bühnen- und Filmdaseins zurückziehen konnte, was in den Folgejahren immer bedeutender für ihn wurde.

Von seiner "Lehre als Speerträger für 150 Dollar die Woche" (Gibson) holte ihn Michael Pate fort, um ihn September und Oktober 1978 erneut vor eine Kamera zu stellen. Der Australier Pate war aus Hollywood zurückgekehrt, um nach seiner Schauspielerkarriere nun der heimischen Filmproduktion unter die Arme zu greifen. Er schnappte sich den Erstlingsroman der Erfolgsautorin Colleen McCullough über einen geistig retardierten jungen Mann, in den sich eine vereinsamte, doppelt so alte Geschäftsfrau verliebt, und arbeitete ihn zu einem Drehbuch um. Produktion und Regie lagen gleichfalls in seiner Hand. Eigentlich wollte er seinem Sohn Christopher auch gleich die Hauptrolle antragen, aber der riet seinem Vater, sich doch mal Mel Gibson anzusehen, den er flüchtig kannte. Vor einem persönlichen Gespräch besorgte sich Pate den Test, den Miller seinerzeit gemacht hatte. "Er ging so: - 'Setzen Sie sich hierhin, stellen Sie sich dorthin, sprechen Sie den Text auf dieser Seite' und 'vielen Dank, das ist recht nett, wir kommen auf Sie zurück, bitte keine Nachfragen.' Der Test war sehr gewöhnlich und windig. Auf den hin würde man keinen engagieren."

Als sich Pate einem kettenrauchenden, stopselnden, nervösen Gibson gegenübersah, sank seine Begeisterung auf einen Tiefpunkt. Noch gab er aber nicht auf und lud den jungen Mann zu einem Abendessen zu Freunden in eine Vorstadtkneipe. In einer Atmosphäre, in der sich die Spannung allmählich legte, und in Mel der Possenreißer langsam zum Vorschein kam, dachte sich Pate, daß die Idee, die Rolle des zurückgebliebenen Tim mit Gibson zu besetzen, vielleicht doch nicht die schlechteste sei ... .

Tim war als Melodram für tränenfreudiges weibliches Publikum konzipiert, und einen stärkeren Gegensatz zum lakonischen Macho Max konnte es fast nicht mehr geben. Obwohl alles in allem immer noch ein Streifen der Billigklasse, war es doch das erste ernsthafte Filmprojekt, in das Mel involviert war. Das amateurhaft Studentische, die Improvisation, von der *Summer City* und *Mad Max* zehren mußten, hatte bei Pate nicht mehr viel verloren. "Mel mußte in die Brandung springen und das Wasser war bitterkalt. Ich konnte sehen, wie er auf die Wogen traf und dreinsah, als würde er kehrtmachen und sagen: 'Gott, ist das hart'", erinnerte sich Pate an die erste Drehszene. Auch bildlich wurde es für Mel ein Sprung ins kalte Wasser. Filmtechnik und "echte" Regie waren ihm bisher kaum begegnet. "Als ich Mel die ersten Regieanweisungen gab, stellte ich fest, daß er manchmal seinen linken Fuß nicht vom rechten unterscheiden konnte. Aber als er erkannte, was ich ihn zu tun bat und daß ich ihm einen vergleichsweise einfachen Weg dorthin zeigte, wurde er ein sehr gelehriger Schüler. So nach und nach verfolgte er das schauspielerisch-filmische Ziel mit Talent und wurde zu einem erfinderischen und sehr scharfsichtigen, überzeugenden Darsteller mit einer Menge Humor - gelinde ausgedrückt." In manchen Punkten ordnete er sich zur Verzweiflung der Logisten weniger bereitwillig unter. "Wir wollten mit dem Drehen anfangen und standen vor dem entsetzlichen Problem, Mel vor Ort zu bekommen, nachdem er sich entschlossen hatte, bei Freunden zu übernachten. Entweder hatte er Nomadenblut in den Adern oder überall Freunde, da wir eine Reihe von Telefonnummern bekamen, anhand derer wir sein Herumziehen verfolgten", weiß Betty Barnard, Production Manager, mit Schaudern zu berichten. Wenn der Streifen bei der Kritik auch auf gemischte Reaktionen stieß, zumindest in einem Punkt waren sich alle einig: Mels Darstellung war das Glanzlicht des Films. Pate hätte gerne einen Vertrag über zwei weitere Filme mit ihm geschlossen, fand aber nicht die Zustimmung seiner Geldgeber, die das Potential wohl nicht erkannten. Andere waren da weniger im Zweifel: Der Höhepunkt war die Überreichung des *AFI-Award* für den Besten Schauspieler. Daneben gab es noch den *Sammy Award* für das Beste Nachwuchstalent.

Für einen Neuling im Geschäft war das keine schlechte Leistung, und so begann auch die Presse einen neugierigen Blick auf das Talent zu werfen - und wurde herb enttäuscht. Teils stand er in seiner direkten geraden Art Rede und Antwort. Schien ihm aber eine Frage zu dämlich, so zog er es vor, sich in Schweigen zu hüllen. Es widersprach seinem innersten Wesen, Fremden etwas über sich selbst zu verraten, einen Blick hinter die Maske zu erlauben, die er als Darsteller trug. Nicht umsonst bezeichnete ihn fast jeder, der mit ihm zu tun hatte, als schüchtern, eine Eigenschaft, die er in dem Moment ablegte, in dem er in eine Rolle schlüpfte. Die irritierten Interviewer kamen zu ihren eigenen Schlüssen und stempelten ihn als langweilig und ohne Ausdrucksfähigkeit ab. Der Grundstein für Gibsons Aversion gegenüber den "Dreckswühlern der schreibenden Zunft" war gelegt. "Nicht ein Wort, das diese Hunde über einen drucken, ist wahr. Alles erstunken und erlogen. Das tut weh und verbittert. Ein Teil meines Gehirns beschäftigt sich stets mit geheimen Vernichtungsplänen gegen diese Journaille, die ich dann doch nicht ausführe." Er drohte einen geheimen Feldzug mit einem Schädlingsbekämpfungsmittel an: "'1080' aus Australien. Farblos. Geruchlos. Geschmacklos. Tödlich. Ein Teelöffel davon und Sie bekommen eine Gehirnblutung. Es hinterläßt keine Spuren." Bisher jedoch rächte er sich auf harmlosere Weise und machte sich immer wieder einen Spaß daraus, seine "Gegner" mehr oder weniger offensichtlich auf den Arm zu nehmen und gab mal diese, mal jene Version der Ereignisse zu Protokoll, ohne sich um Widersprüche zu kümmern. "Im übrigen übe ich mich gerne in Zurückhaltung", äußerte er einmal. "Geheimniskrämerei ist für einen Schauspieler wichtig. Er sollte der Öffentlichkeit nicht zu viel verraten. Wenn Leute zuviel über einen wissen, kann man nicht mehr so leicht überraschen." Dies war bei ihm jedenfalls nicht eingetroffen. Er tischt der Presse oftmals Märchen auf, wofür ihn sogar die Gebrüder Grimm beneidet hätten. Schwafeln scheint seine Leidenschaft zu sein und er frönt ihr bisweilen ausgiebig. Er plappert soviel, daß den Lesern die Gegensätzlichkeit seiner Aussagen überhaupt nicht mehr bewußt wird. Bei ihm kommt es vielmehr auf den Unterhaltungsaspekt als auf den Wahrheitsgehalt an. Es sei daher jedem selbst überlassen, Mels Aussagen für bare Münze zu nehmen oder doch lieber den einen oder anderen Abstrich zu machen.

Bevor jedoch all dies über ihn hereinbrach, kehrte er dem Filmgeschäft den Rücken und meldete sich erneut bei der Bühne. Diesmal begnügte er sich nicht mehr mit Kleinrollen im Hintergrund, sondern drängte ab Februar

1979 als Romeo mit Angela Punch als Julia nach vorne - mal mit einem beim Fechten ausgerenkten Daumen, mal mit einem verletzten Bein. Barry Lowe, der das Stück für den *Newcastle Morning Herald* besuchte, erwies sich rückwirkend betrachtet als Prophet: "Wenn jemals einer auf dem Weg zum Star war, dann er. Gibson hat alle Voraussetzungen zum Superstar. Seine Sprechstimme ist deutlich und seine Darstellung superb." Er spielte in *On Our Selection* von Steele Rudd, eine auch mehrmals verfilmte australische Komödie über ein Familienleben auf dem Lande, die von seinem ehemaligen Dozenten George Whaley umgeschrieben und auf die Bühne des Jane Street Theatre gebracht wurde. (Unter dem Titel *Dad and Dave on Our Selection* finanzierte Gibsons Produktionsgesellschaft Icon 1995 Whaleys Filmfassung mit Operndiva Joan Sutherland und Geoffrey Rush in Reminiszenz an die alten Zeiten.) Danach stand er ab Juli 1979 als Estragon Gogo in Becketts *Warten auf Godot* wieder mit Whaley und mit Geoffrey Rush als Bühnenpartner auf den Brettern, während zur gleichen Zeit schon *Mad Max* über die Leinwand flimmerte und *Tim* kurz vor seiner Premiere stand. Wer wollte, konnte damit Mel in dreierlei unterschiedlichen Rollen vergleichen. Die Darstellung Estragons stieß auf Begeisterung. Michael le Moigneau urteilte in der *National Times*: "Mel Gibson gibt mit Estragon die bisher beste Darstellung, die ich von ihm gesehen habe, agil und ausdrucksvoll, verwirrt von des Lebens Kämpfen, aber immer noch aufrecht, immer noch atmend, und nach nichts mehr fragend." Das mit dem Atmen war so eine Sache. Seine Bronchien rächten sich nach jahrelanger Kost von 30 bis 40 Glimmstengeln täglich und suchten ihn mit Hustenanfällen heim, die er auf der Bühne nur mühsam unterdrücken konnte. Die anstrengende Rolle tat ein übriges. "Ich mußte mich klein machen, ohne daß es so aussah, als würde ich mich über etwas beugen oder so. Dazu noch mit einem Bein auf Zehenspitzen stehen und das andere im 45-Grad-Winkel abspreizen und das minutenlang. Das war Beherrschung. Das war fantastisch. Ich verlor jeden Abend an die 10 Pfund. Durch Schwitzen. Am Ende der Aufführung sahen wir beschissen aus. Wir gingen mit so einer Trampmaske auf die Bühne - eine Art Weiß aber mit tiefen Ringen unter den Augen - und am Ende war es nur noch Matsch. Uns lief alles das Gesicht herunter." Das Vaudevillehafte mußte ihm entgegengekommen sein, bot es doch ausreichend Gelegenheit, den Hang zum Hampelmann auszuleben. "Nun, das war schon was. Eigenartige Besetzung, nicht wahr? Dachte ich mir auch. Ich bin für diese Rolle 60 Jahre zu jung. [...] Wir waren eher Clowns denn Tagediebe. Für diesen Part brauchte ich wahrscheinlich körperlich mehr Kraft als für jede andere

Rolle", erzählte er Lewis Archibald von *Arts Weekly*. Im September 1979 schob er einen kurzen Gastauftritt in Ian Barrys *Die Kettenreaktion* ein. Nach soviel täglichem Schwitzen auf der Bühne mußte das nächste größere Filmangebot geradezu wie eine Erholung erscheinen. Sechs Wochen Dreharbeiten auf Taiwan mit einem Skript, das sich ganz gut anhörte, einer Besetzung, die sich durchaus blicken lassen konnte, und mit Philip Noyce unter einem Regisseur, der effektives Arbeiten versprach. Von all den Erwartungen erfüllte sich nur eine einzige, und das war der exotische Drehort. Unmittelbar vor Drehbeginn warf Noyce nach Meinungsverschiedenheiten mit dem Produzenten das Handtuch. Sein Ersatz, Tim Burstall, war zwar auch kein Unbekannter mehr, aber innerlich hatte Mel mit Noyces Weggang bereits mit *Die grünen Teufel vom Mekong* gebrochen. Als einen weiteren Schlag ins Gesicht empfanden Gibson und Neill, daß sich der amerikanische Hauptdarsteller Law nicht nur über eine Gage von A$ 50.000 freuen durfte, während sie selbst A$ 1000/Woche erhielten, sondern auch noch mit einem Luxushotel und Chauffeur verwöhnt wurde. Die chinesische Crew verstand teilweise kein Englisch und der einzige Dolmetscher machte Überstunden. Der allgemeinen Stimmung entsprechend war auch das Arbeitsklima von einer Atmosphäre der Gereiztheit geprägt. Die Schlacht hinter den Kulissen gipfelte in der Drohung Gibsons und Neills, Noyces Vorbild zu folgen. Koo Chuan-Hsiung, der örtliche Star des Films, fand, das westliche Team brauche einfach nur ein wenig Abwechslung und lud zu einem Entspannungswochenende nach Kaohsiung, wo man sich abends zu einem gemeinsamen Essen am runden Tisch traf. Die große Überraschung aber kam mit dem Nachtisch: das "Restaurant" stellte sich als Puff heraus ...

Auf Gibsons persönlicher Hitskala rangiert *Die grünen Teufel vom Mekong* irgendwo in der Nähe von *Summer City:* "Ich habe einiges wirklich Entsetzliches gemacht, aber *Die grünen Teufel vom Mekong* steht auf der Liste ganz oben. Ich hatte allerdings Glück, daß ich weit ab von öffentlicher Aufmerksamkeit war, als ich solche Filme drehte. Ein paar mehr davon und ich hätte einpacken können." Ende 1979, Anfang 1980 war der Streifen abgedreht, aber es dauerte fast zwei Jahre, bis er den Weg ins Kino fand und dabei von Gibsons steigendem Ruhm profitierte: "Mel Gibson sprengt sich seinen Weg zur Hölle und zurück", verkündete die Werbung in Anspielung auf Buch und Film *Zur Hölle und zurück* des amerikanischen Kriegshelden und Filmstars Audie Murphy.

Gibson blieb der Kriegsthematik bis auf weiteres treu. Nach einer kurzen Wartepause ging er im April 1980 in *No Names ... No Packdrill* von Bob Herbert für die Sydney Theatre Company als "Rebel" (1987 unter diesem

Titel mit Matt Dillon verfilmt) auf die Bühne. Inszeniert wurde das Stück von George Ogilvie, mit dem er nicht das letzte Mal zusammenarbeiten sollte. Zur gleichen Zeit stand er vor einer weit gewichtigeren Entscheidung als nur der Wahl einer Rolle, die er bald wieder ablegen konnte. Mels Mutter Anne erinnert sich, wie er zu Hause Rat einholte: "Er sprach von Heirat und von Familien im allgemeinen und fragte uns um Rat. Hutton, der immer Mels Held gewesen war, sagte, er solle nie eine dumme Frau heiraten und jemanden aussuchen, der ein Leben lang ein Freund sein kann. Und ich fügte mütterlichen Verstand hinzu und ermahnte ihn, immer nett zu seiner Frau zu sein." Die Wahl des Zeitpunkts hatte durchaus seine Gründe. Robyn war schwanger und angesichts Mels Hintergrunds gab es nur eine einzige akzeptable Lösung. Im engsten Familienkreise heirateten die beiden 24-jährigen am 7. Juni 1980 in der Gemeinde Forestville in New South Wales im engsten Kreise. Die Braut hatte zwar den kleinen Schönheitsfehler, nicht katholisch zu sein, aber bei gleichgearteter Ansicht zur Familienplanung gab es in dieser Hinsicht keine Mißstimmung.

Die angehende Familie wollte unterhalten sein. Mel nahm die Rolle eines Gefängnisinsassen in dem TV-Spielfilm *Punishment* an und bereute es im nächsten Moment. Unangenehme Erinnerungen an *The Sullivans* kamen wieder hoch. Seinen Frust hob er sich für den idealsten Moment auf. Regisseur Leon Thau hatte die Presse zu den Dreharbeiten geladen. Alle waren vollständig versammelt - nur einer fehlte. Gibson kam mit zweistündiger Verspätung auf einem Motorrad an. Unrasiert, mit Schmuddeljeans und Lederjacke. Mochten auch die meisten Zeugen amüsiert sein, der brüskierte Regisseur war einem Tobsuchtsanfall nahe. Gibson tat den Schwur, niemals wieder eine TV-Rolle anzunehmen. Daran hielt er sich auch mit Ausnahme einiger späterer Gastauftritte in Talkshows oder einer Episode in der *Sesamstraße*.

Endlich aber kam das erste Filmprojekt heran, mit dem sich auch ein Mel Gibson identifizieren konnte. Der renommierte Regisseur Peter Weir machte sich daran, ein australisches Kriegstrauma filmisch aufzuarbeiten. Am 25.04.1915 hatte die Schlacht im türkischen Gallipoli neben zehntausenden anderer auch 8587 Australier das Leben gekostet. Dieses Datum galt seither als schwarzer Tag in der Geschichte des Fünften Kontinents. Wie viele seiner Landsleute hatte auch Weir den Originalschauplatz besucht und er war so beeindruckt gewesen, daß er die Geschichte auf die Leinwand bringen wollte. Potentielle Geldgeber fanden sich nicht leicht, und so war das Drehbuch bereits seit einiger Zeit in Umlauf. Auch Gibson hatte bereits die Urfassung von Produzentin Pat Lovell vorgelegt bekommen. Plattenverleger Robert Stigwood und Zeitungszar Rupert Murdoch sicherten schließlich die Finanzierung, hatte Murdochs Vater Keith doch seinerzeit als Reporter von der Front nach Hause berichtet. Weir sah in Mel den idealen jungen Soldaten Frank. "Ich sei manchmal etwas abrupt und schneidend erzählte er, oder so was in der Richtung, was für die Rolle gerade richtig sei. Er sagte auch, ich sehe nicht ganz reinrassig aus, als hätte ich einen leichten italienischen Einschlag." Gibson konnte sich umgekehrt vorstellen, mit seinem Regisseur endlich in die ersehnten qualitativ höheren Regionen vorgestoßen zu sein. Sein Gehalt war mit A$ 35.000 geradezu fürstlich und ließ ihn darüber hinwegsehen, sich für eine Badeszene entblößen zu müssen.

Der Regisseur führte seinen Neuerwerb gleich Drehbuchautor Williamson vor, damit der noch ein paar Szenen maßschneidern konnte. Neben Mark Lee, der nur geringe Erfahrung aus Werbespots und Fernsehserien mitbrachte, nahm sich Gibson schon fast als Veteran aus und konnte seine eigenen Erfahrungen an den zappelnden, aufgeregten Spielpartner, mit dem er sich nicht nur vor sondern auch hinter der Kamera bald anfreundete, weitergeben. Er hatte sich gründlich auf die Rolle vorbereitet und unzählige Bücher zum Thema gewälzt und Gespräche mit Kriegsteilnehmern geführt. Die körperliche Fitness wurde von Olympiatrainer Jack Giddy auf Vordermann gebracht. Im australischen Busch, wo die Dreharbeiten begannen, marschierte - erzählte zumindest der Held - eine ganz andere gefürchtete Armee auf: Vogelspinnen. "Sie sind in Australien heimisch, die bösartigsten Spinnen der Welt. Es gibt keine tödlicheren - groß, schwarz, haarig und sehr aggressiv. Wenn sie zubeißen, greift das Gift das Nervensystem an und verklumpt auch noch das Blut. Schlimmer als der Biß einer Königskobra und es gibt kein Gegengift", teilte Mel genüßlich einem Interviewer mit. Lee aber verneinte, jemals von einem solchen Achtbeiner gehört, geschweige denn einen gesehen zu haben.

So sehr Mel die Dreharbeiten diesmal auch genoß und sich beim Team gut aufgehoben fühlte - einen Wermutstropfen hatte die Geschichte. Die Hausgeburt seiner ersten Tochter Hannah im November 1980 konnte er nur akustisch live miterleben. Der werdende Vater saß in Ägypten fest, da Weir vor echter Kulisse drehte, und trieb die Telefonvermittlung zur Verzweiflung, weil seine Verbindung ins Geburtszimmer am anderen Ende der Welt nicht aufhören wollte.

Hinsichtlich *Gallipoli* war Mel ausnahmsweise zuversichtlich: "Ich bin mir ziemlich sicher, daß er erfolgreich ist. Der Film ist sehr in sich geschlossen und wenn er auch kein glückliches Ende nimmt, so befriedigt er doch emotional." Ein zweiter *AFI Award* als Bester Schauspieler war der Lohn der Mühen. Stigwood und Murdoch zeigten sich von ihrem Hauptdarsteller beeindruckt genug, um ihn für drei weitere noch ungenannte Projekte zu verpflichten - ein Vorhaben, das wieder in der Versenkung verschwand. Immerhin hatte sich gezeigt, welchen Marktwert Gibson mittlerweile besaß. Er selbst war davon völlig überrascht. Mit dem großen Bahnhof, der ihm und den anderen bei der Premiere in Sydney zuteil wurde, hatte er nicht gerechnet. "Nichts auf der Welt bereitet einen darauf vor, berühmt zu sein", klagte er später. "Mel kicherte die ganze Zeit vor sich hin. Er hielt es für so komisch, daß er es überhaupt geschafft hatte. Anders als viele Stars zeigte er, daß er sich von allem abkoppeln kann", erinnert sich Don Bennetts. Ein Galadinner mit Tanz war in einem Saal geboten, dessen Dekoration analog dem Kairoer Ballsaal aus *Gallipoli* gestaltet war, und Kellner im Fez kredenzten Champagner.

Der Durst nach anderen Filmgenres konnte damit nicht gestillt werden. "Ich kann offensichtlich nicht von Polizisten- oder Soldatenrollen wegkommen. Ich gewöhne mich wirklich daran, einen Bürstenhaarschnitt und Uniformen und Ledersachen zu tragen," beklagte sich Mel und bat seinen Agenten Bill Shannahan, Ausschau nach Komödien zu halten, nachdem er bisher sein Faible für Faxen nur am Rande hatte einbringen können. Eine Rolle in *Monkey Grip* lehnte er ab. Ein Drogenabhängiger paßte nicht zu seiner Vorstellung vom integren Familienvater. Der hatte gerade von seiner letzten Gage eine ehemalige Pension in Coogee, einem beliebten Strandbad bei Sydney, erworben. Vor dessen Tür standen sein alter Ford und der Mini seiner Frau. Eine große Begeisterung für die motorisierte Fortbewegung hatte auch *Mad Max* nicht wecken können.

Der Wunsch nach einem Imagewechsel auf der Leinwand ging nicht in Erfüllung. George Miller klopfte an die Tür, um nach dem sensationellen Erfolg von *Mad Max* mit reichlich Mitteln ausgestaltet eine Neuauflage zu starten. Für A$ 100.000 ließ sich Gibson überreden, sich nochmals als der schweigsame Held durch Ödnis zu kämpfen, auch wenn die Rolle ihm schauspielerisch nicht allzuviel abverlangte. Sie ermöglichte ihm aber den Luxus, anschließend für nicht mal A$ 200 die Woche einige Rollen in kleineren Theaterproduktionen zu übernehmen, um ein Gespür für die Bühne zu behalten. Am 19.11.81 beteiligte er sich solidarisch mit Kollegen an einer Demonstration gegen geplante Subventionskürzungen auf dem Kultursektor. Er selbst war von Finanzsorgen weit weniger gebeutelt. Im Dezember 1981 startete *Mad Max II* mit riesigem Erfolg. Jetzt bot Peter Weir schon A$ 150.000, um Gibson nochmals für sich vor die Kamera zu locken. *Ein Jahr in der Hölle* wuchs sich - nomen est omen - zu eben solchen gefährlichen Wochen für das Filmteam aus. Die Geschichte eines Journalisten und einer Diplomatin, die in die politischen Wirren des Sukarno-Sturzes von 1965 geraten, barg im März 1982 mehr Brisanz, als alle gedacht hatten. "Wir hatten unsere Bleibe in diesem fabelhaften Hotel, mit riesigem Swimmingpool, Zimmer wie der Vorzeigeraum eines Innenausstatters, voller Antiquitäten, die ein Vermögen wert waren, und am Abend wurde Kammermusik gegeben. Und inmitten von all dem an Kultur und Luxus begannen Todesdrohungen gegen uns. Das Telefon klingelte und so ein Kerl fragte in gebrochenem Englisch: 'Mr Gibson, wie tapfer sind Sie?' 'Ich sagte: 'Warum wollen Sie das wissen?' Dann kamen die Drohungen, die immer etwas mit Bomben und Tod zu tun hatten. Die Drohungen waren echt. Sie kamen Schlag auf Schlag und der Leibwächter nahm mir den Hörer aus der Hand und fing an, in Tabalog, der einheimischen Sprache, in die Leitung zu plappern. Dann knallte er den Hörer auf die Gabel und sagte mir, ich solle mich nicht beunruhigen. Ich war aber beunruhigt. Ich wollte nach dem ersten Anruf geradewegs weg." Ein andermal erzählte Gibson: "Ich hatte nicht wirklich Angst. Sie warnten uns viel zu oft, als daß es echt geklungen hätte." Es war immerhin ernst genug, den CIA und das Weiße Haus zu alarmieren und die Dreharbeiten nach einem Monat beschleunigt zu beenden. "Für Menschen aus dem Westen ist es manchmal schwierig, solche Spannungen zu verstehen. Wenn man filmt, lebt man ohnehin in einer Traumwelt. Dann wurden die Mitteilungen genauer. Auch die philippinische Crew erhielt welche. Wir fragten die moslemischen Ältesten um Rat, und die waren befremdet. Sie sagten: 'Wir freuen uns, daß sie hier sind. Den Ärger machen die Iraner.' Weir erfuhr auf seine Nachfragen, daß es einige tausend iranische Studenten auf den Philippinen gab, die die westlichen Imperialisten das Fürchten lehren wollten. Die ständige Überwachung rund um die Uhr und die allerorts spürbare Feindseligkeit zerrten an den Nerven. Wie schon in *Gallipoli* war Gibson nicht ohne Vorbereitung in die Rolle gegangen. "Jene [Reporter], mit denen ich sprach und die während des Aufstandes in Djakarta waren, waren ein furchtloser Haufen, immer auf dem Sprung. Es waren Spaßbolde, harte Trinker, teuflisch verlottert und sie taten alles für eine gute Story. Wirklich rücksichtslose Bastarde. Ohne jede Ethik. Die Story war ihr Gott. Sie war alles. Das gaben sie offen zu."

Der Seufzer der Erleichterung war riesig, als alle heil philippinischen Boden verlassen hatten.

Der frühe Aufbruch bewahrte Mel davor, ein weiteres Mal die Geburt des Nachwuchses zu verpassen. Noch während der Dreharbeiten brachte Robyn am 2. Juni 1982 die Zwillinge Christian und Edward zur Welt. "Das war einer der glücklichsten Augenblicke meines Lebens. Ich war während der ganzen Entbindung bei ihr, und ich war fix und fertig. Ich hätte diese Erfahrung um nichts missen wollen. Anscheinend bekommen wir unsere

Kinder immer während Peter Weirs Filme. Wundert es Sie, daß Robyn jetzt meint, ihr wäre es lieber, ich würde nicht mehr für Peter arbeiten?"

Er begab sich auf sicheren Grund und spielte acht Wochen lang den Biff in Arthur Millers *Tod eines Handlungsreisenden* für immerhin A$ 2.500 die Woche. Die Vorstellungen in Sydneys Nimrod Theatre waren stets ausverkauft, was aber mehr an dem Star des Stücks, Warren Mitchell, lag, denn an Gibson, dessen Auftritt gemischt beurteilt wurde. Beklagen konnte er sich aber wirklich nicht. Spätestens mit *Ein Jahr in der Hölle* und seinem Zusammenspiel mit Hollywoodstars war man auch im Zentrum des Filmgeschäfts endgültig auf ihn aufmerksam geworden. Im Februar 1983 wurde *Ein Jahr in der Hölle* in einer Gala vorgestellt, die sich auch Charlton Heston, James Coburn und Co. nicht entgehen ließen. Im Mai mußten die beiden Hauptdarsteller in Cannes ran, wo der Film als australischer Beitrag lief. "Ich erinnere mich mit Schrecken an mein erstes Festival in Cannes. Ich wurde in ein Hotel eingeschlossen, die Presse bedrängte mich, man verlangte ununterbrochen Autogramme von mir und ich fühlte mich wie ein Hamburger von McDonalds. Eingepackt, zur Schau gestellt und zum Verzehr bereit." Ein Angebot für *Es war einmal in Amerika* hatte er zum Entsetzen seiner Agenten Bill Shannahan in Sydney und Ed Limato in Hollywood, der sich des vielversprechenden Neulings angenommen hatte, abgelehnt. "Auf der Bühne, wo man ständig in Bewegung ist und von einem Punkt zum nächsten geht, braucht man ein ganzes Bündel verschiedenster Kenntnisse. Ich kann auf die Bühne gehen und mich in einer Rolle vollkommen verlieren. Der Charakter ist in diesen zwei Stunden ununterbrochen im Fluß. Ein Spielfilm besteht naturgemäß aus lauter kleinen Einzelteilen, die sich über 10 Wochen und mehr hinziehen", begründete Mel seine Rückkehr zum Theater.

Im Februar 1983 ging das Gerücht, Gibson habe sich für 1 Million Dollar und 10 % Gewinnbeteiligung als Taxifahrer in *The Running Man* verpflichtet. Dieser hatte sich aber auf eine Neuauflage der Meuterei auf der Bounty, für *Menschen am Fluß* und *Flucht zu Dritt* festgelegt, ein Marathon, der ihn noch einiges an Nerven und Gesundheit kosten sollte. Angelegt von David Lean, konnte man sich vorstellen, daß mit *Die Bounty* trotz vorangegangener Verfilmungen ein großes Epos am Schlummern war. Aber wie so oft schadete die lange Liegezeit. Nach der erstmaligen Ankündigung im Juni 1977 und endlosem Herumbasteln am Drehbuch hatte Lean selbst längst gemeutert und den Regiestuhl an den bisher an Billigproduktionen beteiligten in Neuseeland lebenden Australier Roger Donaldson weitergereicht. Gibson gefiel vor allem die unkonventionelle Annäherung an die Charaktere, die ein neues, historisch getreueres Licht auf die Widersacher Bligh und Christian warf. "Erst sagte ich nein zum Angebot, Fletcher Christian zu spielen, aber als ich merkte, daß ein Film über die ganze andere Geschichte beabsichtigt war und eine, die die Geschichte der HMS Bounty richtigstellen sollte, unterschrieb ich den Vertrag am gleichen Tag, an dem ich das Drehbuch erhielt." Außerdem fand er bei einem Besuch in Christians Geburtshaus im britischen Lake District, einer Sightseeing Tour, die ihm Orion Pictures zur Einstimmung spendiert hatte, noch etwas über den Meuterer heraus. "Ich entdeckte, daß er einen Fußabdruck in der bleiernen Dachrinne hinterlassen und seine Initialen eingeritzt hatte. Ich stellte meinen Fuß auf seinen Abdruck und stellte fest, daß er haargenau paßt." Dies bedeutete vier Monate Dreharbeiten, davon neun Wochen am Stück in einem Paradies, das für manchen zur Hölle wurde. "Wenn man mehr als zwei Wochen auf Moorea ist, kann man zu einem rasenden Irren werden. Man hat das Gefühl, auf der Insel eingeschlossen zu sein. Es ist auch so heiß, das nervt schrecklich. Nach einiger Zeit sieht man immer die gleichen Gesichter beim Frühstück und es geht einem allmählich auf den Geist", fand Anthony Hopkins. Für viele lag es nahe, den Frust in Alkohol zu ertränken, und Gibson, der noch nie einen Bogen um ein Pub gemacht hatte, knüpfte bis hin zu Kneipenschlägereien wieder an seine Studentenzeit an. In einem Moment der Selbsterkenntnis gestand er: "Ich bin noch immer unreif. Ich strecke gern die Zunge heraus, provoziere und ich weiß, daß ich das überwinden muß, auch wenn es bedeutet, gegen meinen natürlichen Impuls handeln zu müssen." Frau und Kinder als Kontrollinstanz fehlten. Maimiti Kinnander, eine der einheimischen Darstellerinnen, urteilte: "Mel Gibson ist nicht sehr verantwortungsbewußt. Seine Schlägerei hielt die Arbeit auf und er hatte etwas von Jekyll und Hyde, typisch australisch. Tagsüber ganz feierlich, während er sich des nachts betrank und sich wild und verrückt gebärdete. Mel brach jede Menge Herzen, obwohl er sehr launisch war. Wenn er untertags auf dem Set keinen Alkohol intus hatte, sagte er zu niemandem auch nur hallo." Gern hätte Mel echte Tätowierungen als Souvenir mitgebracht, aber den Produzenten graute bei dem Gedanken an den Marktwert so geschmückter Gibsonscher Hinterbacken. Sein Faible für Drehbuchabänderungen aus dem Stegreif tat ein übriges, die Verantwortlichen auf ein baldiges Ende der Arbeiten hoffen zu lassen. Weder Publikum noch Presse honorierten den erneuten Stapellauf der Bounty und für Fletcher Christian fand kaum jemand ein gutes Wort. "Genau bevor Mel Bligh ins Rettungsboot setzt, bricht er in völlige Raserei aus, in überschäumende Hysterie, die seine Stimme brechen läßt und uns genau eines gibt - nämlich nichts." (Philippa Hawker in *Cinema Papers*) "Für Gibson gibt es noch Hoffnung, aber wenn er diesen Weg gehen will, wird er nicht nur Glück und Talent brauchen, sondern er wird sich auch mit dem Gedanken anfreunden müssen, ein Star zu sein, und, ehrlich gesagt, das glaube ich nicht," orakelte Frank Osbourne und sollte zumindest teilweise recht behalten.

Für seine Rolle als Tom Garvey, die er fast im Anschluß an die *Bounty* verkörperte, konnte er sich zum ersten Mal auf Dreharbeiten im Mutterland des Films freuen. In bäuerlicher Umgebung aufgewachsen, sprach ihn der erdverbundene Landmann besonders an und spiegelte wohl auch ein Bild der eigenen Seele wider. "Er ist sehr unkompliziert: Er bearbeitet das Land, das ihn dafür belohnt. [...] Er hat seinen eigenen Stolz und muß niemandem Rede und Antwort stehen, keinem Arbeitgeber. Er fürchtet Gott, ist etwas hitzköpfig und sicherlich nicht zynisch." Gibson war der Letzte gewesen, an den Regisseur Rydell gedacht hatte. Mel hatte das Projekt eigenhändig aufgespürt und den skeptischen Regisseur mit seiner Hartnäckigkeit überzeugt. Damit er sich optimal in diese Rolle einfühlen konnte, mußte auch das private Ambiente passen. Einen nochmaligen Absturz wie in den langen Südseenächten konnte er sich nicht mehr erlauben. Robyn und die Kinder mußten mit und mieteten sich einige Wochen vor dem Drehbeginn im November 1983 in einer Farm in Kingsport ein. Bei einem mittlerweile auf $ 500.000 gestiegenen Salär war das schon drin. Die Filmleute belebten die beschauliche ländliche Umgebung. "Robyn hatte den Kindern gestreifte Strumpfhosen und große Pullover angezogen, wie sie sie ihnen daheim auch anzieht und die Einheimischen lachten über sie. Sie sahen wohl ein wenig fremdartig aus," beobachtete der Papa. Für Abwechslung war gesorgt. Neben Gibsons Nachwuchs waren noch Sissy Spaceks 16 Monate alte Tochter und Scott Glenns zwei Rangen am Set und störten manche Aufnahme. Der familiären Stimmung zum Trotz brauchte es einige Anlaufzeit, bis sich die Gibsons heimisch fühlten. "Viele dachten zuerst, er sei einfach ein arroganter Arsch, weil er sozusagen Distanz hielt. Aber nach und nach schuf er sich Freunde, und nicht wenige, zu seinen Bedingungen", erzählt ein Einheimischer. Auch Rydell hatte seine Probleme. "Er bietet seine Freundschaft nur sehr vorsichtig an. Es braucht seine Zeit, bis er einem Zutritt zu seiner Welt verschafft. Mel war immer bei diesen Sonntagsbrunches dabei, obwohl ich wußte, daß es für ihn nicht einfach war. Erst kam er aus Respekt, aber er entwickelte dann auch eine Beziehung zu mir. Er schließt nicht leicht Freundschaften, aber wenn, dann ist es eine Ehre." Dies war auch der erste Set, auf dem Mel zu "amerikanischen" Bedingungen drehte. Die bisherigen Unternehmungen waren kaum von Rangunterschieden zwischen Schauspielern und restlichem Team geprägt gewesen. Peter Weir hatte genauso Rucksäcke auf die Pyramiden geschleppt wie die Hilfskräfte. Nun mußte der verblüffte Gibson sich daran gewöhnen, daß andere für ihn persönlich da waren: "Wenn in Australien ein Film gedreht wird, dann packt jeder irgendwie mit an. Es gibt keine Gewerkschaften [...] Auf einem amerikanischen Filmset läuft jemand, um dir einen Drink zu besorgen, und schiebt dir alle fünf Minuten einen Stuhl unter den Hintern - das kann einem auf den Wecker gehen. Ich habe es gerne bequem, aber man kann alles übertreiben." Er ließ es sich aber auch in den Folgejahren nie nehmen, sich unters Fußvolk zu mischen, wo er sich akzeptiert und heimisch fühlte. Aus dieser Eigenschaft sollte er vor allem später als Regisseur großen Nutzen ziehen.

Während er in Tennessee den Naturgewalten trotzte, dankte Roger Moore als 007 ab. Gibson bekam ein Angebot, als neuer James Bond in die Bresche zu springen, aber er lehnte ohne langes Zögern ab. Finanziell wäre die Geschichte bestimmt lukrativ gewesen, aber sie roch zu sehr nach immer wieder aufgewärmtem Kohl. Stattdessen ließ er sich ab Januar 1984 im kanadischen Winter in Gillian Armstrongs Gefängnismelodram *Flucht zu Dritt* frischen Wind um die Nase wehen. Anstandshalber legte er am 9. April einen kurzen Zwischenabstecher nach Los Angeles ein, wohin er zur Oscarverleihung geladen war. Da Filmpartnerin Linda Hunt nominiert war, kam er nicht umhin. Leider mußte er mit den Statuetten auch sich selbst präsentieren, was ihm das Massenspektakel gründlich verleidete. Ein Reporter bescheinigte dem angespannten Gibson denn auch "die Wärme, den Ernst und den Charme eines Türstoppers".

Nach zwei Filmen in Folge waren die Energien verbraucht. Die Atmosphäre am Set war trotz guter Zusammenarbeit der Kollegen wegen Querelen zwischen der auf Unabhängigkeit bedachten Regisseurin und den über Zeit und Kosten klagenden Studiovertretern nicht weniger eisig als die Außentemperaturen. Als sich auch noch die wieder schwangere Robyn mit den Kindern nach drei Monaten in der Kälte ins sonnige Australien flüchtete, wärmte sich Mel an einem altbewährten Quell. Am Abend des 25. April 1984 übersah er prompt ein Rotlicht und stattete mit seinem Pontiac dem Kofferraum des Vordermannes einen Besuch ab. Die rasch herbeigerufene Polizei kannte kein Erbarmen mit dem Alkoholsünder und so hätte die Wirklichkeit die Fiktion des Films beinahe eingeholt. Den Studiobossen bescherte Gibsons Promillewert - immerhin um 1,2 - manch unruhige Nacht und manch graues Haar. Die Neuigkeit vom Prozeß hatte rasch die Runde gemacht und etliche Fans ins Gericht getrieben. Die autogrammheischende Meute war für den öffentlichkeitsscheuen Angeklagten Strafe genug. Es fand sich ein milder Richter, der über den reumütigen Sünder neben einem dreimonatigen Fahrverbot eine geringfügige Geldstrafe von $ 300, alternativ 30 Tage Haft, verhängte. Das Studio hatte da weniger Vertrauen und gesellte seinem renitenten Star zwei Aufpasser an die Seite. Der mied Co-Stars und Crew zunehmend und zog sich brummelnd in sein in Toronto vom Studio angemietetes Haus zurück und wartete sehnsüchtig auf ein Ende der Dreharbeiten. In seinem Frust weigerte er sich sogar, in der Feuerszene einen Stuntman zu akzeptieren.

Gerade noch rechtzeitig zur Geburt seines Sohnes William Mitte Juni betrat er wieder australischen Boden und konnte sich die dringend benötigte Pause gönnen. Wehe den Reportern, die es wagten, ihn in Coogee aufzustöbern. Wenn mit Ausnahme von *Mad Max* auch noch keinem seiner bisherigen Filme übergroßer Erfolg beschieden war, so waren doch die Zeiten vorbei, in denen Mel sich unerkannt unters Volk mischen konnte. Gerade ihm, der sich abseits der Bühne gerne zurückzog und sein eigenes Leben führte, galt zunehmend das Interesse vornehmlich jener Medien, die ihren Lesern gern Sensationen und Enthüllungen zu den von ihnen erst aufgebauten Stars boten. Wenngleich sich Mel über seine Gagen nicht mehr beklagen konnte, die ihm und dem zahlreichen Nachwuchs ein sorgenfreies Dasein boten - sich mit der Schattenseite des Ruhmes anzufreunden, war er nicht bereit. Kreischende Fanhorden waren ihm ebenso ein Greuel wie die Fragen neugieriger Reporter. Dennoch wurde ihm Ende des Jahres die Ehre zuteil, in den USA von den verschiedensten Magazinen zu einem der 10 sehenswertesten Männer gewählt zu werden. Kein noch so düsterer Film hatte dem Abbruch getan.

Nach zwölf Wochen zwischen Windeln, Fläschchen, Kinderspielzeug und Heimwerkerei glaubte er sich genügend erholt, um wieder vor die Kamera treten zu können, zumal er den Kontinent nicht verlassen mußte. Es wäre auch nicht klug gewesen, eine Rolle abzulehnen, die ihm erst den Start in eine vielversprechende Karriere ermöglicht hatte, oder doch? "Die große Last des Erfolgs lag auf ihm. Für die Leinwand zu spielen, war nicht schwer, er war ein Naturtalent. Aber dann wird man ohne offensichtlichen Grund zu einem dieser Halbgötter von Stars, während man selbst sich im Grunde als gewöhnlichen Menschen sieht, der seiner Arbeit nachgeht. Der Konflikt ist groß. Besonders bei seiner katholischen Erziehung glaube ich, daß vieles daran frevlerisch war. Beim dritten Film war der innere Aufruhr nicht zu übersehen", diagnostizierte der gelernte Arzt George Miller, der ihn am 17.09.84 wieder in die Lederkluft steckte. Wenige Tage in der glühenden Hitze und trostlosen Einsamkeit der Opalsucherstadt von Coober Pedy ("Einer der für ihre Trostlosigkeit berüchtigtsten Orte der Welt. Jede Wüste, in der es nicht einmal Fliegen aushalten, ist ziemlich schlimm", mußte auch Stunt-Coordinator Grant Page feststellen) genügten, um Mad Max wieder in kühles Bier eintauchen zu lassen. Seine Gereiztheit und miserable Laune machten die Dreharbeiten nicht leichter. Interviewer trieb er zur gewohnten Verzweiflung. Die Zeitschrift *People* kürte ihn zum Mann mit dem größten Sex-Appeal. Und das, obwohl er deren Journalisten David Wallace beschieden hatte: "Ich will dieses Interview nicht machen. Ich möchte nicht einmal diesen Film machen. Er ist nur ein Stück Scheiße. Drucken Sie das aber nicht." Wallace tat es doch. Profi wie Mel war, riß er sich aber vor der Kamera am Riemen und lieferte die gewohnte Leistung. Ein ramponiertes, mitgenommenes Äußeres war ohnehin erwünscht. Es fehlte nicht an Warnungen und Mahnungen in seiner Umgebung, aber noch mangelte es an dem nötigen inneren Willen, sich ins Trockene zu retten. Die in den vergangenen Monaten angesammelte Energie war schon lange wieder verbraucht. Was allerdings nicht gelitten hatte, war Mels Galgenhumor. "Mel tauchte immer auf", erinnerte sich Miller. "Aber eines Nachts war er auswärts unterwegs und hatte Verspätung. Und ich dachte, Mist, was ist los? Ist er verletzt? Ist er irgendwo in eine Schlägerei geraten? Als er dann auftauchte, nahm ich ihn beiseite und mahnte ihn sehr wütend: 'Mach das ja nicht noch mal!' Ungefähr eine Woche später mußte er wegen irgendwelcher Filmpreise nach Melbourne. Ich sprach ihn auf sein Trinken an und er antwortete, 'Ich bin rechtzeitig zurück. Versprochen.' Am nächsten Morgen kam Mel im Smoking mit schwarzer Krawatte und Schutzbrille über die Sanddünen gelaufen. In der einen Hand hatte er eine Flasche Schampus und ein Glas, und er torkelte auf mich zu: 'George! George!' Er gab vor, betrunken zu sein und sagte: 'George, ich bin für die erste Aufnahme bereit.'"

Der immense Erfolg der *Mad-Max*-Reihe in Japan brachte eine dortige Brauerei auf die Idee, Mel für Bierwerbung einspannen zu können. Der zögerte nicht, sein Hauptnahrungsmittel anzupreisen und weigerte sich auch, sich Harmloseres für die Aufnahmen in die Dosen füllen zu lassen.

Nach Ende der viermonatigen Dreharbeiten war er endlich zu der Selbsterkenntnis gelangt, daß es so auf Dauer nicht weitergehen konnte. Dafür sorgte schon Robyn, die für seine Trinkeskapaden keinerlei Verständnis aufbrachte. Eingeholter ärztlicher Rat förderte zudem eine Hefepilzinfektion zutage, die zu ihrer Behandlung striktes Alkoholverbot verlangte. Mel wollte sich eine lange Auszeit gönnen und erfüllte sich einen langgehegten Wunsch. Für A$ 350.000 erstand er im Kiewa-Tal-Distrikt des australischen Bundesstaates Victoria die Farm Carinya, wo er sich unter sachkundigem Rat von Cowboys der Viehzucht widmete. "Ja, es [das Landleben] ist fantastisch, frische Luft, viel Raum, den ganzen Tag über arbeiten [...] Säcke auf den Schultern schleppen hält dich gesund. [...] Das

Land gibt dir Sicherheit. Das ist wirkliches Leben, es ist wichtig, dieses Gefühl zu haben. Wenn nicht, dann wären wir Zigeuner, die von einem Ende der Welt zum anderen ziehen, ihre ganze Habe mit sich tragen und ohne Ziel reisen. Das ist sehr ermüdend. Herumtreiben ist eine Zeit lang ganz gut, aber in Wirklichkeit wollen wir alle vernünftig werden, uns irgendwo niederlassen. Das Heim ist das Wichtigste. Meine Arbeit ist ganz gut, aber das Vergnügen, wieder nach Hause zu kommen, freut mich mehr."
"Die Arbeit auf der Farm machte mich wieder normal. Ich kümmerte mich um meine Kinder, aß Schlangenpastete und Rohkost und kam meiner Frau und meinen Kindern wieder näher. Ich mied starkes Trinken, auch wenn ich nicht völlig abstinent war, und mir wurde klar, daß ich den Alkohol als Krücke benutzt, er mich aber zu einem Bastard gemacht hatte. Ich hatte die Kinder, die Familie, all die Freuden des Vaterseins außen vor gelassen." Auch Mels Eltern waren überglücklich, hatte doch besonders die Mama die zunehmenden Presseartikel über die Trunksucht ihres Sohnes mit Besorgnis verfolgt. In seiner Abkehr von den weltlichen Dingen vergaß er auch seine Steuererklärung, was ihm ein Bußgeld von A$ 100 eintrug.

Im Mai 1985 brachte Bill Shannahan, Mels wohlmeinender australischer Agent, ihn mit der Produzentin Pat Lovell zusammen, die sich Erfolge wie *Picknick am St. Valentinstag* und *Gallipolli* auf ihr Banner schreiben konnte. Die beiden gründeten die Lovell Gibson Company und machten sich auf die Suche nach geeignetem Filmstoff. Sie erregten schnell das Interesse von Hollywoodproduzent Jerry Weintraub, der sich miteinklinkte und Mel schon als Hauptdarsteller seiner Filme sah. Das ehrgeizige Unterfangen kam aber nie über das Stadium zahlreicher Geschäftsessen hinaus, wobei Gibson bei manchem Treff mit potentiellen Drehbuchautoren den australischen Flegel nach außen kehrte: "Mel warf Erdnüsse in die Luft und versuchte sie mit dem Mund aufzufangen, was manchen der Schreiber sehr irritierte", erinnert sich Lovell mit Schaudern an einige Treffs in Los Angeles im September 1987. Am 14.01.1989 war die Firma offiziell aufgelöst.

18 lange Monate schaffte es kein Drehbuch, den nach *Mad Max Jenseits der Donnerkuppel* endgültig etablierten Star aus dem selbstgewählten Exil im Norden Victorias hervorzulocken. Dann kam, was Gibson immer vorgeschwebt hatte: ein Actionprojekt, bei dem der Held auch Komödiant sein durfte und doch tragische Figur blieb: Martin Riggs. Shane Black, ein 23jähriger Absolvent der Filmfakultät an der Universität von Kalifornien, hatte das Skript verfaßt. Robyn wollte Mel nicht so schnell aus den Augen lassen und bezog mit den Kindern ein Haus im feudalen Beverly Hills, während ihr Mann zusammen mit Danny Glover zur Einstimmung Polizisten auf Streife begleitete und von seinem Stuntman Mic Rodgers und Stunt-

Coordinator Bobby Bass in Form gebracht wurde und den geschickten Umgang mit aller Art von Schußwaffen übte. Hinzu kam erneutes Lauftraining, denn die Verfolgungs- respektive Fluchtkilometer summierten sich im Verlaufe von Proben und Retakes doch zu einem erheblichen Pensum, das den Kettenraucher in erhebliche Atemnöte brachte. Sauerstoffmasken mußten her, um das zu schaffen, was die eigenen Lungen nicht mehr hergaben. $ 1,2 Mio hatte Warner Gibson für die Rolle offeriert und noch während der Dreharbeiten begeistert einen zweiten Teil angekündigt, während Robyn selbst ihn mit dem fünften Nachwuchs, Louis, beglückte, der kurz nach der Premiere von *Zwei stahlharte Profis* das Licht der Welt erblickte.

1987 tummelte er sich auch auf einer neuen Bühne: dem politischen Parkett. Robert Taylor, ein 27-jähriger Kraftfahrer, war ausgezogen, die rechte Ordnung wiederherzustellen und die Frau zurück an den Herd und alles Unmoralische auf den Scheiterhaufen zu verbannen. Das war ganz nach Gibsons Geschmack. Hatte er doch schon im *Sunday Telegraph* vom Mai 1984 die Welt wissen lassen, er meine "das Wort Feminismus ist Blödsinn - ein Ausdruck, den eine Frau erdacht hat, die sitzengelassen wurde." Seine kirchlichen Überzeugungen hatte er ohnehin vom Vater geerbt: "Sie [die katholische Kirche] hat die wahren Vorstellungen aufgegeben. Sie sagt, sie sei die Kirche, aber sie benimmt sich nicht so, wie es die Kirche tun würde. Es ist nicht so, daß sie sich dem Geld zugewandt hätte, dem Luxus, das war schon immer so, sie war schon immer korrupt. Es ist etwas ganz anderes. 1950 Jahre lang hat sie an einer Sache gearbeitet. Und in den 60er Jahren hat sie sich plötzlich umgekehrt wie eine Socke und Extremes angefangen, das gegen die Regeln verstößt. Alles, was sie immer als Häresie gesehen hat, hat sie bereitwillig als richtig zugelassen. Wir ließen uns umgarnen." "Das [die Notwendigkeit einer Modernisierung] ist genau die Ausrede, die sie gebrauchen. Daß sich die Zeiten änderten, daß sie sich anpassen müßten, blablabla. Das ist Müll." [...] "Nein, wir sind nicht besser und wir sind auch nicht gleich. Kein Mensch wurde dem anderen gleich geschaffen. Das ist eine Lüge. [...] Wir sind gleich vor den Augen Gottes, aber wir sind nicht gleich", erzählte Gibson noch 1991 in einem Interview mit *El Pais*, das allseits Furore machte und seine Agenten gar behaupten ließ, das ganze sei eine Erfindung gewesen. Auch seine Einstellung zur Verhütung verhehlte er nicht: "Gott allein weiß, wieviele Kinder wir haben werden und wir müssen für ihr Kommen bereit sein." [...] "Aber normalerweise kann man nicht alle Kinder unterhalten, die kommen", wandte Interviewer Koro Castellan ein. "Und warum nicht?" "Weil üblicherweise die Leute nicht soviel Geld haben, keinen guten Job, sie nicht ernähren können", weist Castellan seinen berühmten Gesprächspartner auf die Realitäten des Lebens hin. "Und warum nicht? Ich verstehe das alles nicht. Man kann nicht festlegen, wer auf diese Welt kommt und wer das Kommen zuläßt. Diese Entscheidung steht uns nicht zu. Und wenn wir wirklich an eine höhere Macht glauben, können wir uns sicher sein, daß diese Macht jedes Hindernis, das sich uns in den Weg stellt, beiseite schaffen wird. Es gibt keinen Grund, nervös zu sein [...] Gott wird sich um alles kümmern", gab Gibson die Verantwortung weiter.

Robert Taylor lag der himmlischen Macht offensichtlich nicht ausreichend am Herzen. Er konnte sich zwar über mangelndes Interesse an seinen Wahlveranstaltungen nicht mehr beklagen, aber am Wahltag mußte er enttäuscht feststellen, daß es offensichtlich weniger seinem Programm gegolten hatte. Sein prominenter Unterstützer ließ es sich dennoch nicht nehmen, zwei Jahre später mit Barry Tattersall erneut einen unabhängigen erzkonservativen Kandidaten bei Wahlen zu unterstützen, der aber wieder einsamer Rufer in der Wüste blieb.

Mels beruflicher Karriere schadete sein Engagement keineswegs, zumal er sich in seiner Rollenwahl nicht von privaten Ansichten beeinflussen ließ: "Sehen Sie, keiner ist perfekt und fast jeder hat in seinem Leben irgendetwas gemacht, was er bedauert oder wofür er sich sogar schämt. Ich hatte das Gefühl, McKussic sei in Ordnung. Er drückte nicht mehr, er sah die Zukunft seines Sohnes als wichtiger an als seine eigene oder die Vergangenheit. Sicher, er dealte, [...] aber als die Geschichte anfängt, ist er sauber," rechtfertigte Mel seine $-1,5-Mio-Rolle in *Tequila Sunrise*, die vor ihm Harrison Ford abgelehnt hatte, weil sie ihm zu anrüchig erschienen war. Auch Kritik und Publikum konnten sich mit dem Charakter nur wenig anfreunden, was aber Mels Beliebtheit insgesamt keinen Abbruch tat.

Als zweites Standbein gründete Gibson 1988 zusammen mit seinem langjährigen Buchhalter und Manager Bruce Davey, dem seit Beginn der 80er Jahre die sorgfältige Verwaltung der Gibsonschen Gelder oblag, die Firma Icon Productions.

Brennpunkt L.A. war für November 1988 bereits am Kochen und erhitzte die Gemüter ob der zahlreichen Leichen, die den Weg der Helden säumten. "Die Guten und die Bösen, seit Hamlet ist es immer dasselbe gewesen. Wo zum Kuckuck ist der Unterschied? Hamlet geht her und tötet Menschen, weil sie ihm irgendetwas getan haben. Er ist ein *Vigilante*. [...] Man nimmt es allmählich ernst. Das ist momentan in. Und Scheiße", erläuterte ein genervter Gibson Richard Guilliat in einem Interview, ohne zu ahnen, daß ihm *Hamlet* tatsächlich bald bevorstand. Außerdem: "Als John Wayne 1954 einem Kerl mit der Schaufel ins Gesicht schlug, ist es meines Wissens nicht dazu gekommen, daß die Leute massenhaft mit Schaufeln auf andere losgegangen sind." $ 4 Mio plus prozentuale Beteiligung soll ihm der zweite Teil eingebracht haben, angesichts eines weltweiten Einspielergebnisses von $ 200 Mio sicherlich nicht zu verachten. Da konnte er sich die millionenteure Villa im Serra Canyon hinter Malibu schon leisten, die er dem Sänger Rick Springfield am 24. Februar 1989 für $ 2,4 Mio abkaufte, nachdem er zunächst am gleichen Ort auf Kosten von Warner eine Behausung für $ 23.000/Monat während der Dreharbeiten bewohnt hatte. Im benachbarten Canyon View von Malibu erstand er ein weiteres Haus. Vergessen waren die Versprechungen, die er besorgten australischen Zeitschriften Anfang der 80er Jahre gegeben hatte: "Ich betrachte Australien als mein Zuhause. Durch meine Arbeit mag ich in der Welt umherkommen, aber wenn ich nicht arbeite, dann möchte ich hier sein." Er hatte sich an Kalifornien gewöhnt und den Argwohn, der ihn lange Zeit plagte, abgelegt. "Es ist so, als ich erstmals dorthin kam, war es, um mit Studioleuten über Deals zu sprechen, und ich fühlte mich unwohl, weil ich nicht wußte, wie alles funktionierte, ich war irgendwo anders und bekam eine sehr falsche Vorstellung davon. Ich wohnte in einem Hotel irgendwo in Beverly Hills und hatte diese "Ich-muß-Sie-unbedingt-kennenlernen"-Lunches. Das ist überhaupt keine natürliche Umgebung, so daß man sehr, ja, nervös werden und es abstoßend finden kann, man weiß, daß man von dort weg will. Aber als ich hierher kam, um zu arbeiten, einen Job zu erledigen, da hat es nur Freude gemacht. Ich habe es wirklich genossen. Ich habe hier gelebt, bin morgens aufgestanden, zur Arbeit gegangen, heimgekommen, habe zu Abend gegessen, es war ... einfach fantastisch." Beobachtern fiel auf, daß der Star viel entspannter und gelassener war als bei früheren Dreharbeiten. Sogar Reporter konnten sich meist über einen gut gelaunten Interviewpartner freuen. Auch im Film zeigte er sich offener als sonst und drückte sich nicht um eine für seine Begriffe doch recht explizite Liebesszene mit Patsy Kensit, die aber beim Abdrehen jede amouröse Regung missen ließ. Gut informierte Kreise wußten zu berichten, daß Kensit Gibson ins Ohr geflüstert habe: "Mein Gott, wie ich meinen Ehemann vermisse." Der revanchierte sich mit dem guten Rat, die Szene doch so unbeteiligt zu spielen, als würde sie "einen Hund spazierenführen". Die Explosion des Hauses am Ende ließ er von einem Kollegen auf Video festhalten für späteren lehrreichen Gebrauch, um den Unterschied zwischen Realität und Scheinrealität auf der Leinwand zu studieren. Für *Brennpunkt L.A.* hatte Mel die Hauptrolle in *The Untouchables* abgelehnt.

Mel blieb dem humorigen Actiongenre treu. Rob Cohen und John Badham gelang es, ihn für *Ein Vogel auf dem Drahtseil* zu interessieren und letztlich auch für $ 3,5 Mio zu engagieren, obwohl noch nicht einmal ein fertiges Drehbuch vorlag, ein Mangel, der blieb: "Die Handlung ist voller Löcher [...] ein sehr oberflächliches, überschäumendes Stück Unterhaltung", erkannte auch Mel, der mit der ganzen Familie zum Drehen nach Vancouver gezogen war. Seine Partnerin Goldie Hawn kannte er von *Tequila Sunrise* her, wo er sich mit Russell, ihrem Lebensgefährten, bereits bestens verstanden hatte. Wenngleich der Film insgesamt wenig zu bieten hatte, eine Hauptattraktion sprach sich schnell herum: Mel entblößte sein Hinterteil so oft in Folge wie in noch keinem Film zuvor. Heiße Sexszenen, die der Autor vorgesehen hatte, weil er eine leidenschaftliche Wiedervereinigung für unverzichtbar hielt, wurden nach hitzigen Diskussionen auf Drängen Hawns und zur Enttäuschung wohl so mancher Zuschauerinnen gestrichen, denn: "Es geht nicht um Sehnsucht und tiefsitzende Sexualität. Es geht um eine lebensnahe Art von Liebesaffäre", erklärte Hawn.

1989 wagte sich Gibson nach langer Zeit wieder zu Dreharbeiten nach Asien im Auftrag von *Air America*. Die Air America und ihre skandalösen Umtriebe in Vietnam waren bereits in *Zwei stahlharte Profis* gestreift worden, weshalb das Skript auch gleich Mels Interesse weckte. Allerdings erst die zweite Fassung von John Eskow. Das Original, das von Richard Rush schon 1985 verfaßt worden war, war zu politisch gewesen. Produzent Melnick ließ es daher zu einer leichten Komödie umarbeiten - sehr zum Verdruß von Richard Rush, dem zugleich auch der Regisseursposten genommen worden war und der sich "fühlte, wie eine Firma nach einer feindlichen Übernahme". Zehn Jahre nach *Die grünen Teufel vom Mekong* konnte Gibson über die damalige Gage nur noch schmunzeln. Zwischen $ 5 und 7 Mio sollen ihm nun geboten worden sein. Sein Ruf war dank *Mad Max* bis in den hintersten Dschungel vorgedrungen und sicherte dem Team gewaltfreies Arbeiten in Thailand, denn auch der örtliche Opiumkönig Khun Sa versprach, für ein Autogramm Gibsons die Eindringlinge unbehelligt zu lassen. Leider hatten diesen Entschluß auch die Fans gefaßt und *Air America* fand nach Fertigstellung nicht viele Freunde. In eigenen Kollegenkreisen war Mel erstaunlich wenig bekannt. Beim ersten Treffen soll Downey Gibson informiert haben: "Ich kenne Sie nicht, aber ich bin keiner von den Schauspielern, die dauernd rumsitzen und Mist darüber verzapfen, was den Charakter so antreibt. Also, wir ziehen einfach los und machen einen drauf." Gibson stimmte aus vollem Herzen zu und merkte erst später, daß es sich auf Downeys Seite lediglich um einen Scherz gehandelt hatte. Flugstunden rundeten Mels vielfältige, in langen Jahren erworbene Kenntnisse ab: "Am Anfang sagte mir mein Ausbilder, einen Hubschrauber nach unten zu bringen sei, wie auf einem gefetteten Golfball zu landen. Nun, es war nicht nur das. Es war wie ein Versuch, in einer Hängematte zu bumsen. Sehr, sehr knifflig." Über Gibsons Humorqualitäten sind sich alle Filmkollegen einig. "Er hat einen sehr elementaren Sinn für Humor. Ein wenig ordinär und nicht sehr geistreich", mußte Helena Bonham-Carter erfahren. Und auch Richard Donner sah es ähnlich: "Er ist ein Gottesgeschenk für jeden Regisseur. Aber er erzählt die schlechtesten Witze der Welt." Von Oktober bis Dezember 1989 quälte sich das Team im höllisch heißen Dschungel. Mel fand zur Flasche zurück und verpaßte die Ankunft des bislang letzten Nachwuchses, Milo, der den umfangreichen Gibsonschen Haushalt vergrößerte. Dem werdenden Vater war der Sonderurlaub versagt worden. Neben entsprechend schlechter Laune erschütterten zwei Erdbeben das Projekt. Mit Erleichterung ging man für die Schlußarbeiten nach Los Angeles.

Der vielerprobte Shakespeare-Regisseur Franco Zeffirelli war mit einem Angebot angekommen, das Mel an seine Anfänge auf der Bühne erinnern mochte, als der Filmruhm noch in weiter Ferne lag. Entgegen dem Rat aller Freunde, der Zeffirellis ebenso wie der Gibsons, fanden die beiden zusammen und wagten das Experiment. Mel machte Abstriche an der Gage und brachte über seine eigene Firma Icon einen nicht unbeträchtlichen Teil des Budgets auf - heißt es jedenfalls. Filmkreise waren über die Vorstellung, Mad Max als verrückten Dänenprinzen auf der Leinwand zu sehen, amüsiert und prophezeiten ein böses Erwachen. Mel las Massen von Kritiken, die in Jahrzehnten zu der Rolle geschrieben worden waren, bis er gar nicht mehr wußte, wie er seinen eigenen Hamlet nun gestalten sollte, da ihm fast alle diese Kommentare, selbst wenn sie sich widersprachen, viel zu plausibel erschienen, um sie außer acht zu lassen. Er gab den Versuch einer wissenschaftlichen Annäherung an die Figur bald auf und erschloß sich seine eigene Deutung. Die seit Ausbildungszeiten vernachlässigte Stimmschulung mußte wiederaufgegriffen werden. Kurzatmigkeit war angesichts der langen gewundenen Dialoge von Übel und die geliebten Glimmstengel, die den gibsonschen Tagesablauf von morgens bis abends begleiteten, wurden in den hintersten Schubladenwinkel verbannt, jedenfalls versuchte er es, zum Ausgleich benötigte er aber Unmengen von Nikotinkaugummis. Bei Julia Wilson-Dickinson nahm er drei Monate lang Sprechunterricht, weil er als gebürtiger Amerikaner Reste seines *American English* und als langjähriger Australier sein *"Aussie-English"* nicht ganz verbergen konnte. Er bemerkte selbst, daß ihn seine Kollegen Paul Scofield, Alan Bates und Ian Holm besonders bei den Konsonanten regelrecht an die Wand sprachen. Auch lernte er reiten und fechten, letzteres bei seinem "Opponenten" Nathaniel Parker. Mel war eher den Umgang mit Schußwaffen als mit Schwertern gewohnt, und obwohl er seit Jahren stolzer

Ranchbesitzer und Viehzüchter war, hatte er nie auf einem Pferd gesessen. Er sorgte motorisiert für Ordnung auf seinem Besitz. Zur moralischen Unterstützung hatte Mel nicht nur für seine Frau und die sechs Kinder ein Haus in den Shires angemietet, um näher an den Orten des Geschehens zu sein, sondern auch seine Eltern Hutton und Anne zu Besuch. Einige Tage mit Robyn auf der Henlow-Grange-Gesundheitsfarm in Bedfordshire sollten ihn für den entscheidenden Tag wappnen. Die Rolle verlangte ihm mehr an Konzentration und Anstrengung ab als jede andere zuvor, tagsüber vor der Kamera, nächtens bei der Vorbereitung auf den morgigen Tag. Allein die Zwiesprache mit Yoricks Schädel kostete unzählige Versuche: "Es war eigenartig, Zeffirelli auf der einen Seite des Schädels zu beobachten und Gibson, das Gesicht auf der Erde auf der anderen, wie sie bei dieser wichtigen Szene Probe um Probe durchgingen", beobachtete Jacques Le Grossman. Größtes Augenmerk galt der Konfrontation zwischen Hamlet und seiner Mutter Gertrude, wobei sich Mel in solchem Eifer auf Glenn Close stürzte, um das inzestuöse Verhältnis beider herauszustellen, daß diese im Nachhinein sagte: "Ich brauchte einige Zeit, um über die Alpträume, die ich davon hatte, hinwegzukommen."

Trotz vieler Scherze nahm er seine Arbeit so ernst, daß er sich weigerte, während der Drehzeit nach Amerika zu fliegen, um Werbung für seinen letzten Film *Ein Vogel auf dem Drahtseil* zu machen. Also mußte die Produktionsfirma $ 200.000 ausgeben, um die Journalisten nach London zu schaffen, damit sie dort den Hauptdarsteller interviewen konnten. Parallel zu den Arbeiten in den Shepperton-Studios mußte er in den Pinewood-Studios zum Nachsynchronisieren von *Air America* antreten und für $ 100.000 Gage einen neuen Schluß abdrehen, zu dem man sich durchgerungen hatte. Nach anstrengenden fünf Monaten saß Zeffirelli mit 4 1/2 Stunden Film im Schneideraum und kürzte das unter solchen Mühen entstandene Werk zu Mels tiefem Kummer auf 220 Minuten herunter. Allen Unkenrufen zum Trotz hatte sich der Actionstar auf klassischem Parkett tapfer geschlagen. Nun mußte die Schmalspurversion noch an die Massen gebracht werden, für die sie bestimmt war.

Zum ersten Mal begab sich Mel freiwillig auf Werbetour. Leider starb seine Mutter Anne im Dezember 1990 im Alter von 69 Jahren und ihr plötzliches Ableben zerrüttete den Schauspieler tief. Er fing wieder an, Zigaretten nach alter Fließbandmanier zu rauchen, zog sich auf seinen Besitz zurück und vertrieb Journalisten oft durch ungezügelte, patzige Antworten. Die engen Bande, die ihn und seine Familie immer zusammengehalten hatten, machten es ihm besonders schwer, Annes Tod zu verkraften. Vor allem bedauerte er, daß sie den fertigen *Hamlet* nicht mehr zu sehen bekommen hatte. Er wäre der Film gewesen, der ihr von seinen bisherigen Werken am meisten zugesagt hätte. Deshalb nahm er sich auch zumindest öffentlich einigermaßen zusammen und führte die Promotiontour weiter durch. Der Erlös der Premiere in Los Angeles kam dem Wiederaufbau von Shakespeares *Globe Theatre* in London zugute. Das Shakespeare Theatre Washington verlieh ihm für seine Verdienste den *Will Award*. Spendabel zeigte sich Mel auch gegenüber seiner alten Bildungsstätte. Er stiftete das Mel-Gibson-Village-Roadshow-NIDA-Stipendium, das mit $ 100.000 dotiert war.

Seinen Immobilienfundus vergrößerte Mel mit einer Rinderranch in Montana. Für seine Zuchtvorhaben brauchte er noch geeignetes Material und er reiste daher im Oktober 1990 nach Modesto, einer Kleinstadt bei San Francisco. Der abendlichen Langeweile entfloh er mit einem Barbesuch im Red Lion Inn, der ihn mit drei Collegestudentinnen zusammenbrachte. Stolz auf ihren Fang schleppten sie ihn zunächst in ein japanisches Lokal ab, wo sich Gibson angesichts der vorgerückten Stunde und des gestiegenen Alkoholpegels mit seinen Faxen übernahm und als Schnuffi die Duftspur der Damen und insbesondere der hochhackigen Schuhe eifrig verfolgte und letztere als Trinkgefäß mißbrauchte. Eines der Mädchen hielt die Szenen mit ihrer Kamera fest. Anschließend statteten sie noch zusammen einen Besuch bei Angela zu Hause ab, die ihren Fang dem Vater vorstellen wollte. Einige Flaschen Bier später kam der auf die Idee, seine Sekretärin einzubestellen, um ihr eine Überraschung zu bieten - einen Mel Gibson, der nackt aus dem Schrank hervorspringen sollte. Nach dem Übermut an diesem Abend kam am nächsten Morgen zusammen mit dem Brummschädel die Reue. Anwälte suchten die Mädchen auf und wollten sie zu einer vertraglichen Stillhaltevereinbarung bewegen. Zwei zeigten sich verständnisvoll, Wendy Kain jedoch kam auf die Idee, ihre Fotos zu barer Münze zu machen. Nach zwei Jahren zähen und vergeblichen Ringens um ein Schweigegeld von Gibson gab sie *The Globe* und *National Enquirer* den Zuschlag für die Exklusivgeschichte, die im Januar und Februar 1993 Schlagzeilen machte. Der Schaden hielt sich nicht zuletzt deshalb in Grenzen, weil das Ereignis bereits vergleichsweise lange zurücklag. Aber selbst 1995 sprach ihn *Empire*-Journalist Jeff Dawson noch auf die Episode an und der Sünder zeigte sich reumütig, aber als schlechter Verlierer: "Ach ja, das Trinken. Aus anderer Leute Schuhe trinken ... verrückt [...] Hey, ich wurde von drei Frauen übervorteilt. Sie lassen es aber anders herum aussehen. Und sie können eine wirklich gute Geschichte mit ein paar Aufnahmen aufziehen."

Warner Brothers, die schon *Hamlet* hinter den Kulissen kräftig auf die Sprünge geholfen hatten, schlossen mit Gibson einen Vertrag über vier

Filme. Die Gibson-eigene Produktionsfirma Icon bekam eigene Büroräume auf dem Warner-Gelände zugewiesen. Im Februar 1991 wurde er mit einem Langzeitvertrag im Wert von mindestens $ 42 Millionen verpflichtet. Mit eine Bedingung war neben einem Vierteljahr Urlaub pro Jahr, daß die Produktion in den Händen von Icon lag. Dabei gab die Filmzeitschrift *Premiere* 1991 Gibson in ihrer jährlich im Mai erscheinenden Rangliste *The 100 Most Powerful People in Hollywood* nur den vierzigsten Platz und stellte fest: "Lagebericht: Gab einen glaubwürdigen Hamlet - ein tapferes Unternehmen. Gefestigte Bankfähigkeit durch *Ein Vogel auf dem Drahtseil*, ein lahmer Film, der $ 69 Mio einspielte. Seine Stärken: Frauen beten ihn an und Männer stören sich nicht daran. Schwächen: nicht wählerisch genug (siehe *Air America* - oder noch besser, lassen Sie's bleiben)." Bis 1995 sollte er sich schon einen Platz unter den ersten 20 erkämpfen.

Endlich hatten sein Agent Limato und Robyn ihn soweit, daß er sich den Anonymen Alkoholikern in Malibu anschloß, wobei er natürlich nur schlecht einen unter vielen spielen konnte. Es dauerte nicht lange, bis die Presse Wind davon bekam. Eine Klage wegen Verletzung des Persönlichkeitsrechts wurde abgeschmettert und der *Sunday Mirror* hatte am 15. September 91 seine Schlagzeile. *Brennpunkt L.A.. - Die Profis sind zurück* startete im Oktober 1991 und beendete zur Freude der empörten Kritiker und zum Bedauern der Massen vorerst die gleichnamige Reihe, wobei Mel an die $ 10 Mio Gage und Einspielbeteiligung erhielt - bei $ 170 Mio allein in den USA nach 8 Wochen sicherlich keine schlechte Ausbeute. Warner freute sich so über die Einnahmen, daß sie Hauptdarsteller, Regisseur und Produzent noch mit je einem nagelneuen Range Rover bedachten. Die Einnahmen der ersten paar Vorführungen in Hollywood spendete die Firma für die Opfer der Rassenunruhen in Los Angeles, um die Kritiken an den Gewaltexzessen zu mildern. Silver heuerte gleich zwei unabhängige Schreiberteams an, um Ideen für eine vierte Folge zu sammeln, obwohl bereits die Handlungsarmut des aktuellen Streifens bemängelt worden war und weder Gibson noch Glover Interesse an einer Neuauflage zeigten. "Es ist für uns alle an der Zeit, uns anderen Dingen zuzuwenden", erzählte Glover im US-Fernsehen bei Arsenio Hall im Mai 1993.

Nach der brutalen Welt der Straßengangs und Ganoven in L.A. hatte Mel ein romantischeres Thema ausfindig gemacht. Ein Angebot für *Ghost* hatte er sausen lassen und nun wollte er endlich "einen [Film] machen, den ich mit den Kindern ansehen kann. Bei einigen der anderen war das schwierig. Es gibt nichts Besseres, als den Kindern einen Film zu zeigen, zu dem sie einen Bezug herstellen können, worüber sie aus dem Häuschen geraten können." Ein Western mit dem Titel *Renegades*, in dem er an der Seite von

Julia Roberts einen Glücksritter hatte spielen wollen, war in der Planungsphase stecken geblieben. Icon produzierte nun *Forever Young* und selbst der Regisseur war von Gibson bestimmt, womit er sicherstellte, daß er auch auf die Regie am Set Einfluß hatte. Ein Ziel erreichte er: Er sprach alle Altersklassen ohne Einschränkung an, hingerissen waren aber weder jung noch alt. Die seichte Handlung und der Mischmasch von Sci-Fi bis zur romantischen Liebesgeschichte wurden allseits beklagt. Einen stimmlichen Auftritt schob er in *David und Goliath* in einer Episode der Bibelserie *The Greatest Stories Ever Told* ein.

Mit dem nächsten Projekt betrat Gibson vollkommenes Neuland. Nach 19 Filmen vor der Kamera wollte er bei seinem zwanzigsten endlich auch dahinter stehen. Etliche berühmte Kollegen hatten es ihm vorgemacht, meist als eine aus der Not entstandene Tugend, weil sich niemand gefunden hatte, der ihnen oder ihren Projekten unter die Arme greifen wollte. Jüngstes Beispiel war Kevin Costner gewesen, der auch gleich noch bei der *Oscar*-Verleihung kräftig mit abgeräumt hatte. Über mangelnde Unterstützung konnte sich Gibson sicherlich nicht beklagen. Sein Name auf der Besetzungsliste allein garantierte solide Einnahmen. Dem Zeitgeist wollte er sich aber nicht verschließen, und er hielt die Augen nach einem kleinen Projekt offen, an dem er sich versuchen könnte. "Ich war schon immer einer von den Schauspielern, die auf dem Set herumhängen und an dem Ganzen interessiert sind. Ich möchte den kompletten Film kennen. Es dreht sich alles nur darum, sich zu äußern, darzulegen, was man denkt, und die Meinung anderer einzuholen. Jene, mit denen man arbeitet, Gott, sie haben auch alle eine Meinung." *Der Mann ohne Gesicht* war genau das Richtige. Schon 1990 hatte er mit Drehbuchautor MacRury verhandelt. Das Budget von $ 10 Mio war nicht höher als Mels Durchschnittsgage mittlerweile, aber schon bei *Hamlet* hatte er gezeigt, daß es ihm bei Liebhaberprojekten nicht auf Finanzielles ankam. Produzent war natürlich wieder sein Partner Bruce Davey, und sich selbst gönnte er nicht mehr als das vorgeschriebene Minimalhonorar von weniger als $ 120.000 für die Regie. Sich auch noch als Schauspieler einzubringen, wollte er sich eigentlich ersparen, aber als sich keiner bereit erklärte, sprang er selbst in die Bresche, nur um wie schon fast alle vor ihm festzustellen: "Die Regie war schwieriger als ich gedacht hatte. Es gehört viel mehr dazu, vor allem wenn man sie selbst führt [...] Es machte mich wahnsinnig, weil es so viel zu tun gab. Ich mußte mir zu viele Schuhe anziehen." Dabei hatte er in all den Jahren als Schauspieler Gelegenheit genug gehabt, sich auch über die Regie Gedanken zu machen. Schon Miller war bei *Mad Max - Jenseits der Donnerkuppel* aufgefallen: "Er verbrachte, wenn er nicht benötigt wurde, viel Zeit am Set anstatt abseits, und nach einiger Zeit wußte er äußerst genau, was der Kameramann machte. Er war technisch sehr geschickt", und das, obwohl Gibson damals andere Sorgen plagten. In einem Interview 1987 anläßlich der Premiere von *Zwei stahlharte Profis* hatte Mel bemerkt: "Ein guter Regisseur heißt jeden neuen Gedanken willkommen. Oft gibt es unterschiedliche Meinungen darüber, wie man eine Szene am besten realisiert. Manchmal hast du recht, manchmal der Regisseur. Aber indem du eigene Ideen einbringst, ergeben sich immer wieder neue Möglichkeiten." Damals hatte er die Frage nach seinem Regiedebüt noch zurückhaltend beantwortet: "Ich möchte die andere Seite des Filmemachens schon praktizieren, aber ich will noch mehr darüber wissen. Es fasziniert mich [...] Momentan habe ich noch nicht genug Selbstvertrauen, wenngleich es mich reizt, mit diesen Dingen zu spielen. Nur, ich weiß zu genau, welcher Fähigkeiten es bedarf, ein guter Regisseur zu sein." Sein Einstand trug ihm Wohlwollen seitens der Kollegen und der Kritiker ein. Die Schauspielerin Margaret Whitton: "Mel zeigt sich den Ideen der anderen Beteiligten gegenüber bemerkenswert offen. Er ist weder Theoretiker noch Ideologe. Film entsteht für ihn aus einem Prozeß des Zusammenwirkens. Er wird ein sehr guter Regisseur und das sollte keinen überraschen." Robyn und die Kinder zogen mit nach Maine. Von dort aus übersiedelten die Gibsons für ein halbes Jahr nach Südfrankreich, wo sich Mel dem Schnitt widmete, um dann in London seinem Werk die dazugehörige Musik verpassen zu lassen. Dabei blieb noch immer Zeit für eine Sprechrolle in Bill Couturies *Earth and the American Dream*.

Zu den zahlreichen Drehbüchern, die über den Schreibtisch Mels oder seines Agenten Limato wanderten, gehörte zu dieser Zeit auch ein Schottenepos, das der Romanschriftsteller Randall Wallace über seinen schottischen Namensvetter verfaßt und MGM vorgelegt hatte. Alan Ladd jun., der an MGM beteiligt war, stellte sich im Sommer 1993 auf eigene Füße und nahm das Script mit. Gibson hatte es bereits gelesen und nicht für schlecht befunden, schob eine Entscheidung aber vorerst auf. "Es *war* gut, aber eines von den Dingen, mit denen ich mich aus verschiedensten Gründen nicht ganz anfreundete. Man hat ein wenig Angst vor so etwas Großem. Ich dachte, ich sei zu alt und so weiter, um da drüben Unfug zu machen, so ließ ich es im Großen und Ganzen bleiben, und es wurde auch von niemand anderem aufgegriffen."

Als nächstes wollte er sich ein altbekanntes Genre vornehmen, das sich einer erfolgreichen Renaissance erfreute. Nach den Sensationserfolgen von *Der mit dem Wolf tanzt* und *Erbarmungslos* ließ auch Mel Hollywood nach einem geeigneten Westernscript absuchen. Für Mel lag natürlich eine Komödie näher als alles andere, vor allem konnte er auf kritische Western mit politischer Tendenz verzichten. Er ließ schließlich Drehbuchautor William Goldman beauftragen, die in den 60er Jahren so beliebte Westernkomödie *Maverick* zu einem brauchbaren Drehbuch umzuarbeiten. Der konnte seine Einfälle aus über 100 Folgen schöpfen. Richard Donner wurde als Regisseur engagiert, mit Meg Ryan und Paul Newman als Co-Stars klappte es aber nicht. Drei Wochen vor Beginn verpflichtete er Jody Foster, die von ernsten Rollen genug hatte, und schrieb die Figur des Zane Cooper passend für "Bret Maverick" James Garner um, bei dem das Projekt alte Erinnerungen geweckt haben mochte. Jede Menge alter Westernstars tummelten sich auf ihrer alten Spielwiese. Wie schon bei *Der Mann ohne Gesicht* trug Gibsons komisches Talent vor allem dazu bei, unter den Mitwirkenden eine lockere Atmosphäre zu schaffen, die weit entfernt war von den Anspannungen, wie er sie in seiner Frühzeit beim Film erlebt hatte, auch wenn seine Scherze und Streiche sich manches Mal hart an der Schmerzgrenze entlang bewegten. Böse sein konnte oder wollte ihm dennoch keiner.

Es war nicht anders zu erwarten, *Maverick* wurde ein Riesenerfolg und ließ bereits Gerüchte über eine Fortsetzung laut werden. Stattdessen lieh Gibson seine Stimme einem anderen "Western"helden, dem Abenteurer John Smith in Disneys *Pocahontas* und erfreute seine Fans mit einer Gesangseinlage. Eine große Zukunft am Broadway sagte ihm zwar keiner voraus, aber allerorts wurde mit Freuden zur Kenntnis genommen, daß sich der Star mit seiner Singstimme durchaus nicht zu verstecken brauchte. Zum Ausgleich zeigte er dafür in *Casper* kurz darauf sein grinsendes Spiegelbild ohne Akustikbegleitung. Seine Kinder freuten sich sicher über seine kleinen Ausflüge, bei denen sie ihn auf der Leinwand wiederfinden konnten. Die meisten seiner Arbeitseinsätze waren ihm jedoch nicht kindgerecht genug, um sie seinem Nachwuchs zuzumuten.

Nach den entspannenden kurzen Gastauftritten näherte er sich mit Riesenschritten dem Zenit seiner bisherigen Laufbahn. Terry Gilliam wollte ihn in der tragischen Rolle des Sydney Carton in Dickens *Geschichte zweier Städte*, die die Schrecken der Französischen Revolution schildert. Don MacPherson hatte das Drehbuch verfaßt und Gilliam seine Regie schon vorbereitet, als Gibson absprang, obwohl auch das Budget bereits stand. Mit Gibsons Rückzug war auch das Interesse der Financiers dahin. *Braveheart* war Mel inzwischen nicht mehr aus dem Kopf gegangen. Nach den positiven Erfahrungen mit *Der Mann ohne Gesicht* lockte ihn die Regie eines Großprojektes. Aber auch ein Mel Gibson scheiterte an der Skepsis der potentiellen Geldgeber, und die wurden hier zuhauf benötigt. Wen interessierte schon ein Streifen, dem ein Star unsichtbar seinen Stempel aufdrückte? Mel mußte auch vor die Kamera, und wieder beugte er sich dem Diktat der Hollywoodschen Marktgesetze. Das Budget lag irgendwo zwischen $ 40 und $ 72 Mio. Die britische Majestic Films paßte angesichts dieser Zahlen, und auch Paramount, die Ladd jr. unter die Arme griff, bekam das große Zittern. Immerhin steuerte sie $ 17,5 Mio für den US-Vertrieb bei. Warner hatte ebenso wenig Interesse, aber 20th Century nutzte die Gelegenheit und stellte $ 37 Mio für den Auslandsvertrieb bereit. Gibson produzierte mit seiner Icon mit und soll nicht unerhebliche Eigenmittel als Zwischenkredit aufgebracht haben. Er bestand stets darauf, daß der Streifen $ 53 Mio gekostet habe, rechnet man sein theoretisches Gehalt, auf das er schließlich verzichtet hatte, hinzu, so mag die weit höhere Zahl nicht aus der Luft gegriffen sein. Anfang 1994 wurde es ernst mit den Vorbereitungen. Der Wallace-Clan, selbsternannter Hüter des Gedenkens an den berühmten Ahnen, wurde selbstverständlich beratend miteinbezogen, und es fanden sich zahlreiche Beschäftigungsmöglichkeiten vor und hinter der Kamera. Rufe wurden laut, dem Vorzeigeschotten Sean Connery eine Rolle anzutragen, aber für Wallace war er zu alt, und Edward, den Schurken des Films schlechthin, wollte der bekennende Nationalist nun wirklich nicht verkörpern. Wenn Mel selbst schon die Hauptrolle übernehmen mußte, so wollte er die übrigen Charaktere nach seinem Gusto besetzen und engagierte fast ausschließlich europäische Schauspieler, die zumindest dem amerikanischen Publikum praktisch unbekannt waren. Sophie Marceau wunderte sich, warum die Presse sie ständig mit dem berühmten gleichnamigen Pantomimen Marcel in Verbindung brachte, bis sie herausfand, daß auch sie Opfer von Gibsons berühmten Scherzen geworden war: Er hatte gegenüber der internationalen Presse das Gerücht gestreut, die beiden seien Vater und Tochter. Seinen Bruder Donal, der in seine Fußstapfen getreten und gleichfalls Schauspieler geworden war, wenngleich meist in australischen Produktionen, ließ er als Stewart auftreten. Kurz spielte er auch mit dem Gedanken, eines seiner eigenen Kinder den jungen Wallace verkörpern zu lassen, aber die Vernunft siegte. Er wollte sie aus dem ungesunden Geschäft heraushalten. Der eigene Streß mit tausenden Statisten und 500 Mann Stab genügte. Von morgens bis abends war er ab dem entscheidenden 6. Juni 1994 eingespannt. An mehr als vier oder fünf Stunden Schlaf war nicht zu denken. Aber es schadete dem Helden nicht, auch vor der Kamera von den Strapazen des Kampfes gezeichnet zu sein. Einen wahren Wirtschaftsboom hatte er zudem ausgelöst: Die Mannen wollten gut gefüttert und gekleidet sein. Mancher Rückschlag ließ sich ohnehin nicht vermeiden. Der Regen spülte die Lehmhütten davon und einige Hochlandrinder fanden Geschmack an den Strohdächern. Um Zeit zu sparen, schickte Gibson sein 2nd Unit neben den Schlachtinszenierungen für Landschaftsaufnahmen los. Vom Glen Nevis aus zog der gesamte Troß Mitte Juli nach Irland hinüber, wo Trim Castle für York und London umgebaut worden war, Dunsoghly Castle für Edinburgh Castle herhielt. In den Curragh Plains marschierten die Heere zwei Wochen lang aufeinander los. Wie bei vielen Großproduktionen mußte noch eine zweite Schlacht geschlagen werden. Die Studios sahen immer höhere Kosten auflaufen und forderten zu Einsparungen auf. Wechselkursschwankungen zum Nachteil des Dollars taten ein übriges. Die Steuervergünstigungen, die Irland bot, schufen nur einen kleinen Ausgleich. Neue Dispositionen mußten getroffen werden, und meist war das Fußvolk der Leidtragende. Viele wurden eher entlassen, Stellen wurden eingespart. Gibson konzentrierte sich ganz auf den künstlerischen Teil und überließ das Finanzielle seinem Kompagnon Davey, der sich damit nicht gerade beliebt machte. Mel aber hatte weiter ein ungetrübtes Verhältnis zu seiner gesamten Mannschaft, die sich über sein bekannt umgängliches Wesen freute. Als Regisseur erhielt er wie schon in *Der Mann ohne Gesicht* großes Lob von seinen Schauspielerkollegen. Catherine McCormack: "Er gab keine Regieanweisungen als solche. Es war eher so, daß wir durchsprachen, worum es ging, und das dann einfach machten. Klappte es, war es gut, und wir besprachen, warum. Und wenn es nicht klappte, fluchten wir und machten es nochmal." Sie konnte es sich auch nicht verkneifen, eine von Mels Unarten publik werden zu lassen: "Einen Wind abgehen zu lassen, war sein größter Scherz." Jeder atmete erleichtert auf, als die Arbeiten nach fünf Monaten im September und Oktober in die Studios - Ardmore bei Dublin und Shepperton - verlagert werden konnten. "Ehrlich gesagt, ich war ein wenig besorgt, weil er wirklich ziemlich erschöpft aussah", hatte Brian Cox schon vor Irland bemerkt, und da hatte Gibson den schwersten Teil der Arbeit noch vor sich gehabt. Gibson schilderte die Mehrfachbelastung plastisch: "Gegen Ende der Dreharbeiten waren da zum Beispiel schwierige Nachtaufnahmen. Ich verlor als Regisseur plötzlich die Nerven: Ich riß zwölf Seiten aus dem Drehbuch und warf sie dem Produzenten Gibson vor die Füsse. Danach schickte ich Hauptdarsteller Gibson nach Hause. Schließlich schrieben wir drei die Szene um und drehten sie am Tage. Das hatte sich dann dafür gelohnt: Das Ergebnis war viel überzeugender." Er konnte es ohnehin nicht lassen, seine privaten Überzeugungen miteinzubauen. Daß dem schwächlichen Prinzen ein weichlicher, sichtlich schwuler Berater zur Seite steht, der mittels Fußtritt aus dem Fenster zu Tode gestürzt wird, konnte nur sein Einfall gewesen sein. Schon bei *Ein Vogel auf dem Drahtseil* war der schwule Friseur Don als Witzfigur um Gibsons Rick herumscharwenzelt und Koro

Castellan von *El País* hatte ihn 1991 gefragt: "Was denken Sie über Homosexuelle?" "Meinen Hintern kriegen sie nicht", sagte er, stand lachend auf, rückte seinen Allerwertesten ins Bild, deutete darauf und meinte: "Der ist nur zum Kacken da." Die Auszeichnung als *bête noir* des Jahres durch den *Queer Nation* Verband war ihm daraufhin ebenso sicher gewesen wie der *Sissy of the Year Award* der Schwulenzeitschrift *The Advocate*. Daß jemand sich durch die Szene in *Braveheart* angegriffen fühlen könnte, überstieg Gibsons Verständnis: "Ich fragte jemanden: 'Meinst du, ich sollte das schneiden?' und er meinte: 'Ja'. 'Warum?' 'Sie brachten ihn um, weil er schwul war.' 'Ja und was ist mit all denen in der Schlacht, die umgebracht wurden?' 'Nun, die waren nicht schwul.' 'Waren sie das *nicht?*' Das Argument ist einfach nicht gut. Ich meine, sollte ich Wallaces Tod am Ende herausschneiden? Sie brachten *ihn* um, weil er Schotte war. Edwards Freund wurde nicht aus dem Fenster geworfen, weil er schwul war, sondern weil der König ein Psychopath war."

Bis weit nach 1995 hinein saß Mel am Schnitt und ließ sogar von seinen Glimmstengeln. Vor Ort im Glen Nevis hatte er noch den Aufenthalt im Old Pines Hotel storniert, das nicht nur alkohol- sondern auch rauchfreie Zone war und sich eine tolerantere Bleibe gesucht. Nur schweren Herzens konnte er sich von vielem Material trennen. Rachel Abramowitz hatte Gelegenheit, Impressionen aus dem Schneideraum zu sammeln: "Wortlos beobachtet Gibson den Schnitt. Er rutscht von der Couch auf den Boden und nahe zur Leinwand hin. 'Das geht von einem verrückt Gewordenen bis hin zu einem, der Che Guevara spielt', beklagt er sich. Er sorgt sich, daß der Schnitt die wichtigsten Übergänge des Charakters weggeschnippelt hat: von wahnsinnig vor Gram bis zum reinen Wahnsinn und bis hin zum edlen Revolutionär. Rosenblum fügt eine Aufnahme mit einem wehmütig auf ein Lagerfeuer starrenden Schauspieler ein, aber das befriedigt nicht. 'Es kommt mir vor, als würde man mich langsam aber sicher entmannen', stöhnt Gibson. Also zieht er drei kleine Handpuppen hervor, jede mit Boxhandschuhen. Gibson erhält eine Nonne, genannt Schwester Mary Margaret, Rosenblum eine schwarzbemantelte Figur, die sie den Rabbi nennen, und Dean Lopata den boxenden Dinosaurier, der natürlich Deanosaurier genannt wird. Die Puppen tragen kleine Raufereien aus. Schwester Margaret gewinnt am ehesten. Während Rosenblum die Sequenzen neu zusammenmixt, marschiert Gibson herum und schießt mit seinem neuen Dartgewehr auf Leute, oder saugt sich mit etwas ab, was wie ein Handstaubsauger aussieht, sich aber als Shiatsu-Massagegerät entpuppt, das er zum Geburtstag bekommen hat. 'In der Anleitung steht, nicht am Kopf benutzen', bemerkt Rosenblum, 'aber das war die erste Stelle, an der Mel es ausprobiert hat.'"

Im Mai hatten die Spielereien ein Ende und er präsentierte sein Werk in Los Angeles der Öffentlichkeit. Die europäische Premiere folgte im September stilgerecht mit mittelalterlichem Gelage auf Stirling Castle. In Schottland wurden nicht zuletzt historische Freiheiten bemängelt, die sich Drehbuchautor Wallace gestattet hatte, aber dieser betonte auch, Dramatiker und nicht Historiker zu sein. Eines jedenfalls hatte der Film erreicht. William Wallace war nun in der restlichen Welt kein Unbekannter mehr, und die Scottish National Party erkannte dies wohl und machte mit Gibsons Wallace-Konterfei Flugblattwerbung für die Unabhängigkeit.

Den größten Profit aber machte Gibson selbst. Bei der *Oscar*-Vergabe schlug er den größten Konkurrenten *Apollo 13* im Rennen um die wichtigsten Auszeichnungen. Sein Kampf auf schottischem Grün hatte mehr Aufmerksamkeit erregt als die Eroberung des Weltraums, und das, obwohl die ersten Einspielergebnisse in den USA bei weitem nicht den Erwartungen entsprochen hatten. Paramount hatte *Braveheart* gar nach kurzem aus den Kinos genommen und im September nochmals einen Neustart durchgeführt. Jetzt konnte keiner mehr mangelndes Interesse beklagen. Mit fünf *Oscars* war *Braveheart* der meistprämierte Film des Abends. Eine größere Bestätigung für seine Regieleistung hatte sich Mel nicht wünschen können. Eingepackt in je einen Armani-Schuhbeutel, damit sich die goldenen Kerlchen nicht gegenseitig den Kopf einschlagen, transportierte er sie ab. "Jetzt, da ich ein solider Regisseur mit einem Goldjungen bin, nun, wie wohl die meisten Regisseure, will ich nur eines wirklich: Schauspieler sein", verkündete er in seiner Dankesrede und ging wieder an die unterbrochene Arbeit. Der Frage, ob angesichts des Erfolges nicht eine *Brave Hearter*-Folge im Raum stünde, begegnete der Regisseur mit Grinsen: "Nein, nein. Man könnte was in der Richtung machen, daß seine Eingeweide in einen Rosenbusch geworfen werden, die Rose erblüht, ja, und dann kommt ein Mädchen, pflückt sie und man folgt ihm in eine ganz andere Geschichte."

Mel war nach *Braveheart* nicht müßig. Mit *Kopfgeld* war ihm ein Drehbuch vorgelegt worden, dessen Handlung ihm als reichen Familienvater durchaus zu denken geben mußte. "Der Charakter, den ich spiele, scheint alles zu haben, Geld, eine liebevolle Familie, ein großes Geschäft - und dann kommt dieser Vorfall und macht aus ihm wieder das, was er ist: ein sich krümmendes, zitterndes Nervenbündel." Im Januar 1996 trat er vor die Kamera. Seine Gage war mittlerweile auf $ 20 Mio gestiegen, aber wie stets machten dies die Einspielergebnisse in kürzester Zeit wieder wett. Gewissensbisse hatte er bezüglich seines Einkommens keine. Schon dem SZ-Magazin hatte er 1995 mitgeteilt: "Ich habe heute keine Hemmungen mehr, Privilegien in Anspruch zu nehmen. Es ist mir egal, wer seinen reservierten Platz im Restaurant verliert. Ich bekomme immer einen. Früher dachte ich, das sei dekadent, und ich habe mich wegen meiner Privilegien geschämt." Und gegenüber Uwe Mies führte er in einem Interview aus: "... machen Sie sich bitte klar, wieviel Geld ein Film in Amerika am ersten Wochenende einspielt. Das ist richtig viel Kohle. Und es ist die Kassenkraft des Stars, seine Fähigkeit, Leute ins Kino zu locken, die solche Zahlen erst ermöglicht. Das ist eine ganz gut funktionierende Regel im Filmgeschäft. Du bist so viel wert, wie das erste Wochenende deines letzten Films. Es gibt Filme mit mir, die haben $ 35 Mio in drei Tagen eingespielt. Aber ich habe noch nie so viel bekommen. Ich beschwere mich nicht, aber das erste Wochenende bin ich ganz bestimmt wert."

Sein Einkommen bewahrte ihn nicht vor persönlichem Mißgeschick. Ausgerechnet im Flugzeug über Montana meinte Gibsons Blinddarm, sich entzünden zu müssen. New York versank im Schnee und der ins Hotel bestellte Arzt ließ sich nicht blicken. Gibsons persönlicher Assistent Dean Lopata "beschlagnahmte" kurzerhand den nächsten Wagen und ließ Gibson zur Notaufnahme schaffen. 24 Stunden später war er nach einer Laparoskopie schon wieder entlassen.

Die Konkurrenz um die *Oscars* zwischen Gibsons *Braveheart* und Ron Howards *Apollo 13* mochte vielleicht manchmal die Stimmung am Set etwas trüben. Aber Gibson war nicht umsonst für seine einigenden Scherze berühmt. "Mel fasziniert mich wirklich. Ich verbrachte Stunden damit, ihn einfach nur zu beobachten. Mel hat etwas an sich, so daß man sich, wenn man ihn um sich hat, ganz automatisch um ihn kümmern will. Er ist so sensibel. Ich sehe da diese Traurigkeit. Aber er kann auch so viel Spaß haben wie sonst keiner. Dauernd macht er vor jeder Szene ein richtig lautes Bäuerchen. Komödie, Drama, Tränen - egal, wir konnten alles drehen. Die Lauten, wie sie die Fünfzehnjährigen in der High School immer machten. Aber wissen Sie was? Wenn's aus Mel kommt, finde ich's gar nicht eklig", gestand Rene Russo, die seine mehr oder minder geschmackvollen Einlagen noch von früher her kennen mußte. Weirs Beobachtung aus Gibsons Frühzeit verrät, daß sich der damalige Jungstar über die Jahre nur mäßig verändert hat: "Im Gegensatz zu manchen Schauspielern muß er sich nicht innerlich völlig auf den Charakter einstimmen. Er kann eine große emotionale Szene drehen und sobald ich 'Schnitt' rufe, lacht er dröhnend oder macht irgendeine ziemlich unangebrachte Geste. Das ist seine Art, Dampf abzulassen, seine Art zu sagen: 'Leute, ich bin's nur.'"

Über Gibsons Darstellung Tom Mullens in *Kopfgeld* waren sich alle einig und gefielen sich in guten Kritiken bis hin zur Nominierung für den *Golden Globe*, den ihm Geoffrey Rush wegschnappte.

Immer wieder wurde ihm ein 4. Teil der Murtaugh/Riggs-Abenteuer angetragen, aber auch $ 30 Mio konnten ihn nicht ködern. Geldsorgen kannte er schon lange nicht mehr. Vorbei die Zeiten, in denen er Angst hatte, seine wachsende Familie nicht ernähren zu können. Seine Icon Productions hatte Verträge mit Warner, Paramount und Fox abgeschlossen und von 1993 an die unterschiedlichsten Filme produziert. In London gründeten sie einen Ableger, Icon Entertainment International, und schluckten die britische Firma Majestic, die bereits einige Iconfilme mit auf den Weg gebracht, bei *Braveheart* ob des finanziellen Umfangs aber gekniffen hatte.

Er selbst tat sich von Oktober 1996 bis in den Februar 97 hinein mit Julia Roberts für einen wieder in New York angesiedelten Thriller namens *Fletchers Visionen* zusammen, nachdem er Donners und Silvers Drängen nicht widerstehen konnte. "Es war schon etwas furchteinflößend", schilderte der Belagerte in seiner typischen Erzählmanier. "Sie sahen mich an, als wollten sie mich fressen. Und Joel sagte, er habe erwogen, einen Schreiner mitzubringen, der die Tür zunageln sollte, bis ich zugesagt habe." Eineinhalb Stunden später dann: "Ich fand die Situation so lustig und bizarr, daß ich sagte: 'Ja, also dann.'" Julia Robert war mit $ 12 Mio nicht viel billiger und mindestens genauso schwer zu überreden. Es bedurfte schon der unterstützenden Hilfe eines Ständchens mit Blaskapelle. Schließlich war nicht jede Dame geeignet, in einem solchen Team zu überleben. Humor war oberste Priorität, und den glaubte Donner bei Roberts entdeckt zu haben. Die neue Kollegin wurde auch gleich wieder Opfer von Gibsons Faxen: Ein nett verschnürtes Päckchen wartete in der Garderobe und enthielt eine Ratte - wenigstens war sie ausgestopft. Patrick Stewart ergänzte die Crew für "nur" $ 5 Mio bei einem angeblichen Gesamtbudget von rund $ 70 Mio Dollar. Eines muß man Gibson schon lassen. Er nimmt immer wieder bedenkenlos die Rollen eigentlicher Antihelden an, von schicksalsgebeutelten, getriebenen Charakteren. Vorliegend geriet die Darstellung zwar manchmal ins Surreale, insgesamt aber konnte man Mel nur Bewunderung für die Ausgestaltung seines Jerry Fletcher zollen. Eine im Folgejahr durchgeführte Umfrage des *The Hollywood Reporter* setzte Gibson auf einem Index von 100 an Platz 3 mit 98 Punkten, hinter Tom Cruise und Harrison Ford. Julia Roberts schaffte gar hinter Jodie Foster Platz 2 mit 92 Punkten.

Mitte 1997 kam dann Donners Ankündigung: "Es war irgendwo drin in Mel. Aber ich wollte ihn nicht drängen und ich wollte gleichfalls nicht gedrängt werden. Erstaunlicherweise war Joel mit viel Takt vorgegangen." Die Wiedervereinigung der alten Freunde für *Lethal Weapon 4 - Zwei Profis räumen auf* war nicht mehr aufzuhalten. In vertrauter Umgebung war Mel ganz in seinem Element. "Manche Sets sind wie Friedhöfe, aber dieses Team ist wie eine Familienparty voller Spaß. In so einer Atmosphäre fallen einem die verrücktesten Dinge ein." In der Tat. Er konnte es nicht lassen, seinen Lieblingsregisseur mal wieder auf die Schippe zu nehmen und ihm bildlich, wenn auch wohl im Scherz, mitzuteilen, wofür er ihn hielt: "Er plazierte", so vermeldete eine Fernsehzeitschrift, "die Zigarren des Regisseurs mit dem Mundstück voran in eine Körperöffnung, die garantiert nicht dafür bestimmt ist, fotografierte das Ganze mit Polaroid und ließ erst die Zigarren und später die Fotos dem rechtmäßigen Besitzer zukommen."

Gleich im Anschluß, denn in Übung zu bleiben, ist mit zunehmenden Jahren das Wichtigste, trat er ab Mitte September 1997 für den Action-Thriller *Parker*, für den zunächst seine eigene Icon Production verantwortlich zeichnete, vor die Kamera. Schon bald jedoch übernahm Paramount die Federführung und wandelte den Titel in *Payback* um. Obwohl die Dreharbeiten bereits in der letzten Novemberwoche 1997 endeten, blieb der Streifen, soweit nicht beim Nachdreh, bisher in den Asservatenkammern des Verleihs. Neuer Starttermin in der Bundesrepublik soll der 11. März 1999 sein. Gibsons Icon Productions hat schon wieder ein Eisen im Feuer, und diesmal ganz etwas Neues. Unter Wim Wenders als Regisseur sollen im Januar 1999 die Dreharbeiten zu dem Thriller *The Million Dollar Hotel* in Los Angeles beginnen. Auch heißt es, daß Mel sich für eine Spielfilmfassung der Fernsehserie *Hogan's Heroes* angemeldet habe.

Und für seine Kinder, zumindest die jüngeren, ist bald wieder etwas dabei. Seit September 1997 wird an dem Zeichentrickfilm *Chicken Run* gearbeitet, für den Gibson seine Stimme leiht. Und seine eigenen Kinder halten ihn ohnehin jung. Das siebte ist bereits unterwegs. "Ich glaube, egal wie alt ich tatsächlich bin, in meinem Kopf bleibe ich ein 15-jähriges Kind. Selbst wenn ich viele Falten kriege, innerlich bleibe ich immer ein wenig kindisch", erkannte Gibson während eines Interviews anläßlich von *Lethal Weapon 4*. Daran ändert auch das wahre Alter nichts. Das anstrengende Leben mit Faxen, Alkohol- und Nikotinsucht hat mittlerweile seine Spuren hinterlassen. Von Falten durchfurcht sieht Mel weit älter aus als seine 42 Jahre. Aber Eitelkeit ist ohnehin nicht sein Problem: "Liften käme nie in Frage, ich will nicht plötzlich ein Grübchen im Kinn haben, das mal mein Bauchnabel war."

Im nachfolgenden filmographischen Teil verwendete Abkürzungen:

R:	Regie
Db:	Drehbuch
M:	Musik
ML:	Musikalische Leitung
L:	Lieder und Musikstücke
K:	Kamera
S:	Schnitt
Aus:	Ausstattung
AD:	Art Director
Pd:	Production Design
Ko:	Kostüme
SpE:	Spezialeffekte
B:	Besetzung
AssP:	Associate Producer
CoP:	Co-Produzent
P:	Produzent
V:	Verleih
Lz:	Laufzeit

SUMMER CITY
Summer City   Australien 1976/77

R: Christopher Fraser **Db:** Phil Avalon **M:** Phil Butkis   Musik der 50er Jahre gesp: u.a. The Marshall Brothers Band   **L:** *Summer City* ges: Phil Avalon und Coventree   **K:** Jerry Marek   **S:** David Stiven   **AD:** Jann Harris   **Ko:** Karen Williams   **P:** Phil Avalon   **Lz:** 89 Min

John Jarratt (Sandy), Steve Bisley (Boo), Mel Gibson (Scollop), Phil Avalon (Robbie), James Elliott (Carolines Vater), Debbie Forman (Caroline), Abigail (Pubbesitzerin), Ward Austin (als er selbst), Carl Roke (Giuseppe), Ross Bailey (Nail), Judith Woodroofe (Kellnerin), Karen Williams (Gloria)

Vier junge Männer wollen noch einmal Sonne, Strand, Meer und Mädchen genießen, bevor zumindest für einen von ihnen der Ernst des Lebens beginnt. Sandy will nächste Woche heiraten. Robbie bringt seine Surferfreunde, den extrovertierten Rüpel Boo und den eher ruhigen, schüchternen Scollop mit. Auf dem Campingplatz eines kleinen Küstenstädtchens schlagen sie ihr erstes Lager auf. Boo läßt es sich nicht nehmen, nach einem Tanz im örtlichen Surfclub die erst fünfzehnjährige Caroline in einem Wassertank zu verführen. Die Abenteuerlust treibt die vier bald weiter die Küste hinauf, bis ihr Wagen mit Motorschaden liegen bleibt. Die Dinge geraten außer Kontrolle. Der schwelende Konflikt zwischen dem prüden Sandy, Student der Zahnmedizin, und dem Proleten Boo bricht endgültig aus, als Sandy erfährt, daß sein Gegenspieler auch von seiner Verlobten die Finger nicht lassen konnte. Zu allem Überfluß hat auch Carolines entrüsteter Vater die jungen Männer aufgespürt und tötet Boo, bevor er seinerseits von Sandy getötet wird. Der Alptraum, der Sandys Zukunft beinahe für immer ein Ende gesetzt hätte, endet mit einem Freispruch wegen Notwehr.

Der Streifen war ein Ein-Mann-Projekt Phil Avalons, der vor und hinter den Kulissen zu finden war. Das wenig ehrgeizige Vorhaben, dessen Endkosten Avalon zufolge bei um die A$ 60.000 lagen, auch wenn weit höhere Zahlen zu Publicity-Zwecken durch die Presse geisterten, hatte als Zielgruppe Surfbegeisterte ins Auge gefaßt und sollte eine anspruchslose Mischung aus Sonne, Strand, Sex and Crime - und natürlich Surfen - bieten. Das 16-mm-Format gestattete es, den Film ohne großen Aufwand in Surfclubs vorzuführen. Der Selfmademan, der schon bei der auch hierzulande bekannten Kindersendung von *Skippy* dem Känguruh mitgewirkt hatte, hatte das Geld für sein Vorhaben mit dem Verkauf neu aufpolierter Gebrauchtwagen und Modeljobs zusammengekratzt und sich aus Ersparnisgründen selbst als Robbie in die Besetzungsliste aufgenommen. Als Mitdarsteller brauchte er junge anspruchslose Menschen, die sich mit dem gewerkschaftlichen Mindestlohn von A$ 400 zufrieden gaben - es ist auch schon mal von A$ 20 die Rede, die Mel erhalten habe - und auch weiter keine großen Erwartungen hatten. Als Übernachtungsquartier konnte er nämlich nur Schlafsäcke in einem für A$ 100 angemieteten Bürgersaal bieten, von der Verpflegung aus der eigenbetriebenen Feldküche ganz zu schweigen. Da lag es nahe, Schauspielschüler zu verpflichten.

Die gesamte Produktion war von innen wie von außen von Krisen geschüttelt. Die Ölkrise zwang dazu, den belichteten Film im Kühlschrank des örtlichen Pubs zwischenzulagern, da für die Fahrten ins nächste Labor nicht genug Treibstoff zu finden war. Für eine ausreichende Beleuchtung der Tanzszenen zapfte der Kameramann das örtliche Stromnetz an und ließ die Stadt, die auf einen solchen Stromverbrauch nicht vorbereitet war, für eine Stunde im Dunkeln sitzen. Avalons Team drohte mit dem Ausstieg, als ein weiterer wichtiger Rohstoff knapp wurde: Der Produzent war pleite und umsonst wollte keiner arbeiten. Durch Mittel aus verschiedensten Finanzquellen konnte der Frieden wiederhergestellt werden.

Der Film selbst wurde in Anbetracht der chaotischen Umstände gar nicht mal so schlecht, wie man vermuten möchte. Er lebt hauptsächlich von den Gegensätzen seiner Charaktere, dem sexbesessenen rücksichtslosen Boo und dem gutbürgerlichen Sandy, mit Robbie, Sandys besonnenem Freund, und dem zurückhaltenden Scollop, Boos Kumpel, als Schlichter. "Keiner der Charaktere scheint ein echtes Lebensgefühl zu haben. Scollop hat wohl noch am ehesten so etwas wie eine persönliche Beziehung zu den Verhältnissen, die sein Dasein umgeben: Wie Sandy über sein Surfen sagt: 'Scollop und das Meer scheinen eins zu sein.' Aber Scollop ist überhaupt nicht in der Lage, zu formulieren, was ihm das Surfen möglicherweise bedeutet, und kann Sandys leerer Floskel 'Surfen bietet keine Sicherheit' kein einziges Argument entgegensetzen. Die Surf-Sequenzen dienen vielleicht als Gegenpol zu der bürgerlichen Moral und den leeren ethischen Werten, für die Sandy eintritt, oder zu dem rüpelhaften Machogehabe des Schürzenjägers Boo. [...] *Summer City* bietet eine interessante Gelegenheit, den Konflikt in den philosophischen Anschauungen zweier Charaktere darzustellen, die (soweit die dürftige Charakterisierung dies zuläßt) zum einen als bürgerlich und zum anderen als draufgängerisch/halbstark definiert sind. Keiner verdient besondere Bewunderung, und doch fehlt es keinem auch an ansprechenden Eigenschaften. Prolog und Epilog mögen nahelegen, daß Sandy im Mittelpunkt der Erzählung steht, aber im größten Teil des Films sticht Boo stärker heraus. Boo hat einiges von der Attraktivität des Rowdys, aber es stößt schon etwas ab, wie er prahlt und Sandy anstachelt. Dieses potentielle Aufeinanderprallen zweier Kulturen hätte für eine zusammenhängende Thematik sorgen können, aber der Film zögert, sie tiefer zu ergründen. Bei *Summer City* spürt man einen Enthusiasmus von Amateuren, wie man ihn mit Studentenfilmen in Verbindung bringt. Welche Absicht auch immer die Macher hatten, in Kombination mit einer Erzählung, die sich nicht so recht entscheiden kann, ob sie sich auf Melodram oder Beobachtung konzentrieren oder einfach nur ein Gerüst für einen Surf-Film sein soll, kommt ein Durcheinander heraus" (Neil Rattigan). Der in den 50er Jahren angesiedelte Streifen greift fast für jede Szene auf Rock' n' Roll-Musik zurück und aufgrund der etwas mageren Handlung immer wieder auf Landschafts- und Tieraufnahmen am Wegesrand. Dem Kameramann fehlte es offensichtlich noch an der nötigen Übung für Bildkomposition: immer wieder einmal stehen sich die Protagonisten am linken und rechten Bildrand mit abgeschnittenem Hinterkopf gegenüber.

Mel, der anstelle des unabkömmlichen Nick Papadopulous engagiert worden war, mußte sein Haar hell färben, um eine milieugerechtere Erscheinung zu bieten. "Du wolltest doch heute abend kegeln gehen", mit diesen Worten gibt der angehende Weltstar seine Leinwandpremiere, als er Boo im Auto bei einer weit lustvolleren Betätigung ertappt. Seinem Charakter ist es auch im folgenden nicht vergönnt, sich über die weiblichen Darsteller herzumachen. Sein erster "öffentlicher" Kuß gilt ausgerechnet Bisley. Avalon war von seiner zweiten Wahl begeistert. "Er fand sich leicht in den Charakter und die Regie ein." Die Überraschung kam später: "Als die ersten Schnellkopien eintrafen, versammelten sich Crew und Darsteller zur Vorführung. [...] Dann kam die erste Strandszene. Mel sah großartig aus. Der Regisseur und ich schrieben sofort einige Extraszenen für ihn." Er lobt sich gar als sein Entdecker. "So war mir also vom ersten Tag an Mels Leinwandpräsenz bewußt. Ich rief Mitch Matthews, eine Künstleragentin an, und schlug ihr vor, einiges Filmmaterial anzusehen, sobald er wieder von den Dreharbeiten zurück in Sydney wäre. Sie war genauso enthusiastisch wie ich und schlug Mel für *Mad Max* vor." Seinen geringen Ambitionen zum Trotz konnte sich der in vier Wochen mit Unterbrechungen abgedrehte *Summer City* zumindest in Australien durch eine Vergrößerung auf 35 mm doch eine weitere Verbreitung erkämpfen, die mit einer Vorstellung im Century Theatre in Sydney im Dezember 1977 ihren Auftakt nahm. Nachdem Mel berühmt geworden war, erinnerte man sich wieder an den Streifen und pries ihn auf den Wiederaufführungsplakaten mit seinem Konterfei als "Mel Gibson in seiner ersten Hauptrolle" an. Der Star selbst hätte lieber den Schleier des Vergessens über seinen ersten Auftritt gebreitet und bezeichnete auch in späteren Interviews stets *Mad Max* als sein Debüt. *Summer Shitty*, wie er ihn einmal nannte, sei "grauenhaft" gewesen, "ein billiger schmutziger Kintopp, der in drei Wochen mit einem Budget von A$ 20.000 heruntergekurbelt wurde und worin es um eine Gruppe junger Männer ging, die sich eine schöne Zeit machen wollten. Meine Rolle war die eines 19-jährigen Surfers, der einfach nur surfte und den Doofen spielte, was wahrscheinlich auch alles war, was ich damals in den Griff kriegen konnte. Der Film wurde tatsächlich aufgeführt, aber zum Glück nur in Australien." Stimmt nicht ganz. In den USA ist eine Videofassung namens *Coast of Terror* in Umlauf, in Deutschland ist der Film seit 1990 unter dem Originaltitel auf Band zu haben.

MAD MAX
Mad Max   Australien 1977/78

R: George Miller   Db: James McCausland, George Miller   M: Brian May   Cabaret Musik: Nic Gazzana   ges: Robina Chaffey   K: David Eggby   S: Tony Paterson, Cliff Hayes   AD: Jon Dowding   Ko: Clare Griffin   SpE: Chris Murray   B: Mitch Consultancy   P: Byron Kennedy   V: Warner Bros.   Lz: 93 Min

Mel Gibson (Max Rockatansky), Joanne Samuel (Jessie Rockatansky), Hugh Keays-Byrne (Toecutter), Steve Bisley (Jim Goose), Tim Burns (Johnny, the Boy), Roger Ward (Fifi Macaffee), Vince Gil (Nightrider), Geoff Parry (Bubba Zanetti), David Bracks (Mudguts), Paul Johnstone (Cundalini), Nick Lathouris (Grease Rat), Lulu Pinkus (Mädchen des Nightriders), Steve Millichamp (Roop), John Ley (Charlie), Jonathon Hardy (Labatouche), Sheila Florence (May Swaisey), Max Fairchild (Benno), Stephen Clark (Sarse), George Novak (Scuttle), Reg Evans (Bahnhofsvorsteher), Nic Gazzana (Starbuck)

In der nahen Zukunft: Die Welt befindet sich in einem Zustand der Anarchie, in der nur wenige noch mehr oder minder erfolgreich Recht und Gesetz aufrechterhalten. Der Nightrider, ein wahnsinniger Motorradfreak, ist aus dem Gefängnis ausgebrochen. Dem Polizisten Max Rockatansky gelingt es, ihn zur Strecke zu bringen, womit er selbst auf die Abschußliste der "Höllenjockeys" gerät. Als sein Freund Jim Goose von der Bande, die überall Schrecken und Gewalt sät, ermordet wird, quittiert er seinen Dienst und will sich mit Frau und Sohn am Meer entspannen. Doch der Toecutter und seine Motorradbande spüren ihn auch dort auf. Max' Frau Jessie wird beim Eisholen von der Bande behelligt und reißt auf der Flucht in ihrem Jeep einem der Schurken die Hand ab. Die Lage spitzt sich zu. Die Familie hat sich auf einer Farm einquartiert. Toecutter spürt sie dort auf. Jessie und Sprog flüchten zuerst mit dem Jeep und dann zu Fuß und werden von den wütenden Verfolgern überrollt. Max kommt zu spät und schwört Rache. Er holt seine Uniform aus der Truhe und macht sich auf, die Motorradrocker ihrerseits in die Hölle zu befördern.

Unbestritten blieb nur eines: Der Erfolg, den *Mad Max* in einem Siegeszug rund um die Welt feierte, mit Ausnahme der USA, wo eine stark verstümmelte, neu synchronisierte Fassung zunächst sang- und klanglos unterging. Die Kritiken reichten vom polemischen Veriß ob der exzessiven Gewalt bis hin zum Geniestreich. Millers Spielfilmerstling ließ sich als sehr eigenwilliges Werk in kein Klischee pressen.

Dr. George Millers Leidenschaft hatte schon als Kind nicht nur dem Film, sondern auch dem Comic gegolten. Da lag es nahe, beide Liebhabereien miteinander zu verknüpfen. Sein Held Max war, wie Darsteller Gibson verblüfft erkannte, "eine Pappfigur. Die Geschichte hat Comic-Charakter und jeder lacht bereitwillig darüber. Die Bilder sind graphisch und wie ein Cartoon, man muß in den Stil hineinschlüpfen, um in diese Form zu passen." Auch die bildhaften, bedeutungsschwangeren Namen sind dieser Tradition entnommen: Toecutter, der aber nicht nur Zehen abschneidet, Bubba, Johnny the Kid für den Jüngsten und Schwächsten der Gang, Sprog, australisch für Baby, und Jim Goose, dem genauso übel mitgespielt wird wie einer Kirchweihgans. Alle Charaktere bleiben flach, lakonisch, die wenigen Dialoge einfach, ohne Komplexität, problemlos in einer Sprechblase unterzubringen. Auch die öde, schmucklose Landschaft ist für jeden Comiczeichner ideal (umsonst zu haben war sie natürlich auch noch). Daneben war Miller als Unfallarzt tagtäglich mit der Gewalt auf den Straßen konfrontiert. Bezeichnend das Straßenschild am Anfang des Streifens, das den Highway als *high fatality road* ausweist und den aktuellen Verkehrstotenstand von 57 für das laufende Jahr auf dieser Strecke verkündet. Hinzu kam, daß die Ölkrise Anfang der 70er Jahre noch nicht vergessen war und gerade den motorbegeisterten Australiern einen höllischen Schrecken eingejagt hatte.

Miller und Kennedy entwickelten aus diesen Elementen eine nicht allzu ferne Zukunftsvision, in der in Jahrhunderten entwickelte und gepflegte Werte weitgehend über Bord geworfen wurden und der Mensch wieder des Menschen Wolf geworden ist. Die Handlung als solche ist wenig außergewöhnlich und bedürfte kaum der Erwähnung. Millers Kunststreich, der seinem Werk Kultstatus einbrachte, liegt in den gewagten Bildkompositionen und Schnitten, mit denen er große Spannungsmomente aufbaut. Die Schnitte zerstückeln allerdings die Handlung unnötig und machen sie manchmal schwer verständlich, da gerade erklärende Übergänge häufig fehlen. Das Hauptaugenmerk gilt aber auch nicht der Geschichte selbst, sondern ihrer Ausgestaltung in gekonnten Stunts und Actionsequenzen.

Schon der Handlungsbeginn in der *Anarchy Road* weist die Verfassung der Gesellschaft aus. Die *Halls of Justice*, der Justizpalast rottet vor sich hin. Er beherbergt die Ordnungshüter, die sich, wie Max bemerkt, von den Nomaden, den "Höllenjockeys", nur durch ihr Abzeichen unterscheiden. Unter irrem Gelächter rast der Nightrider über die Straßen, gestoppt von dem späteren Protagonisten Max, der bis dahin gesichtslos bleibt, nur Bildausschnitte in rascher Einblendung zeigen, daß er sich startklar macht. Stoßstange an Stoßstange rasen die Wagen hintereinander her, doch der erwartete Zusammenprall bleibt aus. Der Nightrider fegt durch eine Ortschaft, man sieht ein Kind auf der Straße stolpern, der Atem stockt, die Fahrspur führt an dem vermeintlichen Opfer vorbei. Ein neuer Schnitt, die Verfolger nehmen den gleichen Weg, noch immer ist das Kind auf der Straße, wieder kommt es davon, Opfer werden andere. Mal preßt es ein Auge aus seiner Höhle, aber nur für den Bruchteil einer Sekunde, man kann sich nicht sicher sein, was man wirklich gesehen hat. Die Miller so heftig vorgeworfene Gewalt wird kaum je explizit auf die Leinwand gebracht. Es ist aber gerade die quälende Ungewißheit, die einem weit mehr zusetzt als das konkrete Wissen. Die Erfahrung, die Joseph Conrads Held in *Lord Jim* machte: "Er mußte in seinem Unbewußten davon überzeugt sein, daß die Wirklichkeit nicht halb so schlimm sein konnte, nicht halb so beängstigend, entsetzlich und rachsüchtig wie der Schrecken, den seine Vorstellung schuf", nutzt Miller geschickt und überläßt es der Phantasie des Einzelnen, sich die angedeuteten Schrecken auszumalen, einer Szene eine Bedeutung beizumessen, in der ein verstörter Mann in der Ferne nach einem Biker-Überfall mit nacktem Hinterteil durch ein Feld stolpert. Daß Miller sich mit dem Thema Gewalt durchaus kritisch auseinandersetzen kann und nicht auf billige Effekthascherei aus ist, zeigte er im Anfangsstadium des Filmemachens, das er mit einer preisgekrönten Kurzfilmsatire *Violence in the Cinema* begonnen hatte.

Selbst die vermeintlich idyllischen Sequenzen sind nicht, was sie scheinen. Drohende Untertöne wie unheilvolles Vogelkrächzen kündigen den baldigen Umschwung an. Brian May schuf die passende musikalische Untermalung, getreu Millers Überzeugung, daß ein Film im wesentlichen aus Bild und Ton, nicht etwa Dialog, zu bestehen habe.

Unter Amateurbedingungen und mit dem geringen Budget von A$ 400.000 hatten Miller, Kennedy und seine wenig erfahrene Crew es fertiggebracht, ein unkonventionelles Werk zu schaffen, das in aller Munde war und einen Millionengewinn einspielte. Fünf Tage in 58 Kinos genügten, das Doppelte der Ausgaben wieder einzuspielen. Miller versuchte den Erfolg später damit zu erklären, daß *Mad Max* in der Tradition uralter auf der ganzen Welt verbreiteter Heldenmythen stand und somit jeder Kulturkreis ihm vertraute Elemente finden konnte. Ein ganzes Jahr hatten Miller und der Journalist McCausland in ihrer Freizeit am Drehbuch gearbeitet und mit dem enthusiastischen Byron Kennedy die Finanzierung gesichert. In sechs Wochen im November und Dezember 1977 wurde alles gedreht, das Second Unit Team brauchte nochmals die gleiche Zeit. Aus Finanzknappheit zog sich die endgültige Fertigstellung noch lange hin und erst am 19. April 1979 wurde *Mad Max* im East End in Melbourne uraufgeführt.

TIM - KANN DAS LIEBE SEIN ?
Tim   Australien 1978

R: Michael Pate   **Db:** Michael Pate nach dem Roman von Colleen McCullough   **M:** Eric Jupp   **K:** Paul Onorato   **S:** David Stiven   **Aus:** John Carroll   **Ko:** Pat Forster   **CoP:** Geof Gardiner   **P:** Michael Pate   **Lz:** 109 Min

Piper Laurie (Mary Horton), Mel Gibson (Tim Melville), Alwyn Kurts (Ron Melville), Pat Evison (Em Melville), Peter Gwynne (Tom Ainsley), Deborah Kennedy (Dawnie Melville), David Foster (Mick Harrington), Michael Caulfield (John Harrington), Margo Lee (Mrs. Harrington), James Condon (Mr Harrington), Brenda Senders (Mrs. Porter), Brian Barrie (Dr. Perkins), Geoff Usher (Pfarrer)

Mrs. Horton wurde von ihrem Gärtner im Stich gelassen. Durch Zufall kann sie den jungen minderbegabten Tim engagieren. Sie ist bald so begeistert von ihm, daß sie immer neue Aufgaben findet, die sie ihm übertragen kann. Als sie erfährt, daß er trotz Schulbesuchs nicht lesen kann, kauft sie ihm ein Buch und bringt es ihm bei. Sie findet soviel Gefallen an Tim, daß sie ihn für die Wochenenden in ihr Strandhaus einlädt. Tims Eltern freuen sich über Marys Engagement. Tims Schwester Dawnie betrachtet das Verhältnis mit Argwohn, allerdings zu Unrecht. Mary Horton hat sich der Förderung Tims selbstlos verschrieben. Schließlich stirbt Tims Mutter. Mary kümmert sich weiter um Tim und tröstet auch den Vater Ron. Der ist des Lebens nun überdrüssig, aber er macht sich Sorgen um die Zukunft seines Sohnes. Tim faßt die Fürsorge Marys für seinen Vater falsch auf und reagiert mit Eifersucht. Mary wird sich mit Entsetzen bewußt, daß auch sie tiefgehende Gefühle für Tim hegt. Sie sucht Rat bei einem Lehrer für geistig Behinderte. Der ermutigt sie zu einem ungewöhnlichen Schritt: Tim zu heiraten. Ron stimmt dem Vorhaben zu. Kurz nach der Hochzeit folgt er seiner Frau in die Ewigkeit. Tim hat zwar seine geliebten Eltern verloren, aber die neu gefundene Liebe zu Mary läßt ihn darüber hinwegkommen.

Nach dem Ende seiner Hollywoodkarriere wollte Michael Pate den aufblühenden heimischen Filmmarkt unterstützen. Er nahm sich den Erstlingsroman einer ebenfalls australischen Autorin vor, Colleen McCullough, die später durch die Fernsehverfilmung *Die Dornenvögel* mit Richard Chamberlain zur Bestsellerautorin wurde.

Julie Harris sollte als Mrs. Horton auftreten und mußte absagen. Pate konnte Piper Laurie als Ersatz gewinnen, aber sein Drehbuch bedurfte der Anpassung an die neue Darstellerin. Der geplante ernsthafte Ansatz wurde mit einer romantischen und melodramatischen Note versüßt. Wie schon in der Romanvorlage ist der Held optisch ansprechend. Hinzu kommt eine sanftmütige, freundliche Veranlagung, die nur in Augenblicken der Überforderung einem störrischen Verhalten weicht.

Mrs. Hortons Nachbarin bemerkt bedauernd, daß der Knabe mit seiner wohlgeformten Gestalt leider, leider etwas "infantil" sei. Er selbst bekennt, "nicht ganz helle" zu sein. Er rührt ans Herz der einsamen Dame, als er zwar schlechterzogen die Schokocremetorte mit den Fingern ißt und mehr Zucker denn Tee in die Tasse gibt, aber dabei mit strahlendem Lächeln von seinen intellektuellen Mängeln berichtet. Sie freut sich über Tims Bereitwilligkeit, ihr jeden Wunsch ohne Widerrede zu erfüllen, und das Vertrauen, das er ihr ohne Einschränkung entgegenbringt. Nur so bestanden Chancen, den Charakter dem Publikum nahezubringen und die ungewöhnliche Liebesgeschichte zwischen der nicht unattraktiven belesenen Geschäftsfrau und dem weit jüngeren zurückgebliebenen Hilfsarbeiter einigermaßen gelungen zu verkaufen.

Leider umschifft Pate jede Klippe, die die friedvolle Atmosphäre stören und zu Konflikten führen könnte, und dümpelt in seichten Klischees vor sich hin. Natürlich ist Mrs. Horton selbstlos immer für Tim da, wenn er sie braucht. Die Eltern sind schlichte ältere Leute, die ihre beiden erwachsenen Kinder über alles lieben. Der Vater verbringt die Abende in seiner Stammkneipe bei seinem täglichen Bier, während die dicke freundliche Mama im Blümchenkleid das Abendessen zubereitet, bevor man sich gemeinsam vor dem Fernsehgerät in der guten Stube versammelt, die mit ihrem beige-graubraunen Charme die Lebensperspektiven ihrer Bewohner reflektiert. Überhaupt erinnert ein Großteil des Streifens mit seinen verhaltenen Farben und seiner Stimmung an das, was man sich unter englischem Arbeitermilieu vorstellt. Vielleicht tragen auch der Linksverkehr und die vielen Tassen Tee dazu bei. Mit großen Augen bewundert Tim Marys weiträumiges, helles, stilvoll eingerichtetes Haus. Mary lädt ihn oft für die Wochenenden in ihr Strandhaus ein. Ein Schuft, wer Böses dabei denkt, aber mit Ausnahme von Mary selbst und Tims Eltern tun dies alle. Dabei gibt sich Mary nun wirklich nicht den Anschein, Tim für andere Dienste als in Haus und Hof einspannen zu wollen. Das Haar trägt sie meist streng gebunden, wenn nicht gar unter Kopftuch und Strohhut zugleich verborgen. Rüschenblusen schließen bis zum Hals, in der Freizeit wallt ein Kaftan vom Kinn bis zum Zeh. Nur Tims Schwester wagt es in einer kurzen Szene, Mary der sexuellen

Ausbeutung des unerfahrenen Bruders zu bezichtigen. Pate bewies geringen Mut, die grundsätzliche Problematik auszubauen.

Ein weiteres Mal sorgt Tims "Anderssein" für potentiellen Zündstoff, als Dawnie ihre Familie den zukünftigen, aus besseren Kreisen stammenden Schwiegereltern vorstellt, die pikiert von Tims Existenz Kenntnis nehmen. Das Mißfallen äußert sich in wenigen Blicken, die erwartete dramatische Zuspitzung steht zwar im Raum, entlädt sich aber nicht.

Auch die gesellschaftliche Ächtung, in die Mary sich mit ihrer Eheschließung zwangsläufig begeben muß, bleibt außen vor. Lediglich ihr Chef gibt ihr den freundlich-dezenten Rat, ihr Privatleben zu überdenken. Piper Laurie hat zwar tatsächlich ein Alter, das es ihr erlaubte, Tims Mutter zu sein, aber sie wirkt noch zu jugendlich, um das Frühlingserwachen des altjüngferlichen Charakters deutlich zum Vorschein zu bringen. Damit kommt das Unwahrscheinliche an der Romanze weit weniger zum Tragen.

Bis sich aber alles in Wohlgefallen auflöst, durchläuft Tim eine ganze Entwicklung. Er lernt leidlich lesen, erlebt den Weggang seiner Schwester, erfährt, was Tod bedeutet - und zwar passenderweise kurz bevor er damit konfrontiert wird, entdeckt die Liebe und verschmerzt so nach dem Verlust der Mutter auch noch den des Vaters.

So viel Glück und Elend nehmen nach 109 Minuten endlich das lang ersehnte Ende. "Es war eine so einfache, zarte, unwahrscheinliche Geschichte", war sich Pate selbst bewußt. "Aber schließlich erkannte ich sie im Wesentlichen als ein Märchen - sie ist eine Prinzessin im Elfenbeinturm, er der Frosch, der zum Prinzen wird, und wenn sie nicht gestorben sind ... - und so verfilmte ich sie als Märchen."

Über allem schluchzen die Geigen, drängt die Musik überlaut ins Ohr. An einer Stelle untermalt sie das Drehbuch plastisch. So wie Mary Tim den Tod als Stehenbleiben einer Uhr erklärt hat, tickt Mrs. Melvilles Herz die letzten Takte, bevor es stillsteht.

Rückwirkend betrachtet, ist die Rolle recht untypisch für Gibson, fehlt ihr doch jede Action und die Komik ist allenfalls unfreiwilliger Natur. *Tim* forderte dem jungen Schauspieler weit mehr Können ab, als viele seiner Folgerollen. Er arbeitet viel mehr mit Einsatz des ganzen Körpers und vertraut nicht allein der Wirkung seiner Gesichtspartie und Hände. Seinem späteren Markenzeichen, den hellen Augen, schenkt Kameramann Paul Onorato nicht die geringste Aufmerksamkeit. Mel hatte sich Einrichtungen für geistig Behinderte angesehen, aber letztlich seine eigene Interpretation der Rolle gewählt. "Ich hatte das Gefühl, mich für Tim eher mit kindlichem Verhalten befassen zu müssen als mit abnormen Verhaltensweisen. Ich begann, meine kleine Neffen wirklich genau zu beobachten, ihre normalen Sprechmuster, wie sie auf Aussagen reagierten. Ein kleines Kind nimmt alles wörtlich."

Mrs. Horton (Piper Laurie) hat ihre Liebe zu Tim erkannt.

Ein durchtrainierter junger Held in engem dunklen Achselhemd und knackigen Shorts, oft in Großaufnahme, erwartet den Kinobesucher - oder eher die Besucherin, denn die Zielgruppe war in erster Linie dort zu suchen. "Ich stand im Wohnwagen und hatte den Badeanzug an, den ich für diese Strandszenen anprobiert hatte. Er wurde zum Wagen herübergebracht. Wir gaben uns die Hand und dann kam ich die Treppe herunter. Mann! Ich warf nur einen kurzen Blick auf dieses Gesicht und mir stockte der Atem. Ich freute mich zunehmend mehr über ihn, ich konnte sehen, daß er wirklich begabt war", erinnerte sich die erfahrene Hollywoodschauspielerin Laurie an die erste Begegnung mit ihrem Filmpartner. Sie beklagte vor allem, daß Pate trotz der angesetzten kurzen sechswöchigen Drehzeit im August und September 1978 um Sydney viel Zeit auf endlose Proben verwandte, statt das eigentliche Filmen zugunsten aller effektiver zu gestalten. "So gut Mel war, er wäre einfach absolut brillant gewesen." Das Strandhaus Mrs. Hortons gehörte John McCallum, dem Mel schon in seinem nächsten Film wieder begegnen sollte.

Von der jungen australischen Filmindustrie wurde *Tim* mit Wohlwollen aufgenommen und neben Gibson als bestem Darsteller wurden noch seine Filmeltern für die besten Nebenrollen vom *Australian Film Institute* und Pate für das beste Drehbuch mit dem *Australian Writers' Guild Award* ausgezeichnet. Die Produktionskosten von A$ 600.000 hatten sich für alle Beteiligten rentiert.

DIE KETTENREAKTION
The Chain Reaction auch: The Man at the Edge of the Freeway   Australien 1979

R: Ian Barry   **Db:** Ian Barry   **M:** Andrew Thomas Wilson   **K:** Russell Boyd   **S:** Tim Wellburn   **Ko:** Norma Moriceau   **AD:** Graham Walker   **AssP:** George Miller, Ross Matthews   **P:** David Elfick   **V:** Warner-Columbia   **Lz:** 92 Min

Steve Bisley (Larry), Arna-Maria Winchester (Carmel), Ross Thompson (Heinrich), Ralph Cotterill (Gray), Hugh Keays-Byrne (Eagle), Lorna Lesley (Gloria), Richard Moir (Constable Piggott), Bill McCluskey (Ralph), P.J. Jones (Bernie the Beater), Jone Winchester (Marcia), Laurie Moran (Sgt. Mc Sweeney), Tim Burns (Survey Driver), Michael Long (Doctor), Margo Lloyd (Molly), Joshua Ward (Jason Stillson), Patrick Ward (Oates) Roger Ward (Moose), Mel Gibson (Mechaniker unter dem Auto)

Larry und Carmel Stillson machen sich zu einer abgelegenen Hütte im Paradise Valley auf, um dort einige unbeschwerte Tage zu verbringen. Eines Abends taucht Heinrich Schmidt auf, der anscheinend bei einem Unfall einen teilweisen Gedächtnisverlust erlitten hat. Larry ist der Besucher unheimlich und er fährt bei nächster Gelegenheit in den Ort, um der Polizei Meldung zu machen. Er ahnt nicht, daß bereits eine Killerhorde auf ihn angesetzt ist. Heinrich war Physiker bei dem Atommüllkonzern Waldo und wurde bei einem Unfall verstrahlt. Die Verantwortlichen unter Leitung Grays wollten den Vorfall vertuschen. Heinrich konnte fliehen und Eagle, einen Vertrauensmann, kontaktieren. Mit diesem wird Larry verwechselt und er landet in Gewahrsam. Eagle spürt ihn auf und überzeugt ihn davon, daß die Menschen gewarnt werden müssen. Larry entkommt und schafft es, die von Waldos Männern scharf bewachte Carmel zu befreien. Heinrichs Leiche soll als Beweis mit. Nach einer abenteuerlichen Verfolgungsjagd treffen sie auf die ersten von Eagle alarmierten Medienhubschrauber. Was keiner weiß: Ein Erdbeben hat die Kettenreaktion bereits in Gang gesetzt. Das Trinkwasser ist schon verseucht ...

Die Kettenreaktion wurde ab 10. September 1979 innerhalb von sechs Wochen von Ian Barry im Glen Davis, New South Wales, mit einem Budget von A$ 450.000 inszeniert. George Miller fungierte als Associate Producer, und auch sonst waren einige aus dem *Mad-Max*-Team wieder dabei. Mel Gibson ließ sich einen kleinen Gastauftritt nicht nehmen. Offiziell taucht er im Abspann nicht auf, aber ganz unverkennbar rutscht er bei Larrys Verabschiedung durch die Kollegen als Mechaniker unter einem Wagen hervor. "He, du hättest fast den Büchsenöffner vergessen." ... "Und daß du ihn mir ja gekühlt servierst", ermahnt er seinen Freund angesichts der Champagnerflasche als Präsent der Arbeitkollegen. Trotz Vollbart ist das typische Gibson-Lachen nicht zu übersehen.

Die Kettenreaktion wurde von den Kritikern irgendwo zwischen *Crazies* und *China Syndrom* angesiedelt. Ian Barry gelang es, ein brisantes Thema in ein spannendes Road-Movie zu packen, ohne den Ernst der Situation mit gnadenlosen Verfolgungsjagden zu überrollen. Bei jenen ist George Millers Handschrift unverkennbar, konnte er doch von genügend Erfahrung zehren. Die Dialoge sind voller Witz und auch schwarzen Humors, und bewegen sich oft an der Gürtellinie entlang. Geschickt wurden akustische Effekte wie tickende Geigerzähler eingebaut, um die unsichtbare Bedrohung spürbar zu machen. Die oft langsame Kameraführung mit Schattenwurf und ein gekonntes Spiel zwischen Vorder- und Hintergrund tun ein Übriges, das Unheimliche der Lage zu manifestieren. Makaber und realistisch zugleich ist das Ende. Die lebensgefährliche Flucht war umsonst. Der Katastrophe entrinnt keiner mehr. In einer Hinsicht opfert Barry die Logik zugunsten der Dramaturgie: Gray und seine engeren Mitarbeiter mußten als Personifizierung der Atomindustrie erkennbar bleiben und tragen daher anders als das übrige Personal trotz der Verstrahlung keine anonymen Schutzanzüge.

Mancher Kritiker fühlte sich zu sehr an *Mad Max* erinnert und stieß mit seiner Bewertung in das gleiche Horn: "Was zunächst aussieht, wie ein engagierter Politthriller mit moralischem Anliegen, ist aber nichts anderes als eine blutige Action-Geschichte mit kalkulierten Brutalo-Szenen, zerknautschten Karosserien und malträtierten Menschen, ohne Sinn und Verstand. Doch anderes war wohl auch nicht geplant." (J.-M. Thie)

DIE GRÜNEN TEUFEL VOM MEKONG
Attack Force Z auch: Z-Men/Z-Tzu te Kung Tui Australien/Taiwan
1979/80

R: Tim Burstall **Db:** Roger Marshall **M:** Eric Jupp **K:** Lin Hun-Chung **S:** David Stiven **Ko:** Byi Syou Jen **P:** Lee Robinson **V:** Tivoli **Lz:** 93 Min (gek. Dez. 1980, urspr. 110 Min)

John Phillip Law (Lt. Jan Veitch), Mel Gibson (Capt. Paul Kelly), Sam Neill (Serg. Danny Costello), Chris Haywood (Vollmatrose "Sparrer" Bird), John Waters (Sublt. E.P. King), Ned Chun (Reisbauer), Sylvia Chang (Chien Hua), O Ti (Shaw Hu), Koo Chuan-Hsiung (Lin Chan-Lang), Lung Shuan (Watanabe), Vi Yuan (Imanaka), Wei Su (Wong Chong), Val Champion (Ed Ayres), Wang Yu (Oshiko Imoguchi)

Am 10.01.1945 in der Straße von Sembalang im Südwestpazifik: ein U-Boot setzt fünf Mann der Spezialeinheit Force Z mit Kanus aus. Sie sollen auf einer japanisch besetzten Insel ein abgeschossenes Flugzeug suchen und die Insassen außer Landes schaffen oder sicherstellen, daß sie nicht in Feindeshand fallen. Beim ersten Scharmützel wird Ted King verwundet und von Costello vorbeugend "geopfert". Die restlichen Vier stoßen auf den Widerstandskämpfer Lin, der sich bereiterklärt, sie zu führen. In einem verlassenen Kloster geraten sie erneut an die Japaner. Veitch verfolgt einen Gegner und verliert die Kameraden aus den Augen. In Lins Dorf erfährt er von Chien Hua, Lins Tochter, daß die Gesuchten nach Bintang in ein Versteck gebracht wurden. Die beiden brechen dorthin auf. Captain Kelly und seine Männer gelangen inzwischen in Sichtweite des Wracks und sehen eine gewaltige Explosion. Lin erhält im nächsten Dorf die Information, daß die Amerikaner den Auftrag zur Sprengung erteilt haben, hält diese aber zurück. Sie marschieren weiter durch den Dschungel auf das Wrack zu. Schließlich verrät Lin den Aufenthaltsort der Abgestürzten. Die Z-Force trifft dort nach Veitch ein. Überrascht stellen sie fest, daß einer der Männer ein japanischer Überläufer ist. Nur Kelly als Leiter des Kommandos war eingeweiht. Imoguchi ist verletzt. Die Japaner haben mittlerweile die Fluchtboote entdeckt. Kelly schafft es, die Dörfler zur Hilfe zu überreden. Unter dem Schutz eines Maskenfestes wollen sie mit einem Fischerboot fliehen. Ihre Gegner durchschauen den Plan. Im anschließenden Feuergefecht wird fast das gesamte Dorf ausgelöscht. Nur Kelly entkommt mit dem aufgebahrten Imoguchi. Auf dem Boot muß er feststellen, daß sein Begleiter von einem Querschläger getötet wurde.

Die Z Special Force war eine Spezialeinheit, die Freiwillige aus allen Alliiertentruppen umfaßte und im Pazifik operierte. Sie unterstand General Douglas Mac Arthur direkt.

"Tollkühne Männer führen einen mörderischen Auftrag durch. Todeskommando im Pazific, einer der stärksten Kriegsfilme der letzten Jahre", kündigte die Residenz-Film den Bundesstart am 16.10.1981 an. Dies scheint zunächst auch zuzutreffen. Eine Erzählerstimme bringt die nachfolgenden Ereignisse in den historischen Kontext und verleiht ihnen Authentizität. Sie stellt klar, daß es sich um realistische Vorgänge handelt, wie sie sich durchaus abgespielt haben könnten.

Zu Eric Jupps Komposition, die Spielmannsmusik mit "River-Kwai"-Anklängen mischt und die Melodie über scheppernde Militärmusik hin zu symphonischen Klängen weiterführt, taucht ein U-Boot unter Fontänen walgleich ab, nachdem im Finstern dunkle Gestalten in Kanus abgesetzt wurden. Unheimliche Dschungelgeräusche erwarten die Fünf unterm Blätterdach des Urwalds, wo sie schon bald auf die Gegner treffen. King wird verwundet. Man ahnt, daß ihn die Kameraden weder mitnehmen noch zurücklassen können. In einer langen Szene läßt das Drehbuch den Zuschauer aber zunächst im Ungewissen. Costello muntert den Waffengefährten auf und reicht ihm eine Zigarette, bevor er ihn unvermutet hinrichtet. Leider bleibt dabei auch die Spannung auf der Strecke. Nicht einmal das Geheimnis um die Mission, die nur der Anführer genau kennt, kann sie wiederbeleben. Die Charaktere bleiben konturlos. Nur Laws Veitch wird etwas mehr Raum eingeräumt, man erfährt von seinem privaten Hintergrund und er knüpft als einziger zwischenmenschlichen Kontakt, nämlich zu der Chinesin Chien Hua, der zuliebe er auf der Insel zurückbleiben will. Gibsons Kelly ist zwar der Kommandant, aber er meldet sich kaum öfter zu Wort als seine Männer. Optisch unterscheiden sich die "grünen Teufel" (der deutsche Titel wollte wohl Assoziationen zu Waynes *Die grünen Teufel* und Vietnam hervorrufen) im Waldesdunkel ohnehin nur wenig voneinander. Law als Star des Films erlebt im Alleingang die meisten Gefahren. Ansatzweise kommen persönliche Animositäten zwischen beiden zum Vorschein, die aber angesichts der getrennten Wege nicht weiter hochkochen. Dabei wäre die Darstellung sicher nicht schwer gefallen, da sich die beiden tatsächlich nicht sonderlich mochten. Hinzu kam ein Größenunterschied, den Regisseur und Kameramann durch allerhand Mittel auszugleichen suchten, damit Anführer Kelly nicht neben Veitch verschwand. Die anonyme Masse der japanischen Gegner bewegt sich roboterhaft und schreckt nicht davor zurück, sich an Frauen und Kindern zu vergreifen. Irgendwann wird dann auch das Rätsel um das mysteriöse Wrack gelüftet, das zu diesem Zeitpunkt ohnehin keinen mehr so recht interessiert. Erst am Schluß kommt der Film nochmal in Fahrt. Mit viel Überredungskunst kann Kelly die Dorfbewohner auf seine Seite bringen, obwohl sie sich damit unweigerlich Repressalien durch die Besatzer aussetzen. Den Vorschlag Veitchs, Imoguchi einfach zu beseitigen, lehnt Kelly empört ab. Alle rüsten sich zum Kampf - umsonst. Als sich der Pulverrauch verzieht, steht Chien Hua allein inmitten rauchender Trümmer, Freund und Feind sind gefallen. Nur Kelly ist entkommen. Als er feststellen muß, daß alle Opfer vergebens waren, läßt er verzweifelt den Kopf in die Hände sinken, während die Anfangsmelodie erneut erklingt.

Phil Noyce war als Regisseur angeheuert worden. Sein Vater war Mitglied der Z Force gewesen, und so war es ihm ein persönliches Anliegen, eine glaubwürdige und menschliche Geschichte auf die Leinwand zu bringen. Die Produzenten beobachteten dieses Engagement mit Mißtrauen, denn der geplante Action-Abenteuerfilm lief damit Gefahr, zu anspruchsvoller Unterhaltung zu werden. Ein kleiner Vorfall brachte das Faß zum Überlaufen. Noyce war mit der Wahl des Bauern mit Wasserbüffel, der den Fremden die Richtung weist, nicht zufrieden und konnte statt des Darstellers die Koffer packen.

Gibson und Neill wären ihrem Regisseur am liebsten gefolgt und ließen keine Gelegenheit aus, dem rasch eingeflogenen Tim Burstall ihre Sicht der Dinge zu verdeutlichen. "Mel rückte mehrmals mit Burstall zusammen. Ich kann mich erinnern, beobachtet zu haben, wie Burstall etwas völlig unsinnig Scheinendes machen wollte, und Mel sich weigerte. Mels Charakter sollte ein Spitzenanführer sein, ein Mitglied einer Spezialeinheit, der wußte, was er tat. Tim wollte, daß Mel hereinstürzt und feststellt, daß sein Gewehr klemmt und er nicht weiß, was er machen soll. Das hatte weder Hand noch Fuß, aber sie konnten eine Kung-Fu-Einlage mit einem chinesischen Schauspieler bringen, der dann hereinstürmte und die Japaner mit Karatehieben erledigte, was in dieser Lage vollkommen unlogisch war. Der Charakter, so wie er angelegt war, wäre nie in das Haus gestürzt, ohne zuvor nachzusehen, ob das Gewehr klemmt oder nicht", befand Adrienne McKibbons, die beratend an der Produktion beteiligt war. "Bei diesem Vorfall war er vor Frust den Tränen nahe, was ich für ziemlich ungewöhnlich hielt."

Die Stimmung am mehrheitlich chinesischsprachigen Set blieb bis zur letzten Minute schlecht und Mel ließ kein gutes Haar an seinem vierten Filmprojekt. "Es war allenfalls ein gewöhnlicher Versuch, einen Action-Kriegsfilm über Aussie WASPs zu drehen, die auf als Japaner verkleidete Chinesen schießen. Ich rede nicht gerne über den Film und denke nicht gerne daran. Man dreht solche Filme, weil man am Verhungern ist. Aber man kann aus fast allem etwas lernen. Und aus *Die grünen Teufel vom Mekong* lernte ich, sowas nicht nochmal zu machen."

Die meisten Kritiken schlossen sich ihm an und *Die grünen Teufel vom Mekong* fristeten zwei Jahre nach der Fertigstellung nur ein kurzes Dasein in den Kinos, bevor sie ins Fernsehen verschwanden. Die Filmzeitschrift *Cinema* hatte ihn gar als US-Produktion ausgewiesen; durch sämtliche TV-Zeitschriften geistert er als Hongkong-Coproduktion.

GALLIPOLI
Gallipoli   Australien   1980

R: Peter Weir   Db: David Williamson   M: Brian May unter Verwendung von *Geschichten aus dem Wiener Wald   Rosen aus dem Süden* v: Johann Strauss   *Centone di Sonata Nr. 3* v: Nicoló Paganini   L: *It's a Long Way to Tipperary* v: Judge & Williams   *Australia Will Be There* v: Skipper Francis ges: Soldatenchor   *Die Perlenfischer* v: Georges Bizet ges: Leopold Simoneau, René Bianco   *Adagio in g-Moll Streicher und Orgel* v: Tomaso Albinoni gesp: Jean Francois Paillard Chamber Orchestra   *Oxygene* v: Jean Michel Jarre gesp: J.M. Jarre   K: Russell Boyd   S: William Anderson   AD: Herbert Pinter   Ko: Terry Ryan   B: Alison Barrett   SpE: Chris Murray, Mont Fieguth, David Hardie, Steve Courtley, Bruce Henderson   P: Robert Stigwood, Patricia Lovell   V: UIP   Lz: 110 Min

Mel Gibson (Frank Dunne), Mark Lee (Archy), Bill Hunter (Major Barton), Robert Grubb (Billy), Bill Kerr (Jack), John Morris (Col. Robinson), Harold Baigent (Kameltreiber), Tim McKenzie (Barney), David Argue (Snowy), Harold Hopkins (Les McCann), Charles Yunupingu (Zac), Heath Harris (Stockman), Ron Graham (Wallace Hamilton), Brian Anderson (Eisenbahnvorarbeiter), Jenny Lovell (Kellnerin), Geoff Parry (Sgt. Sayers), Reg Evans (Rennveranstalter Nr. 1)

Bei einem Wettkampf treffen die jungen Athleten Frank und Archy zusammen. Beide machen sich auf den Weg nach Perth, der minderjährige Archy, um sich dort, wo keiner sein wahres Alter kennt, für den Ersten Weltkrieg rekrutieren zu lassen. Frank ist noch unentschlossen, meldet sich aber dann doch. Sie werden verschiedenen Regimentern zugeteilt und verlieren sich zeitweilig aus den Augen. Nach einer kurzen Ausbildung in Gizeh werden sie nach Gallipoli verschickt. Frank schafft es, zu Archys leichter Kavallerie versetzt zu werden. In Gallipoli erleben sie die grausame Realität des Krieges. Auf Archys Intervention hin wird Frank als Läufer und Verbindungsmann zwischen den Schützengräben und dem Hauptquartier eingesetzt. Trotz der Aussichtslosigkeit wird der Angriff der Anzacs auf die türkischen Stellungen befohlen. Die Kommandoebene besinnt sich noch in letzter Minute eines Besseren, doch es ist zu spät. Als Frank den Befehl überbringt, den Angriff zu stoppen, ist Archy bereits gefallen.

Der Film beruht auf realen Ereignissen des Ersten Weltkriegs. Im April 1915 schloß sich eine Truppe von ca. 35.000 australischen und neuseeländischen Freiwilligen den Alliierten an und wurde nach minimaler Ausbildung in die Türkei geschickt. Großbritannien plante, Istanbul einzunehmen, um von dort aus die Dardanellen kontrollieren zu können. Die Aufgabe der meist sehr jungen und unerfahrenen Anzacs (Australian-New Zealand Army Corps) bestand offiziell darin, das Mutterland bei den Militäraktionen direkt zu unterstützen. Inoffiziell waren die Angriffe bei Gallipoli lediglich als Ablenkungsmanöver gedacht. Bei diesen aussichts- und sinnlosen Attacken wurden mehrere Tausend niedergemetzelt. Am besten vermitteln die Worte des türkischen Kommandeurs Mustafa Kemal die Brutalität und Aussichtslosigkeit des Kampfes, denn er sagte vor der Schlacht zu seinen Soldaten: "Ich befehle euch nicht anzugreifen, sondern ich befehle euch zu sterben"

Gallipoli bedeutet den Australiern auch heute noch sehr viel, ähnlich wie den Texanern Alamo. Tausende unschuldiger und unwissender junger Männer starben in einem Kampf, der bereits von Anfang an keine Chance auf Erfolg versprach. Gallipoli war zwar eine militärische Niederlage, wird von vielen Australiern aber als moralischer Triumph betrachtet. Der Geist der Anzacs repräsentiert heute noch Kameradschaft, Ehrenhaftigkeit und Opfertum. Gallipoli verhalf Australien dazu, seine nationale Identität zu finden, bewirkte eine verstärkte Loslösung des Landes von Großbritannien und wurde ein Meilenstein in Australiens Entwicklung zum eigenständigen Staat.

Zur Vorbereitung auf seine Rolle las Mel Tagebücher von ehemaligen Anzacs, die ihn derart faszinierten, daß er einige Passagen daraus in seinen Filmtext übernahm. Außerdem besuchten Mel und Mark Lee auch Kriegsveteranen, die ihnen die Ereignisse von Gallipoli genau schildern konnten. Mark Lee berichtete von den Gesprächen: "Als Wesentlichstes, denke ich, kristallisierte sich heraus, daß keiner von ihnen ein normaler Soldat war. Sie waren hauptsächlich Männer aus der Stadt oder vom Land, die einfach loszogen [...] weil es etwas anderes war." Gibson erzählte: "Als ich sie fragte, ob sie das wieder tun würden, sagten alle nein. Sie sagten, sie würden nicht wieder freiwillig mitmachen und den Krieg anderer kämpfen."

Archy und Frank stellen zwei verschiedene Typen von Australiern dar. Archys Patriotismus und seine Vorstellung von Ehre symbolisieren das Denken der Vergangenheit. Als weltfremder Junge vom Lande weiß er nicht, was ihn im Kampf erwartet; er verkörpert den australischen Buschmann, unbefleckt und rein. Der pragmatische Stadtmensch Frank hingegen ist der moderne Australier, ein Mann von heute, der sich zunächst sträubt, in den Kampf zu ziehen und sich eigentlich nur dazu überreden läßt, weil alle seine Freunde bereits gegangen sind. Obwohl er näher an der Realität lebt als sein Freund, ist er jedoch ebenso unbedarft und unwissend, als sie beide in Gallipoli auf den Feind treffen. Die Gegensätzlichkeit von Archy und Frank verliert durch ihre den Film hindurch immer stärker werdende Freundschaft an Bedeutung. Bisweilen wird Gallipoli deswegen sogar als "Liebesgeschichte zwischen Männern" bezeichnet.

Die 12-wöchigen Dreharbeiten waren für die Crew eine große körperliche Belastung. Man begann mit der Arbeit im Winter in Südaustralien. Das Hauptquartier des Filmstabs war in dem Fischerstädtchen Port Lincoln angesiedelt. Dieses wurde kurzerhand zum geschichtsträchtigen Gallipoli umgebaut, weil das Gebiet der türkischen Küstenlandschaft glich. Nicht nur Landungs- und Schlachtszenen wurden hier fertiggestellt, sondern auch die Innenaufnahmen zu den ägyptischen Schauplätzen drehte man in der Stadt auf dem Gelände leerer Thunfischfabriken. Schauspieler und Crew schliefen in Wohnwägen und in Hallen. Gibson und Lee standen einige Male um drei Uhr morgens auf, um in einsame und unberührte Gebiete zu fliegen, wo man dann gleich nach Sonnenaufgang zu drehen begann. Überdies erschwerten Sandstürme das Filmen. In der Wüste war es eiskalt, weil man sich im australischen Winter befand. Da der Sand aber stark reflektierte, bekamen die Schauspieler trotz beinahe arktischer Temperaturen einen Sonnenbrand. Gibson mußte dazu noch gegen seine tiefsten Ängste ankämpfen. Er fürchtete sich nämlich vor Pferden, mußte aber in zwei Szenen Körperkontakt mit den großen Vierbeinern aufnehmen. Sobald die Kamera eingeschaltet war, schien seine Angst jedoch verflogen.

Der zweite Teil der Dreharbeiten in Ägypten brachte schnell neue Unannehmlichkeiten mit sich. Mark Lee erzählte: "Wir befanden uns in Ägypten in einer seltsamen Situation. Wir filmten in Gizeh, und sie brachten uns in einem Hotel unter, in dem all die Millionäre wohnen. Alle Ägypter draußen konnten das nicht verstehen, weil wir uns so stark von den anderen Leuten, die dort wohnten und Geld mit vollen Händen ausgaben, unterschieden. Wir wurden von keiner Seite gemocht – weder von den Ägyptern noch von den Hotelgästen. Wir lebten drunten an der Bar und wenn die Kellner uns sahen, verschwanden sie gewöhnlich." Das australische Team hatte auch die normale Bevölkerung gegen sich. Gibson berichtete darüber: "Sie erinnern sich noch gut an die Australier! Sogar wenn man zu Leuten mittleren Alters spricht, dann hatten ihnen ihre Eltern erzählt, wie es war, als die australischen Soldaten während des Ersten Weltkriegs hier stationiert waren. Sie sprechen noch immer darüber: 'Die Australier kommen. Mein Gott! Versteck dich unter dem Bett!'" Schließlich wurde zu allem Überdruß fast die ganze Crew krank, Mel lag sogar mit Drüsenfieber darnieder. Jedoch wollte jeder weiterkämpfen, seine jeweilige Aufgabe so gut wie möglich erledigen und dem anderen helfen. Für viele lag der alte Geist von Gallipoli über diesem Projekt und spornte alle an.

Die Komparsen waren meist arbeitslose Bauern. Mel sprach sehr beeindruckt von ihnen: "Sie beschwerten sich nie. Und wir hatten sehr viel Glück. Sie waren den Männern vom Lande im Ersten Weltkriegs sehr ähnlich. Ich beobachtete diese Männer, die nach außen hin hart, aber darunter weich waren. Sie waren den echten Männern so ähnlich, daß ich großen Achtung vor ihnen habe. Jeder Komparse sah seine Rolle als sehr wichtig an, in gewisser Weise so wie die Anzacs die ihre." "Diese Gesinnung berührte mich und diese Männer wirklich, und ich hoffe, daß sie meine Freunde werden. Die Gesinnung ist noch immer nicht verflogen."

Gibson war bereits für die Rolle von Frank engagiert worden, als man sich auf die Suche nach der passenden Besetzung für Archy machte. Er sollte ein Gegenstück zu Mel, einen Gegenpol, darstellen. Also fiel die Wahl auf den gutaussehenden Mark Lee, der durch seine blonden Haare und blauen Augen bestach. Als einziger Nachteil erwies sich lediglich seine Unerfahrenheit – er hatte bis dahin noch nie an einem größeren Leinwandprojekt mitgewirkt – und seine daraus resultierende Nervosität. Anfangs hatte er große Probleme, die geeignete Gestaltung seiner Rolle zu finden, jedoch brillierte er später mit seiner Darstellung. Deshalb wurde er auch neben Gibson als bester Schauspieler für die *Australian Film Awards* nominiert. Mel trug jedoch wegen seiner überragenden schauspielerischen Leistung den Sieg davon. Dies war seine zweite größere Auszeichnung.

Zwischen Gibson und Lee entwickelte sich bald eine enge Freundschaft, und sie verbrachten nicht nur viel Zeit bei der Arbeit, sondern auch Freizeit miteinander. Daß die beiden Schauspieler ihre Freundschaft nicht für die Kamera vortäuschen mußten, sondern sich auch in Wirklichkeit sehr gut verstanden, schaffte eine lockere Atmosphäre am Set und förderte die Spontaneität der Darsteller. So veranstalten Frank und Archy in einer Szene ein Wettrennen zu den Pyramiden, wobei sie allerlei Hindernisse überwinden müssen. Am Ziel angelangt brechen sie erschöpft in Lachen aus. Letzteres war im Skript eigentlich gar nicht vorgesehen, aber der Regisseur war von der neuen Variante begeistert und somit blieb die kleine Panne im Film.

Gallipoli war mit einem Budget von etwas weniger als A$ 3 Mio. der teuerste Film, der jemals in Australien produziert wurde. Obwohl trotz des Titels nur ca. ein Drittel des Films direkt von der Schlacht in Gallipoli handelt und der geschichtliche Hintergrund stark vernachlässigt wird, ließen sich die Australier zu wahren Begeisterungsstürmen hinreißen. Zudem gewann der Film neun *Australian Film Award*s und acht *Australian Sammy Awards*. Auch in den USA erzielte er große Erfolge, doch meinten die Produzenten im Nachhinein, sie hätten vielleicht den Titel des Films ändern sollen. Der Name Gallipoli bewegte zwar in Australien die Gemüter, aber dem amerikanischen Durchschnittsbürger sagte er nichts. Da man aus dieser Erfahrung gelernt hatte, vermarktete man ausgerechnet in Großbritannien den Film auf Video zwar noch unter dem alten Titel, aber mit dem Zusatz: "Von einem Ort, von dem Sie vielleicht noch nie gehört haben ... eine Geschichte, die Sie niemals vergessen werden." Die Briten reagierten unterschiedlich auf *Gallipoli*, im besten Falle reserviert, meist aber ziemlich gereizt. Die unvorteilhafte Darstellung ihrer Landsleute ließ viele empörte Stimmen laut werden. Die Gewitterwolken verletzten Stolzes und gekränkten nationalen Ehrgefühls entluden sich in aller Heftigkeit in Leserbriefen in der *Times*.

Archy (M. Lee, links) und Frank (Gibson) richten sich in den Schützengräben von Gallipoli ein.

Unter internationalen Fachleuten rief *Gallipoli* eine durchwegs positive Resonanz hervor. So schrieb Militärhistoriker Kenneth T. Jackson: "Im Großen und Ganzen bleibt *Gallipoli* den historischen Fakten treu, aber es gibt einige eklatante Auslassungen. [...] Der Film unterläßt es, den Zweck des Angriffs zu erklären. [...] Der Zuschauer erfährt auch nicht, daß die gesamte Invasionstruppe im Dezember 1915 zurückgezogen wurde, weil ihre

Mission ein völliger Fehlschlag war. Aber der Film schildert wahrheitsgemäß das Gerangel um die Rekrutierung, die Kameradschaft unter den Mannschaften und den stillen Mut der Soldaten im Angesicht des Todes. Er vermittelt hervorragend die Tragik und Nutzlosigkeit des Ersten Weltkriegs und gehört damit neben *Im Westen nichts Neues* und *Wege zum Ruhm* zu den besten Anti-Kriegsfilmen aller Zeiten."

Musik spielt in diesem Film eine große Rolle. Die fröhliche Stimmung eines Offiziersballs in Kairo wird durch Walzermusik von Strauß *Geschichten aus dem Wienerwald* untermalt – leicht paradox, wenn man bedenkt, daß Österreich ja einer der Hauptfeinde war. Die nächsten Bilder zeigen die Landung in der Türkei. Begleitet von Tomaso Albinonis Adagio in G-Moll für Streicher und Orgel treffen die jungen Soldaten zum ersten Mal auf den Tod. Auch am Ende des Films wird dieses Stück wieder eingespielt, während die Soldaten in Schützengräben ihre letzten Gebete sprechen und Abschied vom Leben nehmen.

Frank (Gibson) im Schützengraben

MAD MAX - DER VOLLSTRECKER
Mad Max 2   Australien 1981

R: George Miller   Db: Terry Hayes, George Miller, Brian Hannant   M: Brian May   K: Dean Semler   S: David Stiven, Tim Wellburn, Michael Balson   Zus. S: George Miller, Michael Chirgwin, Christopher Plowright   Aus: Graham "Grace" Walker   Ko: Norma Moriceau   B: Mitch Consultancy   SpE: Jeffrey Clifford   P: Byron Kennedy   V: Warner Bros.   Lz: 95 Min

Mel Gibson (Max), Bruce Spence (Gyro Captain), Vernon Wells (Wez), Emil Minty (Wolfsjunge), Mike Preston (Pappagallo), Kjell Nilsson (Humungus), Virginia Hey (weiße Kriegerin), Syd Heylen (Brummbär), Moira Claux (Big Rebecca), David Slingsby (ruhiger Mann), Arkie Whiteley (Mädchen des Captains), Steve J. Spears (Mechaniker), Max Phipps (Toadie), William Zappa (Zetta), Jimmy Brown (blonder Junge), David Downer (Nathan),

Etliche Jahre sind ins Land gegangen. Ein alter Mann erzählt von seiner schicksalhaften Begegnung in frühester Jugend mit einem, der sich Max nannte.
Nach dem Tod seiner Familie ist dieser Max ein Einzelgänger geworden, nur ein Hund ist sein ständiger Begleiter. Rohöl und Benzin sind in der gegenwärtigen anarchischen Welt Mangelware. Wohl dem, der sich Zugriff darauf verschaffen kann. Marodierende Banden ziehen durch das Land. An einer Zapfsäule hat der Gyro Captain mit seinem selbstgebastelten Hubschrauber Quartier bezogen. Als Max sein Leben bedroht, verrät er ihm, wo Benzin in rauhen Mengen zu haben ist. Er bringt ihn zu einer Ansiedlung, wo unter Führung Papagallos ein Menschenstamm haust, der von einer friedlichen Zukunft jenseits der Wüste am Meer träumt. Auf deren riesige Benzinvorräte hat auch Homungus mit seiner Bande ein Augen geworfen und einen Belagerungsring um die Siedlung gezogen. Max schlägt Papagallo einen Deal vor: Er verschafft ihnen eine Zugmaschine zum Abtransport, dafür erhält er genügend Benzin für seinen V 8. Der Plan gelingt nur teilweise. Wider seinen eigentlichen Willen läßt sich Max überreden, den Stamm auf seiner Wanderung zu begleiten. Er übernimmt das Steuern des Lastzugs, dem nach dem Durchbruch durch die feindlichen Linien der Hauptangriff gilt. Die Aktion ist erfolgreich, Papagallos Leuten gelingt ihre Flucht nicht zuletzt durch die Hilfe des uneigennützigen Gyro Captains, der auch Max aus prekärer Lage rettet. Trotz der Einladung, mit ihnen zu gehen, zieht Max es vor, weiterhin die Wüste zu durchstreifen.

Nach dem Sensationserfolg des ersten Teils drückte Miller und Kennedy an einer Stelle kein Schuh mehr: Geld war reichlich vorhanden. $ 4 Mio. durften sie während der dreimonatigen Arbeiten in Australiens Wüste bei Broken Hill, 1000 km westlich von Sydney, verprassen. Sie zögerten daher nicht, Stunts und Action auszuweiten, blieben im übrigen aber dem alten Erfolgsrezept treu. Die äußere Szenerie blieb wie gehabt, mit Bühnenbildern belasteten sie sich noch weniger als zuvor. Dafür ließen sie ihrer gestalterischen Phantasie am Outfit der Mitwirkenden freien Lauf. Humungus und seine Krieger wurden geschmückt, wie es sich für einen Haufen Wilder gehört. Miller und Kennedy hatten in Sachen Film seit dem erstem Start einiges dazugelernt. Der noch immer rasche Schnitt geriet weniger abrupt, die Kamera verweilt länger auf einzelnen Szenen, allerdings auch auf den blutrünstigen, und arbeitet seltener "verdeckt", wenn doch, dann sehr gekonnt. Wez richtet die Armbrust auf seine Gefangene, im Augenblick des Abzugs kommt das verzerrte Gesicht des Gyro Captains ins Bild, der die Hinrichtung durch sein Fernrohr beobachtet. Mit dem Gyro Captain schuf Miller eine skurrile Figur, vom Gesicht her Bisley aus Mad Max I nicht ganz unähnlich. In gelb bestrumpften Storchenbeinen hüpft er unablässig umher, als habe er sich aus einer Commedia dell'Arte Aufführung hierher verirrt. Sein Liebling ist eine Schlange, die eine Zapfsäule bewacht wie den Baum der Erkenntnis. Allein der Humor dieser Gestalt macht aus dem 2. Teil einen besseren Mad Max, wobei der gleichnamige Protagonist noch lakonischer wirkt und etwas an den Rand der Handlung rückt. Ganze 26 Sätze gestand ihm das Drehbuch noch zu. Da gab sein treuer Gefährte, ein Blue Heeler, ein australischer Schäferhund, der in seinem merkwürdigen Aussehen zu den übrigen Paradiesvögeln paßt, fast mehr Laut von sich. Das Dreiergespann sorgt für eine der amüsantesten Szenen voll pechschwarzen Humors. Langsam und genüßlich verspeist Max eine Büchse Hundefutter unter den lechzenden gierigen Blicken des Captains und des Hundes. Letzterer bleibt Sieger im anschließenden Gerangel um die achtlos weggeworfene Dose.

Nach dem anfänglichen Erstaunen über den Publikumszuspruch hatte sich Miller nun auch seine Hypothese dazu gebastelt. Er war auf das Konzept vom kollektiven Unterbewußtsein gestoßen, das von Joseph Campell in mehreren Veröffentlichungen in Bezug auf gemeinsame Mythen und Gedankenvorstellungen bei den unterschiedlichsten Völkern ausgeführt worden war. Miller war in die Fußstapfen von Barden und fahrenden Sängern getreten, die an Lagerfeuer von den oft phantastisch ausgeschmückten Gefahren und Leiden der Helden berichteten. Sogar die Bastion der USA, an der Mad Max noch gescheitert war, konnte der Folgefilm, wohl auch dank nunmehr besserer Vermarktung, im Sturm nehmen.

EIN JAHR IN DER HÖLLE
The Year of Living Dangerously   Australien 1982

R: Peter Weir   **Db:** David Williamson, Peter Weir, C.J. Koch   nach dem Roman von C.J. Koch   **M:** Maurice Jarre   weitere Musik: Gamelan Orchestra der Universität Sydney   **L:** *White Cliffs of Dover*   **T:** Nat Burton   **M:** Walter Kent   ges: Vera Lynn   *Whole Lotta Shakin' Goin' On*   v: D. Williams, Sunny Dave   ges: Jerry Lee Lewis   *Long Tall Sally   Tutti-Frutti*   v: Little Richard   ges: Little Richard   *Beautiful Ohio Waltz*   ges. und gesp: Frank Bourke and the White Rose Orchestra   *Be-Bob-A-Lula*   v: Donald Graves   ges: Gene Vincent   *Ain't That Lovin' You Baby*   ges: Jimmy Reed   *September* aus *Vier letzte Lieder*   v: Richard Strauss   ges: Kiri Te Kanawa   gesp: The London Symphony Orchestra   unter Leitung von Andrew Davis   Ausschnitte aus *L'Enfant* aus der *Opera Sauvage*   Arr.: Spheric B.V./Warner Bros   **K:** Russell Boyd   **S:** William Anderson   **AD:** Herbert Pinter   **Ko:** Terry Ryan   **SpE:** Danny Dominguez   **B:** Alison Barrett   **P:** James McElroy   **V:** UIP   **Lz:** 117 Min

Mel Gibson (Guy Hamilton), Sigourney Weaver (Jill Bryant), Linda Hunt (Billy Kwan), Bill Kerr (Colonel Henderson), Noel Ferrier (Wally O'Sullivan), Paul Sonkkila (Kevin Condon), Bembol Roco (Kumar), Kuh Ledesma (Tiger Lily), Domingo Landicho (Hortono), Mike Emperio (Sukarno), Cecily Polson (Moira), Michael Murphy (Pete Curtis), Ali Nur (Ali)

Indochina 1965: der australische Journalist Guy Hamilton wird nach Djakarta geschickt, um über die politischen Unruhen zu berichten. Dort macht er die Bekanntschaft des kleinwüchsigen Photographen Billy Kwan, der über zahlreiche Kontakte verfügt. Im Glauben, Guy sei mehr an den Belangen der Bevölkerung interessiert und nicht nur an der "Story", verschafft er ihm brisante Informationen. Durch ihn lernt Guy auch die attraktive Jill Bryant kennen und verliebt sich in sie. Jill, die kurz vor ihrer Heimreise nach London steht, will in den verbleibenden drei Wochen keine neue Beziehung eingehen. Auf einem Empfang gibt sie jedoch ihren Gefühlen nach. Da sie in der britischen Botschaft arbeitet, erfährt sie von einer bevorstehenden Waffenlieferung an die Kommunisten. Sie unterrichtet Guy, um ihn zu einem Verlassen des Landes zu bewegen, bevor der Sturm losbricht. Gegen Billys Willen verwendet Guy die Information zu einem Sensationsbericht. Enttäuscht von dem "großen Mann", versucht Kwan auf seine Weise auf die Mißstände im Land aufmerksam zu machen und findet den Tod. Der Aufstand der Kommunisten wird blutig niedergeschlagen. Guy erkennt seinen Fehler und versucht nun das Flugzeug, mit dem Jill das Land verläßt, zu erreichen.

Dem Journalist Guy Hamilton (Gibson) hat es die Botschaftsangestellte Jill Bryant (S.Weaver) angetan

Der Film spielt vor historischem Hintergrund. Ahmed Sukarno spielte die Schlüsselrolle im Kampf um die Befreiung Indonesiens von den Holländern. Er errang 1949 die Anerkennung der vollen Souveränität des Landes durch die ehemaligen Kolonialherren. Nach weiteren politischen Erfolgen ersetzte er die parlamentarische Demokratie durch eine "gelenkte Demokratie", in der er wichtige Entscheidungskompetenzen auf seine Person vereinigte und sich zum Präsidenten auf Lebenszeit ernennen ließ. Nachdem er 1960 das Parlament aufgelöst und ein neues aus mit ihm sympathisierenden Parteien einberufen hatte, begann seine Vormachtposition zu bröckeln. Die Annäherung an China, sein Austritt aus der UNO und anderen internationalen Organisationen und die Verstaatlichung ausländischer Plantagen brachte ihn in Konflikt mit dem Westen, der daraufhin die Entwicklungshilfe kurzfristig einstellte. Die Militärs, die die Förderung der Kommunisten nur widerwillig geduldet hatten, nutzten die miserable Lage des Landes, um mit Unterstützung ausländischer Interessenten und unter Leitung von General Suharto durch einen Putsch die Macht an sich zu reißen.

Der Film spiegelt die Ereignisse des Jahres 1965 wider. Blutige Demonstrationen und Aufstände sind an der Tagesordnung. Wirren und Unruhen prägen das Leben der Menschen. Es herrscht eine Stimmung, durch die das Land geradewegs auf einen Bürgerkrieg zusteuert, denn sowohl Kommunisten als auch Militärs wollen die Herrschaft. Sukarno hatte prophezeit, daß dieses Jahr "the year of living dangerously" (das Jahr, in dem es sich gefährlich lebt) werden würde.

Guy Hamilton versucht eine Straßensperre zu überwinden

Ein Jahr in der Hölle war der erste australische Film, der mit MGM von einem großen US-Filmstudio finanziert wurde. Zuerst wollte Weir den Film an Originalschauplätzen in Indonesien drehen, aber das Vorhaben scheiterte sowohl aus technischen als auch politischen Gründen. Deshalb wich man auf die Philippinen aus, die an Militärpräsenz und Unruhen Indonesien kaum nachstanden. Sigourney Weaver umriß die Situation in Manila folgendermaßen: "Eine Diktatur. Überall Maschinenpistolen." Trotzdem stellte ihr Aufenthalt eine besondere Erfahrung für sie dar: "Es war nicht angenehm; es war sehr schwierig. Aber es war die allumfassendste Filmerfahrung, die ich jemals hatte. Es war wie eine Achterbahn [...] aber man fühlte sich sehr lebendig." Mit diesen Worten fing sie wohl die allgemeine Meinung am Set ein. Die blühende Kultur, aber auch die Armut, die das Team umgab, ließ niemanden unbeeindruckt oder gar emotionslos.

Film und Wirklichkeit schienen ineinander überzugehen, als die Crew nach fünf Wochen Alltag am Set aus Angst um ihr Leben fluchtartig das Land verließ. Der Ärger begann mit einer anonymen Botschaft, die alle in Panik versetzte. "Beenden Sie ihre imperialistischen Handlungen oder wir werden sie für Sie beenden." Der Brief beschuldigte Weirs Film der Diffamierung der muslimischen Gemeinde und der ganzen islamischen Welt. Ironie des Schicksals: Die anonymen Briefschreiber waren schlecht informiert, denn der Film hat nicht das Mindeste mit Religion zu tun. Kurz darauf jedoch erhielten Gibson, Weaver und Weir telephonische Drohungen. Gibson gestand ehrlich: "Ich machte mir Sorgen. Ich wollte sofort nach dem ersten Telephonanruf wegfahren. Ich habe eine Familie. Es gibt nichts, was ich auf der Leinwand nicht tun würde, um für meine Familie Essen auf den Tisch zu bringen. Aber wenn es um mein Leben geht, bin ich ziemlich vorsichtig." Zwar behaupteten Weißes Haus, CIA und PIA (Philippines Intelligence Agency) übereinstimmend, es bestehe keine Gefahr, doch die Situation spitzte sich trotz dieser beruhigenden Versicherung weiter zu und die Gewaltbereitschaft stieg permanent: Statisten bewarfen den Regisseur mit Steinen, Bürger wollten das Set stürmen, um die Filmarbeit aufzuhalten. Auch erkannten die Komparsen den Unterschied zwischen Film und Realität nicht ganz. In einer Szene schleudern Aufständische Steine gegen die amerikanische Botschaft. Bei den Dreharbeiten hielt sich die Menge von Statisten aber nicht mehr an das *Cut* des Regisseurs, sondern demolierte munter weiter. Als nur noch wenige kleinere Szenen der Außenaufnahmen ausstanden, gab Weir bekannt, daß die Crew das Land innerhalb von 24 Stunden verlassen würde. Diese Blitzevakuierung des Personals erhöhte das $-6-Mio.-Budget um zusätzliche $ 250.000. Die Dreharbeiten wurden in Sydney fortgesetzt, verliefen dort zwar friedlich, aber anstrengend. Es war nämlich Winter in Australien und man hatte doch tropische Verhältnisse vorzutäuschen. Dementsprechend sommerlich fiel dann die Kleidung der Schauspieler aus, die in Bikini und Badehose mit einem im wahrsten Sinne des Wortes eingefrorenen Lächeln auf den Lippen in der Kälte bibberten.

Sigourney Weaver war von Regisseur und Drehbuch so begeistert, daß sie Weir sofort ihre Zusage gab, obwohl sie als Jill Bryant fast eine Nebenrolle zu spielen hatte. "Ich habe lieber eine kleine Rolle in einem Film, den ich mag, als eine größere in einem Film, der mir nichts bedeutet". Da Jill Angestellte in der englischen Botschaft ist, kamen Weaver dieses Mal auch ihre englischen Wurzeln zugute: "Ich bin zur Hälfte Engländerin. Eine gute Seite." Trotz dieser "guten Seite" mußte sie Sprachunterricht nehmen, um ihren amerikanischen Akzent zu verschleiern. Sie überzeugt jedoch vollends als "Frau von der Insel". Sie stellt Jill als etwas arrogant, kühl und reserviert dar, aber auch als Person, die zu sagen wagt, was sie denkt. Obwohl sie anfangs mit den Männern zu spielen scheint, zieht die Hauptperson eine sichere Beziehung einer schnellen Affäre vor und bringt viel Gefühl in eine Partnerschaft ein. So verrät sie Guy Hamilton auch eine streng geheime Information, handelt somit gegen ihre Prinzipien und riskiert ihre Arbeitsstelle, nur um ihn vor der Rebellion in Sicherheit zu bringen.

Der erfolgssüchtige Hamilton aber hat jegliches Gefühl für die Moralgrenze in seinem Leben verloren. Er will Bryants Neuigkeit zu seinen Gunsten nutzen. Jills ungläubiges "Guy, du kannst die Nachricht nicht verwerten!" kontert er kalt: "Dann hättest du mir nichts sagen dürfen." Hamilton entwickelt sich vom Greenhorn zum absoluten Erfolgsmenschen. "Wir können es uns nicht leisten, Gefühle zu investieren." Er nimmt weder auf seinen besten Freund Kwan noch auf seine große Liebe Rücksicht und sieht seine Fehler erst ein, als es fast schon zu spät ist. Gibson bereitete sich intensiv auf seine Rolle vor. "Ich fand heraus, wie das ist, Journalist zu sein, ein unerfahrener Journalist. Ich sprach mit einigen Journalisten und las ihre Unterlagen. Wirklich interessant. Ich wollte herausfinden, was einen dazu bringt, etwas wie Guy Hamilton zu tun." Seine Darstellung öffnet dem Publikum die Welt der Gier nach Erfolg, des Opferns von Werten, nur um Anerkennung zu gewinnen. Guy ist ein Mensch, der sich gegen Empfindungen und klare Standpunkte wehrt und sich somit das Leben einfacher machen will. Der Mangel an Persönlichkeit machte das Ausgestalten der Hauptperson schwierig. "Hamilton initiierte niemals etwas. Er reagiert wirklich nur." Guy hat keine herausragenden Charakterzüge. Er ist vielmehr ein Spielball Kwans und später der Ereignisse in Djakarta, die sich plötzlich überstürzen. *Films in Review* lobte Gibsons herausragende Leistung bei der Wiedergabe des schwierigen Charakters: "Gibson zeigt in seiner bisher anspruchsvollsten Rolle, daß er fähig ist, auf der Leinwand beinahe alles zu schaffen."

Die richtige Person für die Rolle des kleinwüchsigen Billy Kwan zu finden, war die größte Schwierigkeit beim Casting. Erst drei Wochen vor Drehbeginn sah Weir ein namenloses Photo und meinte, das sei Kwan wie er ihn sich vorgestellt habe. Als er erfuhr, daß es eine Frau, die US-Chinesin Linda Hunt, war, "fiel ich vom Hocker". Hunt sah tatsächlich wie ein Indonesier aus. Sie überzeugte sogar die Filipinos, die sie mit "Sir" ansprachen. Charles Koch zeigte sich furchtbar wütend, daß seine tragende Romanfigur von einer Frau gespielt werden sollte, doch der Erfolg gab dem Regisseur recht.

Hunt gewann für ihre grandiose Darstellung den Oscar für die beste Nebenrolle. Ihr Billy Kwan ist der unverstandene Zwerg, der nur wegen seiner Körpergröße unterschätzt wird, der aber die Menschen um sich herum leitet, sogar bisweilen manipuliert. Er legt über seine Freunde Akten an und schafft es durch subtile Beeinflussung, Guy und Jill zusammenzubringen. "Der große Vorteil, ein Zwerg zu sein, ist der, daß einen niemand beneidet und man somit weiser sein kann als die anderen Menschen." Er ist der stille Beobachter am Rande, der plötzlich wie ein Schatten aus dem Nichts auftaucht und ebenso schnell wieder verschwindet. Dies gibt ihm Macht über seine oberflächlichen, sich ihm überlegen fühlenden Mitmenschen, die er durch sein Wissen um ihre Schwächen leicht ausspielen könnte. Billy mißbraucht seine Informationen jedoch nicht. Er möchte helfen. Erst ermöglicht er Guy durch seine Beziehungen den großen Erfolg, aber er wünscht sich mehr als nur berufliche Zusammenarbeit, denn er sehnt sich nach einem Freund. "Du bist ehrgeizig, unabhängig, politisch gemäßigt bis konservativ und trotz deiner Naivität spüre ich ein Potential, etwas sofort Wahrnehmbares, eine Möglichkeit – könntest du der unbekannte Freund sein?"

Guy Hamilton und Pete Curtis (M. Murphy) als Auslandskorrespondenten

Billy ist die eigentliche Hauptperson des Films. Mit ihm beginnt die Handlung, er fungiert bisweilen als Erzähler, scheint alle Fäden des Geschehens in der Hand zu halten. Diese entgleiten ihm langsam, zunächst ohne daß er es wahrnimmt, doch dann bricht plötzlich seine Welt zusammen. Zum einen ist er schwer von Guy enttäuscht: "Du hast dich verändert. Du bist jetzt fähig zu verraten. Ist es möglich, daß ich mich in dir getäuscht habe?" Zum anderen verliert er den Glauben an das Glück und an sein Idol Sukarno. Verzweifelt und hilflos sitzt er vor seiner Schreibmaschine und tippt ununterbrochen: "Was sollen wir nun tun?" Er ergreift die Initiative, versucht zuerst Guy die Augen zu öffnen: "Ich habe dafür gesorgt, daß du das, was du schreibst, auch fühlst [...] Ich habe dich geschaffen!" Dann mischt sich der ansonsten eher subtil agierende Charakter in die große Politik ein, was ihn das Leben kostet. Genauso wie Kwan den Überblick über seine Welt verliert, schwindet Sukarnos Macht und spitzt sich die Lage im Lande zu. Sowohl der kleine Photograph als auch der große Staatsmann haben versucht, die Menschen um sie herum zu beeinflussen und zu kontrollieren. Das Private spiegelt sich in den politischen Vorgängen und umgekehrt. Die Parallele zwischen Manipulation im großen und im kleinen Stil wird besonders durch die Rolle Kwans deutlich, der eine Verbindung zwischen diesen beiden Welten schafft.

Der Film war sowohl Weavers als auch Gibsons erstes vollends romantisches Werk. Weir mußte sie erst im Küssen unterrichten, indem er den beiden Bilder von Cary Grant und Ingrid Bergmann aus *Weißes Gift* zeigte. Doch auch bei diesen Szenen gab es technische Schwierigkeiten, denn Gibson war ein gutes Stück kleiner als seine Filmpartnerin, weshalb er extra angefertigte Plateauschuhe tragen mußte. Weaver meinte dazu lediglich: "Von allen Kreuzen, die eine Schauspielerin zu tragen hat, eine Liebesszene mit Mel Gibson gehört nicht dazu."

Obwohl *Ein Jahr in der Hölle* Weaver und Gibson in die absolute Weltspitze der Schauspieler katapultierte und letzteren zu *everybody´s darling* avancieren ließ, floppte der Film an den Kinokassen. Er hatte zwar manch gute Kritik erhalten, aber das Publikum blieb fern. Manfred Hobsch schrieb in *Das Filmjahr 1984*: "Statt politischer Aufklärung betreibt Weir eine Erkundung der Mentalität eines Volkes und statt einer ausschweifenden Liebesgeschichte zeigt er die Verstrickung eines Reporters, der sich im fremden Land nicht zurechtfindet, dessen Ansichten und Lebensweise ihn in eine Kette von Niederlagen treiben. Verfechter der "reinen (Kino-)Lehre" vermissen da sofort die politische Aussage oder Stellungnahme einerseits und die gefühlsbetonte Love-Story andererseits. Doch Peter Weir vernachlässigt weder den politischen noch den privaten Konflikt, er setzt sie in Beziehung zueinander, hält Stimmungen der Unsicherheit fest und trifft

Regisseur Peter Weir erläutert Gibson eine Szene

damit das (aktuelle) Lebensgefühl der Erstarrung und Hilflosigkeit nichtbeteiligter Zuschauer, die sich angesichts politischer Krisen kaum noch erschrecken oder empören. Ein großer und packender Film mit enormen Sog: Wer sich auf die Bilder einläßt (Kameramann Russell Boyd hat die verwirrende und fremdartige Kulisse hervorragend fotografiert), sich an allzu poetischen Metaphern nicht stört (Billy will das "Auge" des Journalisten sein, später verliert Guy erst seinen Freund und dann tatsächlich ein Auge) und keine Analyse politischer Zustände erwartet, wird von der Stimmung, dem widersprüchlichen Zusammenprall zweier Kulturen und der Möglichkeit zu Assoziationen (eine selten gewordene Film-Eigenschaft) fasziniert sein."
Doch es gab auch einige Stimmen die das Werk als oberflächlich, die Liebesgeschichte vor dem politischen Hintergrund als unpassend bezeichneten: "Inmitten von Szenen, die Armut, Verzweiflung und schließlich Massenblutvergießen zeigen, scheint eine Romanze furchtbar fehl am Platz und beschämend unwichtig. Weir reduziert einen grauenerregenden Moment in der modernen Geschichte zu einem glänzenden Hintergrund für ein begütertes

Paar aus dem Westen, das in der Sonne herumtobt. Nach den meisterhaft gearbeiteten frühen Szenen von Elend und brodelnder Gewalt, die dem Film hypnotische Qualität gaben, ist die Liebesgeschichte eine beinahe obszöne Zerstreuung, die alle Spannung zerstört und den Film auf das Niveau eines zahmen romantischen Thrillers herabsetzt." (Robert Sellers)

Bild 10

Peter Weir (links) mit seinen Stars Mel Gibson und Linda Hunt (auf Gibsons Schulter)

Dessen Aktualität ist aber ungebrochen. Die politische Unterdrückung veranlaßte 1998 Studenten in der Hauptstadt Djakarta, auf die Straße zu gehen. Trotz militärischer Übergriffe konnte die Protestwelle, die durch die großen wirtschaftlichen Probleme noch verstärkt wurde und nun auf die gesamte Bevölkerung übergriff, nicht mehr aufgehalten werden. Auch daß General Suharto freie Wahlen versprach, besänftigte die Massen nicht. Sie forderten seinen Rücktritt. Die Gemüter beruhigten sich erst, als mit Präsident Habibie eine neue Ära in Indonesien begann, wobei wegen der andauernden Wirtschaftskrise das Leben in dem Inselstaat einem Tanz auf dem Vulkan ähnelt.

DIE BOUNTY
The Bounty   Großbritannien 1983

R: Roger Donaldson   Db: Robert Bolt nach dem Buch *Captain Bligh and Mr. Christian* von Richard Hough   M: Vangelis gesp: Vangelis Irish Folk   K: Arthur Ibbetson   S: Tony Lawson   Pd: John Graysmark   Ko: John Bloomfield   SpE: John Stears   B: Debbie McWilliams   P: Bernard Williams   V: Neue Constantin   Lz: 107 Min (Orig: 133 Min)

Mel Gibson (Fletcher Christian), Anthony Hopkins (Lt. William Bligh), Laurence Olivier (Admiral Hood), Edward Fox (Captain Greetham), Daniel Day-Lewis (John Fryer), Bernard Hill (Cole), Philip Davis (Young), Liam Neeson (Churchill), Wi Kuki Kaa (König Tynah), Tevaite Vernette (Mauatua), Philip Martin Brown (Adams), Simon Chandler (Nelson), Malcolm Terris (Dr. Huggan), Simon Adams (Heywood), John Sessions (Smith), Andrew Wilde (McCoy), Neil Morrissey (Quintal)

In seiner Paradeuniform macht sich Lieutenant Bligh auf, dem Kriegsgericht in London Rede und Antwort zu stehen und sich für seine klägliche Heimkehr in einer Nußschale und den Verlust der "Bounty" zu verantworten. Bligh war ausgezogen, um Brotfruchtbäume von Tahiti nach Jamaika zu schaffen, die dort dem wachsenden Sklavenheer billige Nahrung geben sollten. Mit seinem Ersten Offizier Fletcher Christian verband ihn anfangs gegenseitige Freundschaft. Doch diese wurde in den langen Wochen auf engstem Raum aufs Ärgste strapaziert. Der Aufenthalt im Paradies der Südsee tat sein übriges, den korrekten Kapitän und den eher labilen jüngeren Steuermann einander zu entfremden. Kurzerhand brachte Christian den Großteil der Mannschaft auf seinen Kurs und schickte Bligh mit wenig verbliebenen Getreuen in einem Beiboot zurück auf die hohe See. Wider Erwarten schaffte der Kapitän die unversehrte Rückkehr in die Heimat.

"Immer wieder aufgewärmter Kohl", stank es schon Juvenal. Hollywood hatte da weniger Bedenken, seinem Publikum ein drittes Mal (nach 1935 mit Clark Gable/Charles Laughton und 1962 mit Marlon Brando/Trevor Howard, von einem obskuren australischen Stummfilm von 1916 und dem Tonfilm von 1930 mit Errol Flynn ganz zu schweigen) das gleiche Thema aufzutischen, denn schließlich sollte es mit veränderter Rezeptur eine ganz andere Geschichte werden. Nicht der berühmte Roman von Nordhoff/Hall lag zugrunde, sondern eine neue Abhandlung, die die historischen Tatsachen gerecht würdigte, aber damit der Konfliktstrukturen, aus denen sich die bisherigen Verfilmungen und ihre Spannung entwickelt hatten, verlustig ging. Der tyrannische Befehlshaber, dessen Ende jeder herbeisehnt, und die mißhandelten Untergebenen, deren langes Leiden in eine gerechte Meuterei mündet, sollten der Vergangenheit angehören. Kein Giftzwerg Laughton, der die kargen Lebensmittelvorräte noch mehr verknappt, indem er sich ein paar Käselaibe an seinen Wohnsitz abzweigen läßt, keine elende ausgemergelte Mannschaft mehr, die nur noch vor der Wahl Meuterei oder Tod durch Ausbeutung steht. Hier heuert ein zwar strenger und korrekter, aber auch menschlicher und reformfreudiger Bligh, der sich seinen Weg aus ärmlicheren Verhältnissen nach oben erkämpft hat, den jüngeren und vermögenderen Christian selbst an, ihn auf seiner Fahrt zu begleiten. Da für die Charaktere kein Schwarz oder Weiß mehr galt und somit weniger Kontrast geboten war, hatte Gibson es weitaus schwerer, seine Rolle auszugestalten, als seine berühmten Vorgänger. Gable hatte aus Christian einen edelmütigen Offizier gemacht, Brando ihn als arroganten Zyniker gespielt. "Als ich das Drehbuch bekam, dachte ich 'Was mache ich hier nur?' Der Charakter fehlte, und die einzige Stelle, an der man etwas tun konnte, war die Meutereiszene, als er ausflippt." Er hatte sogar einen Psychiater um eine Analyse des historischen Vorbilds gebeten. Christians Wahnsinn ließ er ohne Vorankündigung auf die versammelte Mannschaft los: "Ich habe die Szene erst an jenem Morgen geschrieben [...] Ich dachte, er könne nur der loyale Büroburische sein, der er auch war - ein loyaler Staatsdiener. Er wußte, was er zu tun hatte und eines Tages stand es ihm bis oben hin. Die einzige wirkliche Drohung, zu der er in der Lage war, so sah ich es, war, sich abzuseilen und sie ohne Steuermann zurückzulassen. Sollten sie Bligh außer Gefecht setzten, dann würde er damit drohen, sich selbst zu töten. Es lag in der Natur von Christians Charakter. Er wurde eines Tages schizophren, verrückt!" Die Kollegen bedachten Gibsons Auftritt mit lautstarkem Beifall, auch wenn ihre Motive nicht ganz eindeutig waren.

Das war zu wenig, um zu verhindern, daß *Die Bounty* während ihrer 107 Minuten (in der deutschen Fassung, im Original sind es 133 Minuten) trotz mancher Lichtblicke wie die Umrundung des stürmischen Kap Horns und das lebensfrohe Inselleben im Kontrast zum steifen Europa mit seinen moralischen Zwängen im allgemeinen mit nur wenigen Knoten über die Leinwand segelte. Die meisten Kritiker erkannten wohl, daß die Schwäche des bei den 37. Filmfestspielen in Cannes eingereichten US-Beitrags nicht in der Besetzung lag, sondern in den mangelhaften Vorgaben. Und Roger Donaldson war nicht der Regisseur, der sich auf Diskussionen mit seinen Schauspielern eingelassen oder gar zu Verbesserungsvorschlägen und Improvisationen ermuntert hätte. Bernard Williams bestätigte: "Roger fand es anscheinend nicht einfach, mit den Schauspielern zu kommunizieren. Er brüllte nur seine Anweisungen und verbrachte viel Zeit mit dem Videoplayback. Das machte Tony [Hopkins] stinksauer. In etwa der achten Drehwoche saß er also in einem Langboot und Tony ging schließlich in die Luft, nannte Roger einen "Scheißidioten" und noch vieles andere mehr." Dies war nicht der letzte Zusammenstoß und nur die Mahnung der Studiobosse hielt die beiden davon ab, die Dreharbeiten nicht unnötig zu gefährden, nachdem schon soviel Zeit und Geld investiert worden war.

Fletcher Christian (Mel Gibson) läßt sich mit Tätowierungen schmücken. Seine Geliebte Mauatua (Tevaite Vernette, rechts) sieht zu.

Angefangen hatte alles 1976, als David Lean auf Bora Bora über Houghs Buch zu den beiden "Bounty"-Protagonisten gestolpert war. Warner Brothers schenkten Lean zwar Gehör und sandten Robert Bolt als Autor aus, aber als ihnen klar wurde, daß ihr Starregisseur zwei Filme, *The Law Brakers* und *The Long Arm* im Sinne hatte, in denen die ganze Geschichte der Bounty erzählt werden sollte bis hin zum Schicksal der Meuterer in ihrem Exil auf Pitcairn, zogen sie sich langsam wieder zurück. Gut, daß Dino de Laurentiis sich auf der gleichen Insel einquartiert hatte und mit Paramount als Verleih zu Hilfe kam. Produzent Phil Kellog wurde durch Bernard Williams ersetzt und Lean dazu gebracht, sich mit einem Film zu begnügen. Bolt verabschiedete sich im April 1979 ungewollt mit einem Herzanfall aus dem Projekt, De Laurentiis und Paramount machten sich gleichfalls davon und Lean ging auf die *Reise nach Indien*. Allerdings waren die Jahre nicht untätig vergangen und De Laurentiis saß auf einer originalgetreuen Nachbildung der "Bounty". Eine neuseeländische Reederei hatte die Mühe auf sich genommen. Im verborgenen Innenraum war das Schiff mit allem erdenklichen Luxus und modernster Navigationstechnik ausgestattet. Damit die Millionen nicht gänzlich auf Sand gesetzt waren, ging der Plan zu einer mehrteiligen Fernsehreihe, die Alan Bridges aus den Bolt-Vorlagen kreieren sollte. Nach sieben Monaten wurde er gefeuert, weil er auf einer homosexuellen Beziehung zwischen Bligh und Christian bestand und irgendwie schien eine Fernsehserie doch nicht der richtige Rahmen. Regisseure wie Richard Attenborough und Michael Cimino lehnten es ab, sich des Projekts anzunehmen. Der weniger bekannte Richard Donaldson hatte sich dann doch drei Monate vor Drehbeginn überreden lassen. Während Anthony Hopkins schon von Lean als ideale Besetzung für Bligh vorgesehen worden war, hatte man mit Christian erhebliche Probleme. Christopher Reeves wollte nicht an Bord und irgendwer erinnerte sich schließlich an einen Neuling aus der gleichen Ecke, aus der der Regisseur kam, weshalb Gibson die Ehre zuteil wurde, als "ein modisch-unrasiertes Photomodell auf der Suche nach idyllischem Südseestrand" (*Der Spiegel*) die Bounty zu betreten. Ende April wurden in London die Segel gehißt. Nach den Aufnahmen in *merry old England,* wo auf einer Pinewood-Studiobühne das schwankende Interieur eingerichtet worden war, übersiedelte die Crew nach Papeete, wo das Schiff vor Anker lag. Nach neun Wochen auf der Insel Moorea wechselten sie nach Gisborne auf Neuseeland, um nach weiteren vier Wochen und einer Gesamtzeit von vier Monaten die Arbeiten abzuschließen. $ 28 Mio. Dollar hatte die Fahrt der Bounty gekostet, um nach dem Kinostart im April 1984 schon in der zweiten Woche "auf ein Korallenriff zu laufen", in der dritten "Richtung Trockendock zu segeln" und in der vierten gar "Gefahr des Sinkens zu laufen", wie *Variety* seemännisch vermerkte. Mit einem Einspielergebnis von rd. $ 3,5 Mio. nach sieben Wochen in der Neuen Welt war es der Replik nicht anders ergangen, als dem Original. "Aber wußten Sie schon, daß Bligh tatsächlich eine weitere Reise unternahm, wieder Brotfrüchte lud und sie nach Westindien brachte, nur um festzustellen, daß die Sklaven sie nicht aßen? Welche Energieverschwendung! Sehr ähnlich wie *Die Bounty*." (Charles Sawyer)

Eine kleine Kuriosität noch am Rande: Die schamlosen Zeiten waren auch in der Südsee vorbei und es kostete einige Mühe, die Statistinnen zum historisch getreuen "Oben-Ohne-Auftritt" zu überreden. Nachdem sie sich auf ihre Wurzeln besonnen hatten, konnte ihnen nicht mehr klargemacht werden, daß für die US-Version doch etwas mehr Bedeckung angebracht sei, da sonst eine Fernsehausstrahlung unmöglich werde. Schließlich gaben die Filmemacher nach.

Mel Gibson als der Meuterer Fletcher Christian

MENSCHEN AM FLUSS
The River   USA 1983/84

R: Mark Rydell   **Db:** Robert Dillon, Julian Barry   **M:** John Williams Trompetensolo: Warren Luening   Gitarrensolo: Tommy Tedesco   Flötensolo: James Walker   **L:** *The Fireman* v: Mack Vickery, Wayne Kemp ges: George Strait   *Rock-A-Billy* ges. u. gesp: The Bellamy Brothers   *A Little Heaven's Rubbing Off on Me* ges: George Strait   *Radio Lover* ges: John Conlee   **K:** Vilmos Zsigmond   **S:** Sidney Levin   **Pd:** Charles Rosen   **Ko:** Joe I. Tompkins   **SpE:** Ken Pepiot, Stan Parks   **B:** Lynn Stalmaster   **P:** Edward Lewis, Robert Cortes   **V:** UIP   **Lz:** 124 Min

Mel Gibson (Tom Garvey), Sissy Spacek (Mae Garvey), Scott Glenn (Joe Wade), Shane Bailey (Lewis Garvey), Becky Jo Lynch (Beth Garvey), Don Hood (Senator Neiswinder), Billy Green Bush (Harve Stanley), James Tolkan (Howard Simpson), Bob W. Douglas (Hal Richardson), Andy Stahl (Dave Birkin), Lisa Sloan (Judy Birkin), Amy Rydell (Betty Gaumer), Larry D. Ferrell (Rod Tessley), Ivan Green (Smoot)

Tom Garvey bewirtschaftet mit Frau und zwei Kindern die seit Generationen in Familienbesitz befindliche Farm, an der sein ganzes Herz hängt. Katastrophale Überschwemmungen treiben ihn neben den niedrigen Getreidepreisen und den hohen Zinsen praktisch in den Ruin. Hinzu kommt, daß der reiche Großgrundbesitzer Wade auf den Bau eines Staudamms genau in dem Tal hofft, in dem Garvey mit zahlreichen anderen Farmern um seine Existenz kämpft, um die eigenen Flächen bewässern zu können. Doch Garvey gibt nicht auf. Er verdingt sich als Streikbrecher in einem Stahlwerk, um seine Familie durchbringen zu können. Im Gegenzug heuert Wade beim nächsten Hochwasser Tagelöhner an, um die Bauern am Bau von Schutzwällen zu hindern. Angesichts von Garveys Kampfeswillen schlagen sich alle auf seine Seite und Wade muß einsehen, daß er fürs erste verloren hat.

   Mitte der 80er Jahre erlebte in den USA ein fast vergessenes Filmsujet seine Wiedergeburt. Der Heimatfilm war plötzlich wieder modern geworden. Die amerikanische Landwirtschaft steckte in einer tiefen Krise, denn in den 70ern hatten die Banken den Farmern niedrige Kredite gewährt und in den 80ern waren dann die Getreidepreise plötzlich gefallen. Wegen Rezession, Carters Getreide-Embargo gegen die UdSSR, Reagans Hochzinspolitik und des Plans der Regierung, die staatlichen Subventionen um mehr als die Hälfte zu kürzen, standen beinahe 700.000 Farmer vor dem finanziellen Ende und befanden sich in Gefahr, von großen Landwirtschaftskonzernen aufgekauft zu werden. Die Filmindustrie setzte nun eine neue Patriotismuswelle in Bewegung. *Der Spiegel* bemerkte trocken: "Hollywood kehrt von den Weltraum-Spielen auf den Boden der heimischen Wirklichkeit zurück. Die Krise der Farmer rührte tief ans amerikanische Selbstverständnis [...] Wenn die Nachkommen der Pioniere, die das Land urbar gemacht haben, darauf nicht mehr ihr Auskommen finden, muß etwas falsch sein am System." Viele Amerikaner hatten Angst, diese in ihren Augen noch heile Welt zu verlieren. Der durchschnittliche US-Bürger, der mindestens viermal im Leben seinen Wohnort wechselt, möchte wenigstens von einer permanenten Heimat, dem schönen Landleben und den damit verbundenen amerikanischen Tugenden wie Traditionsbewußtsein, familiärem Zusammenhalt, Integrität und Durchhaltewillen träumen können. Rydell meinte: "Wir alle haben Werte, die wir verteidigen wollen, und wir alle suchen uns einen Platz, an dem wir festhalten können."

Menschen am Fluß erschien als letzter von drei "Rettet-die-Farm-Filmen" im Dezember 1984. Die beiden anderen Produktionen des Dreigespanns, *Country* mit Jessica Lange und *Ein Platz im Herzen* mit Sally Field, hatten jedoch die Liebe des Publikums zur heimatlichen Scholle bereits ausreichend strapaziert und somit waren die Zuschauerzahlen nicht so hoch wie man bei zugkräftigen Namen wie Gibson oder Spacek eigentlich erwartet hätte. Doch der Eifer der Crew war ungebrochen. Vor allem Rydell wollte mit seinem Werk ein Denkmal setzen: "Mein Tribut an ein Amerika, das es so bald nicht mehr geben wird."

Viele Szenen basieren auf wahren Ereignissen. Die Tennessee Valley Authority überflutete in den 30er Jahren gegen den Willen der Bevölkerung tatsächlich ein riesiges Areal. Daß Farmer aus finanziellen Gründen und gegen ihre eigene Überzeugung dazu gezwungen sind, als Streikbrecher zu arbeiten, beruht auch auf einem wirklichen Zwischenfall und inspirierte Rydell zur Niederschrift seines Konzepts.

Bei allen drei Farmfilmen besetzt die Frau immer die stärkere Rolle. Sie bewirtschaftet mit großer Kraft die Farm, umsorgt die Familie, während meistens die Männer mit ihrem Stolz und ihrem übertrieben starken Ehrempfinden das Leben auf der Farm zusätzlich erschweren. Auch in *Menschen am Fluß* ist es eigentlich Mae, die die Farm vor dem Untergang rettet. Sie bestellt nicht nur die Felder und kümmert sich um Hof, Kinder und unbezahlte Rechnungen, während Tom in der Fabrik arbeitet, sondern sie überzeugt auch ihren Mann, daß er den Fluß nie alleine besiegen kann. Als dieser ihren Sohn Lewis, der mit seinem Vater die Überschwemmung zu stoppen versucht, überfordert, stellt sie sich offen gegen Tom. Der meint nur: "Wenn wir das Ufer nicht sofort befestigen, sind wir erledigt." Mae schreit fassungslos zurück: "Und wenn schon? Das sind wir doch sowieso, wenn du so weiter machst! So kann ich nicht weiterleben." – "Dann verschwinde doch endlich. Zieh zu deinem Freund Joe Wade in sein großes, feines Haus!" Erst als sie ihm eine Ohrfeige verpaßt und erwidert: "Ich will nicht mit Joe Wade in einem großen, feinen Haus leben, ich möchte hier leben, mit dir, aber du kannst den Fluß nicht mit einer Frau und zwei erschöpften Kindern aufhalten. Warum läßt du dir von niemandem helfen? [...] Du verdammter Dickschädel!", gibt der Einzelkämpfer nach und bittet seine Nachbarn und Freunde um Hilfe und sie kämpfen nun gemeinsam gegen die Fluten. Spacek schwärmte von ihrer Rolle: "Für mich ist Mae wie Klebstoff, sie ist der Mörtel zwischen den Backsteinen, sie hält die Familie zusammen. [...] Ich mochte Mae Garvey und ich wollte mehr so wie sie werden." Dies sei auch der Grund gewesen, warum sie die in ihren Augen nicht gerade überbezahlte Stellung angenommen habe. Mae war für ihr Vorhaben, eine starke Frauenrolle zu spielen, als Verkörperung der amerikanischen Frau vom Lande ideal. Sissy gestand ehrlich: "Manchmal ist das Ego größer als die Gier."

Für ihre überzeugende Darstellung wurde sie dann auch für den Oscar nominiert. Doch die beiden anderen *Save-the-farm-movies* machten *Menschen am Fluß* nicht nur beim Kampf um die Gunst der Zuschauer Konkurrenz. Als beste Hauptdarstellerinnen wurden ebenfalls Jessica Lange und Sally Field vorgeschlagen, wobei letztere als Siegerin aus der Schlacht um den *Academy Award* hervorging. Obwohl das $-20-Mio.-Werk noch in weiteren Kategorien nominiert wurde, Musik (John Williams für seine einfühlsame und bewegende Musik), Kamera (Vilmos Zsigmond für seine wunderschönen Naturaufnahmen) und Ton – konnte der Film lediglich einen Sonder-Oscar für den Toneffektschnitt gewinnen.

Regisseur Rydell war bei *Menschen am Fluß* vor allem auf Authentizität bedacht. Darum ließ er für die Dreharbeiten in Tennessee und Alabama auch ca. 100 Hektar Wald roden und nach alten Originalplänen ein Farmhaus errichten. Um die Farm an die Häuser und Scheunen der Umgebung anzupassen und somit ein stimmiges Gesamtbild zu schaffen, wurde als Material künstlich gealtertes Bauholz verwendet. Die Versteigerung fand im benachbarten Virginia, in Gate City und Jonesborough statt. Für die Überschwemmungsszenen bauten Arbeiter und Helfer des *United States Army Corps of Engineers* sogar einen Staudamm am Holston River nordöstlich von Knoxville im Osten Tennessees, wozu man natürlich erst die schwer zu erkämpfende Erlaubnis der zuständigen Behörden einholen mußte. Doch Rydell scheute weder Kosten (zwischen $ 16 und $ 20 Mio. insgesamt) noch

Mühen. Letzteres erwartete er auch von seinen Schauspielern. Sie sollten sich nicht nur engagieren, sondern vollends in ihrer Rolle aufgehen. Um das Farmleben und seine Eigenheiten besser kennenzulernen und zu verstehen, mußten alle Mitwirkenden – auch die Stars - auf der Farm arbeiten. Jeder bepflanzte und bestellte den Gemüsegarten, Sissy zog in das Farmhaus und buk für die ganze Crew. "Am Ende standen die Leute Schlange für meine Pasteten." Außerdem lernte sie mit einem Mähdrescher umzugehen, während sich Gibson beim Traktorfahren versuchte. Der Regisseur gewährte seinen Darstellern sogar etwas Zeit, um einzelne Szenen zu proben und zu improvisieren. Durch das harte Training konnten die Darsteller im Film ein genaues Abbild von dem Farmerleben schaffen, das sie tagtäglich um sich herum beobachteten.

Bei der Arbeit am Set vermischten sich Schauspieler und Einheimische. Viele der Farmer in der Umgebung hatten schon ähnliche Szenen, wie sie im Film gezeigt werden, erlebt und konnten somit wertvolle Anregungen geben. Einige der Anwohner wurden sogar als Statisten engagiert und auch Becky Jo Lynch und Shane Bailey, die für die Rollen von Beth und Lewis, den Kindern von Mae und Tom ausgewählt wurden, stammten aus der unmittelbaren Umgebung.

Mel Gibson hatte sich für sein amerikanisches Filmdebut ausgerechnet dieses Projekt in den Kopf gesetzt und arbeitete hart, um dieses Vorhaben zu verwirklichen. Rydell und Universal waren zwar von seinen schauspielerischen Qualitäten durchaus überzeugt, aber sie zweifelten doch daran, daß das amerikanische Publikum Gibson als Farmer aus dem Süden akzeptieren würde. Doch der Star gab nicht auf. Als er für die Dreharbeiten zu *Die Bounty* nach England reisen mußte, fuhr er erst, als Rydell ihm versprochen hatte, die Rolle nicht vor seiner Rückkehr zu besetzen. Daraufhin nahm er in London Sprachunterricht, so daß er in den USA beim Casting mit einem reinen Südstaatendialekt glänzte. Außerdem verbrachte er ganze sechs Wochen vor Drehbeginn damit, in der Gegend von Kingsport umherzustreifen, sich mit Farmern zu unterhalten und sowohl ihre schleppende Sprache als auch ihre Eigenheiten zu studieren und einzuüben.

Gibson faszinierte besonders die Selbständigkeit der Figur, die keinem außer sich selbst eine Antwort schuldig ist. Er überzeugt als der unnachgiebige harte Fels, der Dickkopf, der sogar an seinem Hof festhält, als ihm in der Bank mitgeteilt wird:"Tom, Sie schulden uns mehr, als Ihre Farm noch wert ist." Er hat so viel Angst, das Anwesen, das sich seit Generationen im Besitz seiner Familie befindet, zu verlieren, daß er sogar gegen sein Ehrverständnis als Streikbrecher arbeitet. Zudem zeigt er die empfindsamen Seiten des Charakters auf, daß ein Mann auch einmal Schwächen zeigen kann und darf,

z. B. erzählt Tom seiner Frau von den schlimmen Alpträumen, die ihn nachts quälen: "Gestern Nacht hab` ich vom Fluß geträumt. Aber es war kein Fluß – es war eine große Schlange. Ich konnte weder Kopf noch Schwanz von ihr sehen. Und sie hatte sich so fest um mich gewickelt, daß ich keine Luft mehr bekam." Er gesteht sogar, welch großes Opfer die Beschäftigung in der Fabrik für ihn ist: "Die Hitze, diese Luft – zum Erstikken!" Vor allem erschüttert die Szene, in der die Streikbrecher ängstlich zusammengedrängt unter den Beschimpfungen der Arbeiter und ihrer Familien die Fabrik verlassen. Dabei tritt Tom eine junge Frau mit ihrem Kind entgegen und spuckt ihm direkt ins Gesicht. Er geht beschämt und betroffen weiter. Seine kleine Tochter Beth fragt ihren Bruder einmal: "Lewis, dürfen Daddies eigentlich weinen?" Obwohl er in Streßsituationen bisweilen überreagiert, verliert er doch nie die Liebe zu seiner Familie. Als ihm ein weiterer Kredit verweigert wird, stürzt er aus der Bank, stürmt wütend zum Auto, läßt eine bissige Bemerkung fallen. Mae und Lewis haben die Situation sofort erfaßt, nur die kleine Beth erkundigt sich noch: "Mami, du sag' mal, bekomm' ich jetzt mein Eis?" – " Nein Beth, sei still." – "Vorhin hat sie gesagt, wenn Dad fertig ist. Bist du jetzt fertig, Dad?" Nun explodiert Tom und faucht: "Nein, ich bin nicht fertig!" Seine Familie sitzt stocksteif im Wagen, wagt es kaum zu atmen, geschweige denn sich zu bewegen und der Vater erkennt seine Heftigkeit, man sieht ihm direkt an wie leid ihm sein Wutausbruch tut, und er schickt die Kinder sozusagen als Wiedergutmachung dann doch zum Eisholen.

Scott Glenn glänzt als Bösewicht Joe Wade vor allem in den Szenen, in denen er sich bei Mae und ihren Kindern einschmeicheln will, im nächsten Augenblick jedoch versucht, Tom in den Ruin zu treiben. Dabei wirkt er immer noch sympathisch und freundlich und paßt überhaupt nicht in das Cliché des gewöhnlichen "bösen Buben". Er erweist sich sogar als guter Verlierer. Nachdem die Bauern aus Protest seinen Jeep zum Abdichten des Leckes im Damm verwendet haben, gibt er sich vorläufig geschlagen, wirft sogar einen Sandsack auf eine kleine, noch verbliebene undichte Stelle und sagt lediglich: "Irgendwann wird's wieder zu viel Regen geben oder zu wenig Regen oder zu viel Mais. Ich kann warten."

Der Drehbeginn im November 1983 gestaltete sich nicht gerade erfreulich. Die Wetterbedingungen waren äußerst rauh. Die Stars mußten, während Sturzbäche von Regen vom Himmel kamen, in knietiefem Wasser watend spielen. Doch die Atmosphäre am Set war sehr familiär und die Kollegen verstanden sich großartig untereinander.

Rydell war besonders von Gibson begeistert: "Er ist ein absolut fesselnder Schauspieler. Man kann sich darauf verlassen, daß er eine gute Szene liefert." Bisweilen kam er aus dem Schwärmen überhaupt nicht mehr heraus: "Ich habe schon bei vielen großen Schauspielern Regie geführt, Steve McQueen, Fonda, den meisten großen, aber Mel ist der aufregendste. Dieser Junge ist eine Mischung aus Steve McQueen und Montgomery Clift. Wenn man ihn eingehend beobachtet, ist da eine Frechheit und Dreistigkeit, die wenige Schauspieler besitzen. Sehen sie sich diese blauen Augen und das Killer-Lächeln an." Mel zeigte sich von dieser Lobeshymne nicht gerade überwältigend begeistert. Als er einmal darauf angesprochen wurde, erwiderte er sehr zurückhaltend: "Ach ja, das Montgomery-Clift-Zeug."

Tom und Mae (Mel Gibson und Sissy Spacek) kämpfen mit ihrem Sohn (Shane Bailey) gegen die Fluten

Die Kritiken zu *Menschen am Fluß* durchlaufen sämtliche Beurteilungsspektren von "kitschig" (*Der Spiegel*), bis zum genauen Gegenteil: "Rydell läßt seine ausgezeichneten Schauspieler eher verhalten agieren und verzichtet auf wohltuende Weise auf viele marktgängige Schwülstigkeiten." (*Nürnberger Nachrichten*). Ob man das Werk nun gut oder schlecht bewertet, der Film dokumentiert Vorgänge in unserem Jahrhundert, die allzu leicht übersehen werden. Er zeigt den Untergang eines Teils der amerikanischen Kultur und liegt damit sehr eng am Puls der Zeit.

FLUCHT ZU DRITT
Mrs. Soffel   USA 1984

R: Gillian Armstrong   **Db:** Ron Nyswaner   **M:** Mark Isham   **K:** Russell Boyd   **S:** Nicholas Beauman   **Pd:** Luciana Arrighi   **Ko:** Shay Cunliffe   **SpE:** Neil Trifunovich   **B:** Margery Simkin   **P:** Edgar J. Scherick, Scott Rudin, David A. Nicksay   **V:** UIP   **Lz:** 111 Min

Mel Gibson (Ed Biddle), Diane Keaton (Kate Soffel), Matthew Modine (Jack Biddle), Edward Herrmann (Peter Soffel), Trini Alvarado (Irene Soffel), Jennie Dundas (Margaret Soffel), Danny Corkill, (Eddie Soffel), Harley Cross (Clarence Soffel), Terry O'Quinn (Buck McGovern), Pippa Pearthree (Maggie) William Youmans (Wärter Koslow), Maury Chaykin (Wärter Reynolds), Dana Wheeler-Nicholson (Jessie Bodyne), Les Rubie (Mr. Stevenson), Paula Trueman (Mrs. Stevenson), Wayne Robson (Halliday)

Pittsburgh 1901: Die Brüder Ed und Jack Biddle wurden wegen Raubmordes zum Tode verurteilt. Ihre letzte Chance ist ein Gnadengesuch an den Gouverneur, der jedoch ablehnt. Zwischenzeitlich hat sich die Frau des Gefängnisdirektors, Kate Soffel, der beiden angenommen. Sie protestiert neben vielen anderen öffentlich gegen das Urteil. Ihr erzürnter Mann mahnt sie zur Zurückhaltung, denn er fürchtet, das Engagement seiner Frau könne der Karriere und gesellschaftlichen Stellung schaden. Ed gesteht Kate seine Liebe und kann sie überreden, eine Säge ins Gefängnis zu schmuggeln. Des Nachts durchtrennen die Brüder die Gitterstäbe. Gegen den Willen seines Bruders nimmt Ed seine Geliebte mit. Gemeinsam wollen sie nach Kanada fliehen. Kurz vor der Grenze werden sie gestellt. Kate bittet Ed, sie zu erschießen, damit sie nie mehr zu ihrem Mann zurück muß. Schweren Herzens erfüllt er ihren Wunsch und schießt. Die Brüder sterben im Kugelhagel der Verfolger, während Kate schwerverletzt überlebt.

Die Dreharbeiten zu *Flucht zu dritt* fanden in der Nähe von Toronto statt, wo man auch das benötigte weiße Naß zu finden glaubte. Doch als die Regisseurin Gillian Armstrong dort ankam, hatte das Land gerade Regen mit anschließender Hitzewelle hinter sich, und nirgends war mehr eine einigermaßen geschlossene Schneedecke zu finden. Armstrong und ihr Team machten mit Schneeschuhen an den Füßen – wobei keine Spuren auf eventuell zum Drehen geeigneten Plätzen hinterlassen werden durften – auf der Suche nach dem kalten Weiß die Gegend unsicher. Später blieb ihnen dann keine andere Wahl, als acht Tage lang im Studio Innenszenen zu filmen, während verhandelt wurde, ob weiter nördlich gesucht werden sollte oder ob dafür die Finanzen nicht ausreichten. Plötzlich zeigte sich der Wettergott wieder von der freundlichen vielleicht auch etwas zu freundlichen, Seite: er schickte gleich einen Schneesturm vorbei. Dieser tobte derart wild, daß niemand das Studio verlassen konnte, da die Straßen unbefahrbar waren. Das Nachtquartier mußte in den Make-up-Räumen oder auf den zum Drehen verwendeten Zellenbetten aufgeschlagen werden.

Zu diesen Scherzen der Natur gesellten sich finanzielle Probleme. Das Budget belief sich anfänglich auf $ 12 Mio. und die Verpflichtung von Mel Gibson für die Hauptrolle steigerte die Kosten um eine weitere Million.

Der Film beruht auf einer wahren Begebenheit. 1901 brachen die beiden Brüder Ed und Jack Biddle, die wegen Mordes an einem Ladenbesitzer zum Tode verurteilt worden waren, mit Hilfe der Frau des Gefängnisdirektors, Kate Soffel, aus dem Allegheny County Gefängnis in Pittsburgh aus. Sie flohen zu dritt nach Kanada, wo sie sowohl Blizzards als auch ihre Verfolger erwarteten. Letztere brachten dann die beiden Männer zur Strecke; Mrs. Soffel jedoch überlebte schwerverletzt. Sie mußte, von der Gesellschaft geächtet, in die Zelle zurückkehren, aus der sie ihren Freunden zur Flucht verholfen hatte. 1982 verfaßte Nyswaner sein Drehbuch, nachdem er in den Archiven seiner Heimatstadt auf den Fall gestoßen war.

Um den Film so authentisch wie möglich zu gestalten, galt es, die historischen Tatsachen zu berücksichtigen und besonders genau auf Details einzugehen. Die Regisseurin wollte der Originaltreue und natürlich auch der Kulisse wegen im Allegheny County Gefängnis, das sich noch heute in Betrieb befindet, drehen. Sie meinte: "Offensichtlich herrscht große Leidenschaft in diesen Mauern." Doch das Budget wurde knapp und MGM wollte die Pittsburgh-Szenen schon an preiswertere Plätze verlegen – Armstrong wurde angewiesen sich ein "nettes, leeres Gefängnis" zu suchen - als sich vollkommen unerwartet Mel Gibson einschaltete. Er telefonierte mit den Verantwortlichen und gab ihnen klar zu verstehen, sie sollten die Regisseurin in Ruhe ihre Arbeit tun lassen, und nach dem Machtwort des Stars konnte man sich das Original plötzlich doch leisten. "Wir filmten vierundzwanzig Stunden lang ohne Unterbrechung. Wir filmten Tag und Nacht. Sie dachten es wäre das Beste, wenn wir das Gebäude nur einmal beträten und einmal verließen. Und wir drehten mit verurteilten Mördern und Killern, die alle in zeitgenössischen Kostümen Statisten spielten", so schildert die Regisseurin die Arbeit in der Justizvollzugsanstalt. Fünfzig Häftlinge und ungefähr ein Dutzend Wächter wurden dem Filmteam gegen Bezahlung zur Verfügung gestellt. Neben dem vereinbarten Stundenlohn erhielten die Insassen von den Produzenten zusätzliche Geschenke wie einen Boxring, eine Leinwand, einen 16-mm-Filmprojektor usw., insgesamt im Wert von $ 10.000. Die Stadt kassierte noch einmal den gleichen Betrag an Aufwandsentschädigung. Generell wurde die Australierin nicht gerade mit Samthandschuhen angefaßt, ständig hatte man etwas an ihrer Arbeit auszusetzen: Entweder lag sie im Zeitplan zu weit zurück oder die Liebesszene war zu "sexy" geworden, dann mußte wieder an den unmöglichsten Stellen geschnitten werden. Einmal hatte sich die Situation so zugespitzt, daß sie drohte: "Wissen Sie, ich werde jetzt einfach in ein Flugzeug steigen und wegfliegen."

Die Dreharbeiten fanden großteils in kleinen Dörfern statt, in denen die Einwohner bisweilen eine Menge Ärger verursachten. In Elora, Ontario, schlossen sich verärgerte Ladenbesitzer zusammen und versuchten mit ganzer Kraft, die Aktionen des Filmteams zu stören. Die Geschäftsleute waren so aufgebracht, da man zwar alle angewiesen hatte, die Läden während der Dreharbeiten zu schließen, jedoch nur einen Teil für ihr Entgegenkommen entlohnt hatte. Nun stellten sie ihre Radios so laut ein, daß an konzentrierte Arbeit am Set wohl kaum mehr zu denken war. Am Ende wurde kein einziger der Störenfriede bezahlt, sondern $ 35.000 für die Rekonstruktion einer historischen Fußgängerbrücke gestiftet.

Gibson verstand sich großartig mit seinen Schauspielerkollegen, die sich ebenfalls von ihm zeigten. Besonders die Hauptdarstellerin Diane Keaton genoß die Zusammenarbeit mit dem attraktiven Star in vollen Zügen. "Es war toll, in ihn verliebt zu sein. Er ist einfach so großartig [...]". Matthew Modine wurde für Gibson im Laufe der Zeit fast wie zu einem Bruder und die beiden brachten mit ihren Scherzen Leben in den anstrengenden Drehalltag.

Flucht zu dritt beschreibt die Verwandlung einer Frau, die sich in ihrer Position in Familie und Gesellschaft unglücklich fühlt, einfühlsam und realistisch. Sie hat sich in die Welt ihres Mannes zu fügen, eine Welt um die Jahrhundertwende, die die Wünsche der Frauen weit in den Hintergrund drängte und ihren Vorstellungen mit Unverständnis entgegentrat. So wird auch Mrs. Soffel, die nach langer Krankheit endlich wieder ihr Bett verlassen kann, von ihrem Mann nicht etwa freudig in die Arme geschlossen, sondern nur aufgebracht gerügt: "Wie kann jemand drei Monate lang im Bett liegen und eines Tages aufstehen und sagen, es ginge ihm gut?" Auch ihren Einsatz für die verurteilten Mörder Ed und Jack Biddle kann er nicht nachvollziehen. Als sie eine Bittschrift an den Gouverneur verfaßt, in der darum gebeten wird, den Biddles eine erneute Gerichtsverhandlung zu gewähren, fährt er sie wütend an "Was hast du dir nur dabei gedacht?", weil er fürchtet, das Engagement seiner Gattin gefährde seine gesellschaftlich anerkannte

Position als Gefängnisdirektor. "Willst du, daß ich meine Stellung verliere? Willst du das?"

Edward Herrmann verkörpert die Figur des mächtigen, kalten Mr. Soffel, der jedoch in Bezug auf seine Kinder ein nachgiebiger und verständnisvoller Familienvater sein kann. Wenn seine Kinder in einem für sie gesperrten Bereich des Gefängnisses spielen, mimt er zwar den harten Erzieher, aber er läßt sich leicht durch die reizenden, reumütigen Gesichtchen oder netten Bemerkungen der Kleinen milde stimmen, z. B. fragt er seine drei Jüngsten mit strengem Blick: "Kinder, wißt ihr eigentlich wie schwer es eure Schwester hat? Sie muß für euch sorgen und für mich und eure arme Mama." Die Kinder, die wie Orgelpfeifen aufgereiht vor ihm stehen, nicken alle brav der Reihe nach – alle bis auf die kleine Margaret. Die ältere Schwester rügt sie: "Gib Papa Antwort, Margaret!" Diese erwidert mit ernster Miene: "Ich muß nachdenken." Der Vater muß sich mit sichtlicher Anstrengung das Lachen verbeißen und die Situation ist gerettet. Großartige schauspielerische Leistungen erbringt Herrmann auch in Szenen, in denen er offensichtlich am Verstand seiner Frau zweifelt und sie am liebsten für geisteskrank erklären würde, weil er sie einfach nicht versteht. Außerdem sieht er sich selbst als Mann der Gerechtigkeit und der Pflicht.

Dem Publikum werden die gesellschaftlichen Tendenzen der damaligen Zeit anschaulich nähergebracht. Frauen protestieren vor dem Gefängnis auf den Straßen gegen die Todesstrafe, vor allem gegen die Hinrichtung der Biddles. Der Film vermittelt die Stimmung der damaligen Zeit, auf der einen Seite die allmählich einsetzende Emanzipation, verkörpert durch die vor dem Gefängnis wartenden Anhänger der verurteilten Brüder und die demonstrierenden Suffragetten, auf der anderen Seite eine Welt, in der das Patriarchat alltags- und lebensbestimmend war.

Das Leben innerhalb der Gefängnismauern wird besonders eindrucksvoll dargestellt. Wächter schikanieren die Häftlinge und machen sich über sie lustig, weil sie genau wissen, daß ihre Quälereien unbestraft bleiben und ihre Opfer sich nicht wehren können. Natürlich benehmen sich auch die Gefängnisinsassen nicht gerade nach der Etikette. So wird Kate Soffel auf ihrem Rundgang im Gefängnis bisweilen unverschämt angesprochen: "Warum kommst du nicht mal und besuchst mich ein bißchen, Süße?" Mrs. Soffel schreitet bei ihrer seelsorgerischen Arbeit durch die kahlen Gänge der Justizvollzugsanstalt, an kalt wirkenden Zellen vorbei, während man im Hintergrund leise traurige Gesänge hört. Diese Bilder zeigen Trostlosigkeit und menschliche Leere, die nicht nur in Gefängnissen herrscht.

Die Gefängnisdirektorsehefrau Kate Soffel (D. Keaton) und ihr Geliebter, der Gefangene Ed Biddle

Stimmungsvoll sind auch die Aufnahmen im Vorspann. Zuerst werden die Namen der Schauspieler eingeblendet, immer wieder plötzlich von Bildern mit gespenstisch wirkenden Türmen einer alten Fabrik oder unmittelbar aus einem Kamin auflodernden Feuer unterbrochen. Es wird die Industrie der Stadt Pittsburgh um 1900 gezeigt – Schornsteine, Förderbänder, Eisenbrükken, alles, was die Gegend damals prägte. Dann kommt der obere Teil der hohen Gefängnismauer ins Bild, die Kamera fährt langsam nach unten, und man sieht davor eine winzig klein wirkende Personengruppe durch den Schnee marschieren – eine Frau mit ihren Kindern, die dann für die Biddle-Brüder betet. "... Ich flehe um Gnade für deine verirrten Schafe, Vater ... Du weißt, daß sie unschuldig sind ..." Somit befindet sich der Zuschauer gleich mitten im Geschehen.

Was nun Schuld oder Unschuld der Brüder betrifft, läßt der Film den Zuschauer lange im unklaren. Im Gefängnis stellt Ed Kate die Frage: "Glauben Sie, daß ich ein Mörder bin?", woraufhin sie erwidert: "Sind Sie einer Mr. Biddle?" Er antwortet mit einem beinahe hamletisch anmutenden Spruch: "In meinem Herzen, da bin ich einer, ... also nehm' ich doch an, ich bin ein Mörder – in meinem Innern." Doch dann blickt er ihr tief in die Augen und meint: "Mrs. Soffel, ich bin kein Mörder." Als Ed dann auf der Flucht einen einzelnen Verfolger entdeckt, tötet er ihn nicht etwa, obwohl derjenige sie ja verraten könnte, sondern bespricht mit ihm, daß er ihn nur kurz außer Gefecht setzen werde. Man meint, ein Mensch, der solche Skrupel besitzt, einen anderen zu verletzen, könne niemals ein Mörder sein. Aber dieser Irrtum klärt sich schon bald auf, als Ed Kate gesteht: "Jack hat niemanden umgebracht. Deswegen muß ich sterben. Gott hat uns verstoßen, das hast du gesagt. Aber wenn du mir verzeihst, dann wär' alles in Ordnung." Es wird zwar niemals explizit gesagt, daß er den Mord tatsächlich begangen hat, aber diese Szene weist eigentlich deutlich darauf hin, wobei die Schuldfrage für den Film eher von untergeordneter Bedeutung ist.

Das Hauptthema ist die unglaubliche Liebesgeschichte zwischen dem zum Tode verurteiltem Ed Biddle und der Frau des Gefängnisdirektors. Anfangs scheint er sie jedoch nur zu benutzen, um ausbrechen und der Hinrichtung entkommen zu können, denn er verwendet alle erdenklichen Schliche, um sie für sich zu gewinnen. Zuerst weist er ihre seelsorgerische Hilfe schroff zurück, doch dann spricht er oft mit ihr über die Strafe, die er erdulden muß, wobei er immer versucht, ihr etwas näher zu kommen. Als er bemerkt, daß er ihr keineswegs gleichgültig ist, küßt er sie leidenschaftlich durch die Gitterstäbe, nicht ohne sie bald darauf zu überreden, ihnen Feilen zu bringen, worauf sie natürlich eingeht, um den Liebsten vor dem Tod zu retten. Als Ed dann die Werkzeuge, die Kate in ihren Schuhen versteckt hat, herausnimmt, sie dabei unter seinen Berührungen zusammenzuckt und aus der Bibel das *Hohelied der Liebe* vorliest, wird deutlich, wie tief ihre Gefühle für den Häftling sind. Offensichtlich glaubt auch Kate, daß Ed sie nur als Mittel zum Zweck mißbraucht: "Ed, ich weiß nicht, warum du mit mir flirtest und warum du meine Hand hältst. Du glaubst, mit schönen Worten kannst du alles erreichen!" Er erwidert nur mit trotziger Stimme: "Hab' ich doch auch, oder nicht? Aber als den Biddles dann die Flucht gelingt, überredet er seine Geliebte, mit ihm zu gehen, obwohl den Brüdern dadurch große Unannehmlichkeiten entstehen, und will mit ihr eine gemeinsame Zukunft aufbauen.

Gibson brilliert in der Rolle des Ed Biddle, die zu ihm mehr als zu jedem anderen Schauspieler paßt. Sein Charme und sein verführerisches Lächeln kommen besonders in den Szenen mit Diane Keaton zur Geltung, in denen er die steife Mrs. Soffel für sich gewinnt. Bei den Gefängnisbildern bleibt stets ein großer Teil seines Gesichts von den Schatten der Stäbe verdeckt. Er überzeugt vollends als Krimineller mit rauher Schale und weichem Kern, der ein neues Leben mit seiner Liebe beginnen will. Man kann ihm die seelischen Schmerzen richtig ansehen, die ihm die Forderung Kates, sie zu erschießen, damit sie ihren Verfolgern nicht in die Hände fällt, bereitet. Er wimmert am Boden zerstört "Oh, Gott! Ich wollte dir noch nie weh tun!" Als sie dann wie tot in seinen Armen liegt, glaubt man, er werde vor Kummer auf der Stelle mit ihr sterben. Er streicht ihr mit seiner blutverschmierten Hand sanft über die Wange und kann seine Tat selbst kaum fassen.

In den Endszenen wird die Brutalität deutlich, mit der die Verfolger Ed und Jack jagen. Sogar als die beiden von mehreren Kugeln getroffen wehrlos am Boden liegen, schießen die Männer weiter auf sie. Es hat den Eindruck, es handle sich hier um eine Treibjagd und nicht um die Verfolgung entflohener Strafgefangener. Dieser Eindruck wird noch durch die Kameraführung unterstützt. Nachdem die Biddle-Brüder tot sind, sieht man die Häscher aus der Perspektive der Erjagten zufrieden vor ihrer "Beute" stehen, wobei die Kamera von einem Gesicht zum anderen wandert.

Diane Keaton glänzt genauso wie Mel Gibson in diesem Film. Sie geht vollkommen in der Rolle der Mrs. Soffel auf und bringt besonders die Verwandlung dieser sittenstrengen, gläubigen Frau in eine mutige Kämpferin für ihre Liebe zum Ausdruck, die sich vom kirchlichen Glauben distanziert hat und in den Augen der Gesellschaft als Kriminelle verachtet wird.

Hervorzuheben ist auch die Musik von Mark Isham, die vor allem mit Klavierklängen die Stille und Leere von Mrs. Soffels Leben ebensogut unterstreicht wie die Liebesbeziehung zwischen Ed und Kate.

Es sind zudem mehrere wiederkehrende Motive in der Handlung zu finden, wie Mrs. Soffels Bibel, das Taschentuch, das sie Ed nach einer Schlägerei reicht, damit er sein Blut abwischen kann, und vor allem ein Gedicht über ein in ihr Taschentuch gesticktes Veilchen, das Ed einmal für sie geschrieben hat. Dieses beschließt auch den Film, denn Mrs. Soffel muß, da sie ihren Freunden zur Flucht aus dem Allegheny County Gefängnis verholfen hat, zur Strafe selbst in jenes zurück. Die Begrüßungsszene ist äußerst ergreifend. Die Wächter wispern "entsetzliche Heimkehr", doch der Bezirksstaatsanwalt meint nur spöttisch: "Wissen Sie, Ma'm, Sie haben mir einmal ein wunderschönes Programm verdorben. Letzten Winter gehörte ich zu den Leuten, die an der Erhängung der Biddles teilnehmen durften. Ich hatte mich schon sehr darauf gefreut." Daraufhin verpaßt ihm Kate eine schallende Ohrfeige und schreitet dann wie eine große Dame in ihre Zelle. Zuvor hat ihr aber eine ehemalige Angestellte Eds Gedicht in die Hand gedrückt und nun sitzt Mrs. Soffel im Gefängnis und liest seine Zeilen, während die Kamera erst langsam, dann immer schneller an den Gitterstäben vorbeigleitet und sich dann entfernt.

Mrs. Soffel (D. Keaton) verhilft den Brüdern Ed (Gibson) und Jack (M. Modine) zur Flucht

Flucht zu dritt kam bei den Kritikern bei weitem besser an als beim Publikum. Viele der Szenen sind zu düster und der Zuschauer kann die Handlung bisweilen nur erraten. Zudem schreckt die Trostlosigkeit der Bilder ab. Die Handlung schleppt sich besonders im ersten Teil, in dem Mrs. Soffels langweilige und verplante Welt zwar stimmungsvoll, aber zu ausführlich gezeigt wird, mühselig vorwärts. Erst gegen Ende kommt die Spannung auf, die man anfangs so schmerzlich vermißt. Die packende Flucht, die Verwandlung der gottesfürchtigen Mrs. Soffel in eine "Gangsterbraut", der tragische Tod der Biddles, all das erwartet man sich von dem Titel *Flucht zu dritt* und man bekommt es leider nur in sehr begrenzter Form geboten. Trotzdem ist *Flucht zu dritt* ein kleines Kunstwerk und man kann sich deshalb ohne weiteres der Meinung Horst Gerhards (*Kölnische Rundschau*) anschließen: "Kein Zweifel, das ist traditionelles Erlebnis-Kino in des Wortes echtester Bedeutung: Sorgfältig ausgearbeitete Exposition, handwerklich perfekter Szenenaufbau, kompetente Darstellerführung und atmosphärisch dichte Auflösung der Bildfolgen. So wurden in den Studios von Hollywood schon immer Filme gemacht."

Regisseurin Gillian Armstrong mit ihren Stars Mel Gibson und Diane Keaton

MAD MAX - JENSEITS DER DONNERKUPPEL
Mad Max - Beyond Thunderdome   Australien 1984/85

R: George Miller, George Ogilvie   **Db:** Terry Hayes, George Miller   **M:** Maurice Jarre   gesp: Royal Philharmonic Orchestra   **L:** *We Don't Need Another Hero* v: Terry Britten, Graham Lyle   *One of the Living* v: Holly Knight   ges: Tina Turner   **K:** Dean Semler   **S:** Richard Francis-Bruce   **Pd:** Graham "Grace" Walker   **Ko:** Norma Moriceau   **SpE:** Mike Wood   **B:** Alison Barrett, Mike Fenton   **CoP:** Doug Mitchell, Terry Hayes   **P:** George Miller   **V:** Warner Bros.   **Lz:** 107 Min

Mel Gibson (Max), Tina Turner (Aunty Entity), Angry Anderson (Ironbar), Frank Thring (The Collector), Helen Buday (Savannah Nix), Angelo Rossitto (Master), Bruce Spence (Jedediah), Edwin Hodgeman (Dr. Dealgood), Robert Grubb (Pigkiller), Rod Zuanic (Scrooloose), Justine Clarke (Anna Goanna), Mark Spain (Mr. Skyfish), Adam Cockburn (Jedediah Junior), Paul Larsson (Blaster), George Spartels (Blackfinger), Bob Hornery (Wasserverkäufer), Mark Kounnas (Gekko), Shane Tickner (Eddie), Andrew Oh (Ton Ton Tattoo), Toni Allaylis (Cusha), James Wingrove (Tubba Tintye), Adam Scougall (Finn McCoo), Tom Jennings (Slake), Adam Willits (Mr. Scratch)

Max zieht weiter einsam durch die Wüste. Die Zivilisation ist längst durch einen Nuklearschlag vernichtet. Der Pilot Jedediah raubt ihm seinen Kamelkarren. Auf den Spuren des Diebes gelangt Max nach Bartertown, wo Aunty Entity, bedrängt von ihrem Untertan Masterblaster, über eine von wüsten Gesellen bewohnte Ansiedlung herrscht, die vom Tauschhandel lebt. Ware ist auch der einzige Einlaß. Max hat nur seine Kampfeskraft zu bieten, die Entity begeistert gegen die Erlaubnis, den Kamelkarren zu suchen, eintauscht. Sie läßt ihn gegen ihren Gegner antreten, doch Max leistet sich einen Verstoß gegen die barbarischen Regeln. Er wird in die Wüste verbannt, wo ihn ein paar Kinder finden, die in einem Tal ihre eigene Gemeinschaft gegründet haben und ihren sagenhaften Retter in Max zu sehen glauben. Trotz gegenteiliger Absicht läßt er sie letztlich nicht im Stich und verhilft ihnen mit Masterblaster und Jedediah zu einer Flucht in ein besseres Leben, während er selbst zurückbleibt.

Waren die beiden ersten Teile noch eher als Liebhaberei für die Freunde des Road Movies geschaffen, so lag dem dritten Teil nach dem unerwarteten Erfolg in der Vergangenheit ein neues Konzept zugrunde, das über einem schwärmerischen Dinner-Gespräch zwischen Hayes und Miller Mitte 1983 seinen Anfang genommen hatte. Vor allem sollte kein schaler Aufguß der Vorgänger entstehen. Schon allein die Mitwirkung Tina Turners versprach Einspielergebnisse in Millionenhöhe. Für das eher jüngere Fanpublikum der Sängerin brauchte es aber auch eine passendere Handlung. Der nihilistische Schweiger Max bedurfte einer kleinen charakterlichen Korrektur und rückt ab Mitte des Films bis zu seinem aufopferungsvollen Tun zunehmend in den Hintergrund. Seine martialische Lederkluft hat er gegen den wallenden Umhang eines Wüstenkriegers vertauscht, in gleicher Form umgibt das schulterlange Haar sein Haupt. Zunächst zeigt er noch seine Söldnernatur:

Er tritt in den Dienst der Gründerin Bartertowns, um gegen eine Ausrüstung den heimlichen Herrscher der Stadt, Masterblaster, den Herrn der Unterwelt, in seine Schranken zu weisen. Das Genie Master, mit Zwergenwuchs gestraft, bedient sich der Muskelkraft des Kretins Blaster und ersetzt ihm den Kopf. In der Donnerkuppel, der Gladiatorenarena Bartertowns, gelingt es Max tatsächlich, das Ungetüm zu besiegen. Als er aber das freundliche Grinsen im Gesicht des Schwachsinnigen wahrnimmt, verspürt er ein menschliches Rühren und bringt es nicht übers Herz, den letzten Streich zu führen. Auch den Stamm der Kinder, der ihn aus der Wüste rettet, kann er nicht ins Verderben ziehen lassen. Er nimmt sich ihrer an und ermöglicht ihnen durch seine Selbstlosigkeit den Weg in eine glücklichere Zukunft. Der düstere Ausblick der ersten Teile ist der Hoffnung gewichen, die durch einen Stamm von Kindern und Jugendlichen - Ebenbilder des kleinen "Neanderthalers" aus Teil II - symbolisiert wird, die sich in ihrer idyllischen Enklave am Fluß Erzählungen und Erinnerungen an die alte Welt bewahrt haben. Ihr Gemeinschaftssinn trennt sie von den selbstsüchtigen Einwohnern des lauten Bartertowns, das seine Ordnung nur durch rigide Gesetze und Diktatur aufrechterhalten kann. Die Mentalität der Bewohner spiegelt sich im Genuß am blutigen Schauspiel in der Donnerkuppel wider.

Trotz zusammenhängenderer Handlung - oder vielleicht gerade deswegen - hat *Mad Max - Jenseits der Donnerkuppel* den eigenartigen Charakter, der die beiden Vorgänger auszeichnete und ihren Reiz ausmachte, verloren. Miller hat sich, vielleicht mit Rücksicht auf den weltweiten Verleih, dem *mainstream* angepaßt. Aus den rasch geschnittenen Road Movies wurde ein langatmiger Sci-Fi-/Fantasy-Streifen. Als kleine entwicklungsgeschichtliche Reminiszenz kamen in der Schlußphase noch ein paar Autorennen mit hinein. Ein klassisches Drehbuch hatte Miller ohnehin nicht vorliegen. Als Comic-Liebhaber zog er Storyboards vor und war offen für alle Einfälle und Ideen, die noch des Weges kamen. Und so blieb auch ein Charakter wie der Pigkiller entgegen aller Pläne am Leben, weil seine Darstellung einfach zu gut war, um ihn ohne Federlesens abzuservieren. Aus rund $ 13 Mio. konnte Miller nun in erneuter proportionaler Steigerung zu seinem Erfolg schöpfen. Er hatte den Action-Teil für sich vorbehalten, den schauspielerischen überließ er Co-Regisseur George Ogilvie, der vor allem Bühnenerfahrung mitbrachte. Viele Rollen waren Zufallsbesetzungen. Max Worrall war durch seine Größe ins Auge gefallen und Brian W. Ellison durch sein ungewöhnliches Hobby: das Wirbeln von Messern. Produzent George Kennedy erlebte den Erfolg des dritten Teiles nicht mehr. Er war im Juli 83 mit seinem Hubschrauber abgestürzt.

Aunty Entity (Tina Turner) und ihr Gegner Max (Gibson)

ZWEI STAHLHARTE PROFIS
Lethal Weapon   USA 1986/87

R: Richard Donner   **Db:** Shane Black   **M:** Michael Kamen, Eric Clapton gesp: M. Kamen, E. Clapton, David Sanborn   **ML:** M. Kamen   **L:** *Lethal Weapon* ges: Eric Clapton   *Jingle Bell Rock* v: Joe Beal, Jim Boothe   ges: Bobby Helms   *I'll Be Home for Christmas* v: Kent, Gannon, Ram   ges: Elvis Presley   **K:** Stephen Goldblatt   **S:** Stuart Baird   **Pd:** J. Michael Riva   **Ko:** Mary Malin   **SpE:** Chuck Gaspar   **B:** Marion Dougherty   **P:** Richard Donner, Joel Silver   **V:** Warner Bros.   **Lz:** 107 Min

Mel Gibson (Martin Riggs), Danny Glover (Roger Murtaugh), Gary Busey (Joshua), Mitchell Ryan (General McAllister), Tom Atkins (Michael Hunsaker), Darlene Love (Trish Murtaugh), Traci Wolfe (Rianne Murtaugh), Jackie Swanson (Amanda Hunsaker), Damon Hines (Nick Murtaugh), Ebonie Smith (Carrie Murtaugh), Lycia Naff (Dixie), Mary Ellen Trainor (Stephanie Woods), Steve Kahan (Captain Ed Murphy), Jack Thibeau (McCaskey), Grand Bush (Boyette), Ed O'Ross (Mendez), Don Gordon (Police Detective)

Das Callgirl Amanda stürzt im Drogenrausch vom Balkon eines Hochhauses in L.A.. Einen eindeutigeren Fall von Selbstmord kann es gar nicht geben. Irrtum. Die Droge war mit Gift versetzt und hätte in jedem Fall zum Tod geführt. An seinem 50. Geburtstag wird Roger Murtaugh mit diesem Fall betraut und erhält auch noch den verwitweten, depressiven und selbstmordgefährdeten Martin Riggs als neuen Partner. Ein möglicher Zeuge nach dem anderen stirbt eines gewaltsamen Todes, auch Amandas Vater. Riggs, der in einer Spezialeinheit in Vietnam eingesetzt war, erkennt an der Bauart der verwendeten Sprengsätze einen Zusammenhang mit dem Krieg. Tatsächlich wird der dort begonnene Drogenhandel einer kleinen Gruppe nun in großem Stil weiterbetrieben. Die Verbrecher fühlen sich in die Enge getrieben und kidnappen Murtaughs Tochter Rianne. Bei einem Befreiungsversuch geraten auch Murtaugh und Riggs in die Hände General McAllisters und seines Killers Joshua, doch sie können entkommen. In einem Showdown vor Murtaughs Haus überwältigt Riggs Joshua im Zweikampf.

"Weder kann noch sollte man für den höchst bleihaltigen *Zwei stahlharte Profis* als ein wie auch immer geartetes großes Stück Kino plädieren. Das könnte sogar unverantwortlich sein, so wie er männliche Aggressivität bejubelt und die Entschlossenheit und Feuerkraft hochleben läßt, die nötig ist, um einen Berg gewesenen Fleisches zurückzulassen. Nachdem ich dem verständigen Teil meines eigenen Gehirns und dem verständigen Teil der Bevölkerung im allgemeinen diesen Wink gegeben habe, muß ich allerdings auch die folgende herbe Wahrheit bekennen: Dieser Blödsinn ist schlichtweg toll und sein Appell an unsere niedrigsten Instinkte fast nicht zu leugnen.

Er ist einer mehr in einen neuen Genre-Phänomen, dem Schwarz-Weiß-Cop-Film (im Gegensatz zum schwarzen **und** weißen Cop-Film, ein ganz anderes Paar Stiefel), das seinen Ursprung sicherlich in *48 Stunden* hat und letzten Sommer mit *Running Scared* vertreten war. Drehbuchautor Shane Black aber hat dieses sehr kleine Stück Stoff mit einer neuen Knitterfalte versehen. In den früheren Filmen ist es der schwarze Partner, der dem Rassismus ausgesetzt ist und dadurch angefeuert vor gesellschaftsfeindlichen Regungen kocht, und der Weiße ist die konservative und beherrschende Kraft. Black schwingt den Wendehammer: der sehr gute Schauspieler Danny Glover spielt den Polizisten Sgt. Roger Murtaugh aus Los Angeles als einen Familienmenschen, einen Konservativen, einen Felsen der Stabilität, der sportliche Fischgrätmäntel trägt und gestreifte Stoffkrawatten. Sein neuer Partner Martin Riggs (Mel Gibson) ist derjenige, der den Ton des komplett Irren anstimmt.

Ein Blick auf Gibson und man weiß, daß er der Ärger in Person ist. Mit seinen blauen Augen, die zu den Rhythmen eines Schimpansen, der auf einem verstimmten Klavier schlechten Ragtime spielt, wahnsinnig zwinkern, mit seinem üppigen Haar, das umherfliegt, als hätte Jackson Pollock es gestriegelt, seinen engen Jeans, zerknitterten Hemden, dreckig-weißen Cowboystiefeln und Baseballkappe, ist er der durch und durch amerikanische (wenn auch in Australien aufgewachsene) *Death-Wisher*, der Psychocop, dem Jenseits von Gut und Böse ganz, ganz nah.

Sein massives Bekenntnis zum Nihilismus drückt sich in seiner eigenen tödlichen Waffe aus, zufälligerweise die furchterregende, automatische, 16-schüssige 9-mm-Beretta; jeder Augenblick birgt die Wahrscheinlichkeit, daß er die Welt in einen Emmentaler verwandelt, wie Fearless Fosdick nach einer Gin-Tour. Glovers Konservativismus drückt sich in seinem bescheidenen Smith und Wesson Revolver, einem .38 Spezial, aus.

Richard Donner gehört zu jenen Regisseuren mit einer Vielzahl an technischen Hilfsmitteln und nicht allzuviel Persönlichkeit, was hier tatsächlich von Vorteil ist. Die Neurose des Regisseurs kommt so weder den Schauspielern noch der Handlung in die Quere. Der Film wird erzählt, nicht erfühlt und zugunsten extremen Tempos und Beweglichkeit strikter Kontrolle unterworfen.

Dennoch hat Donner seine Glanzpassagen. Es gibt da einen Moment, in dem Glover sich duckt, als die Bösewichte um ihn herum in den Wüstensand feuern; der Umfang der Einschläge ist enorm, wie taktische Atomwaffen, und wir spüren Glovers Verwundbarkeit ganz klar.

Die Handlung von *Zwei stahlharte Profis* wird letztlich absurd und das Gewaltmaß am Ende ein wenig überdimensioniert. Von einem anfänglichen Mord, der, wie sich herausstellt, mit der Haupthandlung in obskurer Weise zusammenhängt, reisen wir nicht in die Schmalspurwelt der Ganoven und Cops wie in *48 Stunden*, sondern auf die Spur eines ludlumesken Kartells ehemaliger Spezialtruppenmitglieder, die - unter Führung eines charismatischen Generals - Heroin en gros importiert. Die Verschwörung ist so gigantisch, daß jeder vom CIA bis hinunter zum Cub-Scout-Pack-15-Pfadfindernachwuchs aus Herndon, Va. mit dabei sein müßte. Und ich war - insbesondere nach fünf oder sechs der brilliantesten Actionsequenzen seit *Der Terminator* - ein wenig enttäuscht über die Klimax, die den Bereich des Vernünftigen vollkommen verläßt und komplett in den des Verrückten eintaucht, als Gibson seine Beretta wegsteckt und Mann gegen Mann in Glovers Vorgarten mit asiatischem Kampfsport gegen den Erzschurken Gary Busey antritt. Das schien einfach unnötig.

Aber wenn auch seine Handlung nicht ganz zusammenstimmt (bei *48 Stunden* war es übrigens nicht anders), die Chemie tut's. Bei Glover und Gibson funkt's. Sie brummen, sie schnurren, sie kabbeln sich wie Oscar und Felix, sie geben sich wie George und Martha, hauen einander auf die Nase wie Stan und Ollie. Aber sie sorgen sich umeinander: Man spürt die Zuneigung, die sich unter einem Gerangel und Gestichel aufbaut, das einem Umkleideraum oder Sportplatz würdig wäre. Letztlich knüpfen sich durch ihre Bande die unseren zum Film. Er ist aus dem emotionalen Blickwinkel viel sorgfältiger ausgearbeitet als aus dem erzählerischen, so daß zwar die Geschichte formal nicht zusammenhängen mag, aber doch die darunterliegende Psychologie. Durch seine Zuneigung zu Glover kann Gibson wieder in die menschliche Gesellschaft zurückkehren, womit ein netter Ton inmitten des Gemetzels angeschlagen wird." Dieser Kritik Stephen Hunters ist nicht viel hinzuzufügen.

Gibson und Glover mußten auch im wirklichen Leben erst einen gemeinsamen Nenner finden. Ihr schauspielerischer Hintergrund war so verschieden wie die Lebensphilosophie ihrer Filmhelden, was die Konfliktdarstellung der beiden nur fördern konnte. Zwölf Jahre später aber blickten die beiden Schauspieler genauso verklärt zurück wie ihre Charaktere und erklärten: "Innerhalb von Minuten klickte es zwischen uns - das werde ich nie vergessen" (Glover) und "ich 'kapiere' ihn und er 'kapiert mich'" (Gibson).

Mel ließ es sich nicht nehmen, die Rolle nach seinem Geschmack auszubauen und jagte damit Donner, der befürchtete, der filmische Selbstmordversuch könnte in einen echten ausarten, manch höllischen Schrecken ein: "Ich verfolgte die Szene auf einem Videomonitor außerhalb des Wohnwagens. [...] Ich konnte nicht glauben, was Mel da machte. Es sah so echt aus. Ich dachte, verdammt, er könnte eine Patrone in den Revolver getan haben [...] Ich sage Ihnen, ich war entsetzt, als Mel anfing, über dem Lauf zu würgen, während sein Finger sich fester um den Auslöser legte. Ich wußte nicht, ob ich hineinstürzen und die Szene, für den Fall, daß er eine Patrone drin hatte, beenden oder diese erstaunliche Darbietung bekommen sollte.[...]. Schließlich dachte ich, wir hätten, was wir wollten und war schon dabei, *Cut* in das Radiomikrophon zu rufen, das mit dem Kopfhörer des Kameramanns verbunden war. Aber Mel machte weiter, fügte noch ein paar Abschiedstränen der Enttäuschung und der Seelenqual hinzu, als er weinte und sich gegenüber einem Foto seiner verstorbenen Frau entschuldigte. Ich habe wirklich laut aufgeatmet, als er mit der Darbietung fertig war, und dem Kameramann ein kleinlautes *Cut* zugerufen." Die Szene blieb nicht ohne Einfluß auf die weitere Laufbahn. Zeffirelli bekam sie zu Gesicht und merkte sich den Schauspieler für seinen *Hamlet* vor.

Aber nicht immer riskierten die Helden ihre Knochen. Die beiden vor dem explodierenden Haus flüchtenden Gestalten sind natürlich ihre Stuntmen, Mic Rodgers und Joffrey Brown. Um ihre Augen zu schützen, trugen sie eine Sonnenbrille, weshalb auch Mel und Danny eine verpaßt wurde. Rodgers Argument: "Ja, ich verstehe, daß Mel Gibson all das ganze Geld für seine schönen Augen bekommt, aber ich möchte meine gern behalten", konnte Donner einfach nichts entgegensetzen.

TEQUILA SUNRISE
Tequila Sunrise   USA 1988

R: Robert Towne   **Db:** Robert Towne   **M:** Dave Grusin Saxophonsoli: David Sanborn Gitarresoli: Lee Ritenour   **L:** *Surrender to Me* v: Richard Marx, Ross Vanelli ges: Ann Wilson, Robin Zander   *Don't Worry Baby* v: Brian Wilson, Roger Christian ges. u. gesp: The Everly Brothers und The Beach Boys   *Do You Believe in Shame?* v: John Taylor, Simon LeBon, Nick Rhodes ges. u. gesp: Duran Duran   *Dead on the Money* v: Steve Diamond, Todd Cerney ges: Andy Taylor   *Recurring Dream* v: Neil Finn, Nick Seymour, Paul Hester, Craig Hooper ges. u. gesp: Crowded House *Unsubstantiated* v: Steven Kilbey, Peter Koppes, Marty Willson-Piper, Richard Ploog ges. u. gesp: The Church   *Give a Little Love* v: Albert Hammond, Diane Warren ges: Ziggy Marley and The Melody Makers   *Beyond the Sea* v: Jack Lawrence, Charles Trenet ges: Bobby Darin   *Las Mananitas* (Trad.) ges. u. gesp: El Mariachi Vargas   **K:** Conrad L. Hall   **S:** Claire Simpson   **Pd:** Richard Sylbert   **Ko:** Julie Weiss   **SpE:** Jerry D. Williams   **B:** Bonnie Timmermann   **P:** Thom Mount   **V: Lz:** 116 Min

Mel Gibson (Dale McKussic), Michelle Pfeiffer (Jo Ann Vallenari), Kurt Russell (Nick Frescia), Raul Julia (Carlos/Escalante), J.T. Walsh (Maguire), Arliss Howard (Lindroff), Arye Gross (Andy Leonard), Gabriel Damon (Cody McKussic), Garret Pearson (Arturo), Eric Thiele (Vittorio), Tom Nolan (Leland), Budd Boetticher (Richter Nizetitch), Ann Magnuson (Shaleen), Kenneth C. Moore (Woody), Bob Swain (Ralph Spudder)

Carlos, der gefürchtetste Kokainlieferant Mexikos, wird in Los Angeles erwartet. Sein früherer Kontaktmann, Dale McKussic, der sich aus dem Geschäft zurückziehen will, wird rund um die Uhr überwacht. Er ist der einzige, der Carlos je zu Gesicht bekommen hat. Zu der Aktion abkommandiert ist auch Nick Frescia, ein ehemaliger Schulkamerad Dales. Er versucht über Jo Ann, in deren Lokal Dale regelmäßig verkehrt, die dringend benötigten Informationen zu erhalten und beginnt ein Verhältnis mit ihr. Sie entscheidet sich schließlich für Dale, der ihr trotz seines bisherigen zwielichtigen Lebenswandels integerer erscheint als Nick. Mexiko hat zur Unterstützung Escalante mit einigen Männern abgeordnet. Dahinter verbirgt sich kein anderer als Carlos selbst, der nun unter seinem Deckmäntelchen sein schmutziges Geschäft mit Dale abwickeln kann. Leider kommt ihm Jo Ann in die Quere und er nimmt sie als Geisel. Damit sind die Würfel gefallen. Dale jagt

Drogen, Geld und Carlos in Einem zum Teufel. Nun steht einer sauberen Zukunft nichts mehr im Wege.

Mel Gibson als ehemaliger Drogendealer Dale McKussic

Vorspann mit gelb-oranger Schrift auf schwarzem Hintergrund. Musik, die an rauchige Jazzkeller erinnert, Verschwörerstimmen. Dann ein in Halbdunkel getauchtes schäbiges Hotelzimmer, im Profil nur undeutlich zu erkennende Gesichter, undurchsichtige illegale Aktivitäten. Leider endet hier die Reminiszenz an den *film noir*, an Hollywoods Schwarze Serie weitgehend. Lediglich die Kamera taucht von Zeit zu Zeit noch immer die Gestalten in düsteres Licht, oftmals gegen den kalifornischen Sonnenuntergang, der mit dem titelgebenden Cocktail aus Orangensaft, Grenadine und Agavenschnaps zumindest die Farbe gemein hat. Die Kokaingeschäfte bilden nur den Rahmen. Mittelpunkt ist die - mehr oder weniger - romantische Dreierbeziehung zwischen Nick, dem Drogenfahnder, Jo Ann, der hübschen, aufrichtigen Restaurantbesitzerin, und Dale, dem Dealer, der nur schwer mit seiner Vergangenheit brechen kann.

Gibsons Charakter ist verletzlich, unsicher angelegt, er bezweifelt, bei einer Frau wie Jo Ann ohne weiteres zum Zuge zu kommen, wie er ihr mit unwiderstehlich blitzenden Augen und verlegenem Lächeln gesteht: "Schauen Sie, ich hab' - äh - ja ziemlich genau gewußt, daß - äh - daß Sie wissen - äh - wovon ich gelebt habe, aber - äh - ich wollte, daß Sie über ihn erfahren, daß ich mittlerweile ein ganz normales Geschäft führe." Jo Ann: "Sie haben gedacht, daß Ihnen Andy Leonard bei mir ein besseres Image verschafft?" Dale: "Ja, Mam." Jo Ann: "Für wen hatten Sie das nötig?" Dale: "Für Sie. Daß, - äh - daß Sie vielleicht Ja sagen, wenn ich Sie einmal einladen dürfte." Die Kamera verweilt lange abwechselnd auf dem mitleidvollen Ausdruck in Jo Anns und dem zerknirschten in Dales Gesicht. Der war, glaubt man Nicks Beschreibung, kein Geringer seines Fachs. Nun will er - um seinem halbwüchsigen Sprößling kein schlechtes Vorbild zu sein - solide werden und handelt mit Gartengeräten. Leider muß er sich einer geldgierigen Ex-Ehefrau, seiner früheren Geschäftspartner und seiner erwartungsvollen Abnehmer erwehren, die ihm seinen Entschluß nicht leicht machen. Da muß ihm Jo Ann als Traumfrau erscheinen, souverän und erfolgreich mit ihrem gepflegten Restaurant, in dem vor allem die besseren Kreise - auch Regisseur Budd Boetticher hat sich als Richter unter die Gäste gemischt - verkehren. Vor allen Dingen ist sie unbestechlich und selbstlos. Sie sieht sich zwischen zwei Männern, die beruflich und privat verschiedener nicht sein können. Dale, auch optisch in seiner Freizeitkluft, mit eher hageren, zerfurchten Gesichtszügen, ein Gegensatz zu dem erfolgreichen Drogenfahnder im dunklen Anzug, mit dem glatten Gesicht, das Haar nach hinten gegelt. Seit Schulzeiten verbindet sie dennoch Freundschaft.

Der Streifen tritt leider unter langen Kameraeinstellungen auf der Stelle, mal speist der eine, mal der andere im Vallenaris, man raspelt Süßholz, turtelt und lechzt nach mehr, organisiert einen Kindergeburtstag und über allem schwebt die Drohung, daß der ominöse "Carlos", ein mexikanischer Drogenhändler und ein Phantom, das noch fast keiner zu Gesicht bekommen hat, einen großen Coup plant, und macht die Romanze an der Rahmenhandlung fest. "Carlos", der Name läßt an den lange Jahre meistgesuchten Terroristen der Welt denken, hier aber offenbart sich seine Identität bald. Bleibt nur noch offen, wie sich Dale verhalten wird, und so recht läßt sich das bis zum Schluß nicht sagen, aber letztlich verpuffen Geld und Drogen in einer cocktailorangen Explosionswolke und damit ist die vorletzte Versuchung Dales aus der Welt. Die letzte steht derweil inmitten größter Gefahr in Nebelschwaden und stammelt ohne Unterbrechung: "Ich liebe dich", bis Dale sie nach zwei Ohrfeigen endlich zum Schweigen bringt.

Schade, daß der Streifen sich nicht mehr an den *film-noir*-Klassikern orientiert hat, vielleicht hätte daraus etwas werden können.

Die Rolle des Dale McKussic war zwar die kleinere, aber der umstrittene Charakter. Mit Drogen wollten viele nicht in Verbindung gebracht werden.

Gibson hatte sich mit *Zwei stahlharte Profis* für Towne als Action-Komiker empfohlen. "Gewöhnlich schreibe ich für Leute, die ich kenne, also flog ich zu einem Treffen nach Australien und kam mir vor wie eine Braut aus dem Versandkatalog. Da saß ich einem Fremden gegenüber, mit dem ich noch nie ein Wort gewechselt hatte. Es war schon eigenartig. Er fragte mich: 'Wie stehen Sie zu Schauspielern, die sich die Tagesproduktion ansehen?' 'Ist in Ordnung', sagte ich. Und das war's, wir machten den Film", erzählt Towne. Gegenpart wäre beinahe Pat Riley, ehemaliger Basketballtrainer der Lakers geworden. Die Liebesszene mit Pfeiffer soll ihm zu anrüchig gewesen sein. Allerdings muß er das Drehbuch falsch gelesen haben oder es wurde nachträglich geändert. Pfeiffer durfte sich mit Gibson vergnügen. "Du bumst wie ein Weltmeister", feixt Carlos. "Volle vier Stunden lang. Die Polizisten draußen haben schon Angst, ihre Frauen könnten erfahren, daß es so etwas überhaupt gibt."

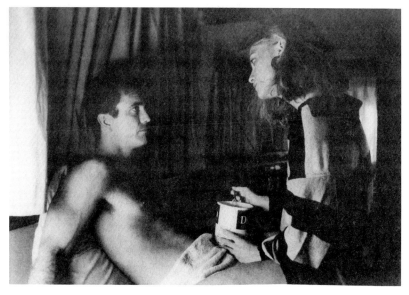

Dale (Gibson) wird von Jo Ann (M Pfeiffer) umsorgt.

Journalisten gegenüber stellte Gibson nicht weniger grinsend fest: "Ja, wir übten die Nacht zuvor. Nein, ich meine, wir übten, bevor der Film gedreht wurde. Einige Wochen lang war es ziemlich anstrengend. Probeaufnahmen für die Liebesszene? Nein, es ging alles ziemlich von selbst. Die Szene war so heiß wie das Bad." Und Towne war letztlich doch kein Regisseur nach Gibsons Geschmack, denn er duldete kein Jota Abweichung von seinem Text, was mit dem Improviationsgenie Gibson manche hitzige Diskussion entfachte.

Bei $ 19 Mio. Produktionskosten konnte ein respektables Ergebnis von $ 39 Mio. in den USA eingefahren werden.

Die früheren Schulkameraden Dale und Nick (K. Russell) stehen nun auf verschiedenen Seiten des Gesetzes

BRENNPUNKT L.A.
Lethal Weapon 2   USA 1988

R: Richard Donner   **Db:** Jeffrey Boam   **M:** Michael Kamen, Eric Clapton, David Sanborn   **L:** *Cheer Down* M: George Harrison T: George Harrison, Tom Petty ges: George Harrison   *Still Cruisin' (After All These Years)* v: Mike Love, Terry Melcher ges. u. gesp: The Beach Boys   *I'm Not Scared* v: Neil Tennant, Chris Lowe ges. u. gesp: Eighth Wonder   *Since I Don't Have You   This I Swear   Lonely Way   How Much* v: Joseph Rock, James Beaumont and The Skyliners   *Believe Me* v: Richard Barrett ges u. gesp: The Skyliners   *Knockin' on Heaven's Door* v: Bob Dylan ges: Bob Dylan   **K:** Stephen Goldblatt   **S:** Stuart Baird   **Pd:** J. Michael Riva   **Ko:** Barry Delaney   **SpE:** Matt Sweeney   **B:** Marion Dougherty, Gail Levin   **CoP:** Steve Perry, Jennie Lew Tugend   **P:** Richard Donner, Joel Silver   **V:** Warner Bros.   **Lz:** 112 Min

Mel Gibson (Martin Riggs), Danny Glover (Roger Murtaugh), Joe Pesci (Leo Getz), Joss Ackland (Arjen Rudd), Derrick O'Connor (Pieter Vorstedt), Patsy Kensit (Rika van den Haas), Darlene Love (Trish Murtaugh), Traci Wolfe (Rianne Murtaugh), Damon Hines (Nick Murtaugh), Ebonie Smith (Carrie Murtaugh), Mary Ellen Trainor (Stephanie Woods), Steve Kahan (Captain Murphy), Mark Rolston (Hans), Jenette Goldstein (Meagan Shapiro), Dean Norris (Tim Cavanaugh), Juney Smith (Tom Wyler)

Eine Verfolgungsjagd tobt in den Straßen von L.A.. Der Fahrer entkommt, nachdem er zuvor Karambolagen am laufenden Band verursacht hat. Zurück läßt er einen Kofferraum voller Krügerrand. Die beiden gegensätzlichen Cops Murtaugh und Riggs haben sich mittlerweile bestens aufeinander eingespielt. Riggs geht bei Murtaugh aus und ein. Ihr Vorgesetzter kommandiert sie zur Bewachung Leos, des Kronzeugen in einem millionenschweren Geldwäscheverfahren, ab. Die vermeintlich harmlose Aufgabe artet schon bald wieder in gefährliche Begegnungen aus. Sie legen sich mit südafrikanischen Diplomaten an, die sich unter dem Deckmäntelchen der Immunität auf das Waschen von Drogengeldern spezialisiert haben. Leo, der die Lage noch verkompliziert, wird an den zahlreichen Abenteuern mitbeteiligt. Alle drei entkommen den zahlreichen Anschlägen, aber Riggs neue Freundin Rika fällt den gleichen Tätern zum Opfer, die auch seine verunglückte Frau auf dem Gewissen haben, wie er jetzt erfahren muß.

Bei einem so großen Erfolg, wie *Zwei stahlharte Profis* ihn erzielt hatte, konnte Warner Bros. gar nicht umhin, eine ganze Reihe zu starten. Für Donner war es weniger selbstverständlich, wieder mitzumachen. "Wenn ich in der Vergangenheit einen Kinofilm oder einen Pilotfilm fürs Fernsehen fertiggestellt hatte, betrachtete ich mein Werk stets als vollendet. Es wurden zwar Sequels von meinen Filmen gemacht, wie beispielsweise von *Omen* und *Superman*, aber niemals von mir. Ursprünglich hatte ich das auch bei *Zwei stahlharte Profis* nicht vor. Als ich das großartige Drehbuch von Jeffrey Boam in die Hände bekam, war bei mir der Punkt, an dem ich mir sagte, daß niemand anders diesen Film inszenieren dürfe." Wie das Drehbuch ausgesehen haben mag, läßt sich wohl kaum mehr erahnen, denn bei Donner durfte Gibson seinem Improvisationstalent freien Raum lassen. "Als ich das Drehbuch zum erstenmal sah, glaubte ich, wir hätten da ein Problem. Aber wie wir es so Tat für Tag durchmachten, änderte es sich einfach. Ich habe noch nie in meinem Leben so viel improvisiert. Es hat Spaß gemacht, wir waren für alles offen." So konnte auch nur er auf die Idee kommen, seinen Filmpartner mittels Bombe an den Locus zu fesseln.

Gemeinsam sind sie unschlagbar: Riggs und sein Partner Murtaugh (D. Glover)

Brennpunkt L.A. schließt sich zunächst nahtlos an seinen Vorgänger an: eine wilde Jagd durch die Straßen von L.A., Massenkarambolagen, Schußwechsel und Explosionen. Nach diesem fulminanten Drehbeginn am 28. November 88 aber nimmt der Streifen die entscheidende Kurve zu unterhaltsamer Action mit leidlich zusammenhängender Handlung.

Die Beziehung zwischen dem ungleichen Paar Murtaugh und Riggs wird weiter ausgebaut. Trish hat sich des verwahrlosten Witwers angenommen, der sich für das Bügeln seiner Wäsche mit Proben seiner Kochkunst revanchiert. Riggs hat seine depressive Phase überwunden, freut sich des Lebens und der Konsulatssekretärin Rika, der aber leider wie den meisten Leuten, die ihm begegnen, kein langes Leben beschieden ist. Aber auch das wirft ihn nicht mehr aus der Bahn.

Riggs bandelt im Supermarkt mit Rika (P. Kensit) an.

Die beiden Hauptakteure ergänzt Joe Pesci als dritter Komiker im Bunde. Klein und quirlig sabbelt er sich durch alle Lebenslagen, wie Louis de Funès es nicht besser gekonnt hätte. Die *Three Stooges* flimmern nicht umsonst über Riggs Bildschirm.

In einer ersten Drehbuchfassung waren kolumbianische Drogendealer als Gegner eingesetzt, doch zum Glück kam die Idee für einen ungewöhnlicheren Auslöser der Action-Handlung. "Wir entschieden uns, weiße Südafrikaner als Bösewichte darzustellen, weil es so möglich war, einen politischen Kommentar in einen Unterhaltunsfilm einzubauen, ohne dabei auf den Zuschauer mit dem Knüppel einzuschlagen", erklärte Donner. "Der Trend in Hollywood geht dahin, die Südafrikaner zu den Bösewichten zu machen", beklagte sich Vize-Konsul Paul Bryant. "Plötzlich sind die Russen, Tschechen und Kubaner die Guten. Hollywood war in der Zwickmühle, wer nun die Schurken abgeben sollte, bis sie auf uns kamen." Anti-Apartheids-Demonstranten marschieren vor dem Konsulat auf, in dem sich einige der humorvollsten Szenen abspielen, als Murtaugh eine dauerhafte Einreise nach Südafrika beantragt. Die sympathische Figur des "Kaffer" Murtaugh führt die rassistische Haltung des Burenregimes umso kritischer vor Augen. Die Autoren konnten es aber auch nicht lassen, den Handlangern des Bösen deutsche Namen ("Hans") und ein "arisches" Aussehen zu verpassen.

Erst gegen Ende hin gewinnt die klassische Action wieder komplett die Oberhand und alles versinkt in Schutt und Asche. Der Höhepunkt ist dabei die Explosion der "Stelzenvilla". Die wurde nach einem Original am Mulholland Drive, wo auch einige der Innenaufnahmen entstanden, in 10-wöchiger Bauzeit für $ 350.000 hinter dem Six Flags Magic Mountain Themenpark 30 Meilen nordwestlich von Los Angeles auf 2.400 qm errichtet. Ein kleineres Exemplar von 1.500 qm Umfang fand auf einer Studiobühne Platz und kostete auch "nur" $ 100.000, dafür ließ es sich gefahrlos per Knopfdruck zum Wanken und Schwanken bringen, was in dem Freilufthaus nicht möglich war. Um 2 Uhr 30 morgens am 5. April 1989 standen 10 Kameras erwartungsvoll in Position. "Man baut eine Bildfolge auf, indem man über die Wirklichkeit hinausgeht, den Augenblick durch Verwendung einer ganzen Reihe verschiedener Winkel ausdehnt. Wenn alles zusammengeschnitten wird, sieht der Einsturz des Hauses nach mehr aus und der dramatische Effekt ist größer", erläutert Stephen Goldblatt zu der eindrucksvollsten Sequenz der Episode.

In Großbritannien wurde der Film trotz einiger Kürzungen erst ab 18 freigegeben, in den USA genügte schon Erwachsenenbegleitung.

EIN VOGEL AUF DEM DRAHTSEIL
Bird on a Wire   USA 1989

R: John Badham   **Db:** David Seltzer, Louis Venosta, Eric Lerner   **M:** Hans Zimmer   **ML:** Shirley Walker   **L:** *Bird on a Wire* v: Leonard Cohen ges: und gesp: The Neville Brothers   *Blowin' in the Wind* v: Bob Dylan ges: Bob Dylan   *Ramblin' Man* v: Forrest Richard Betts ges: und gesp: The Allman Brothers   *Get Your Face off My Gas   Fantan Fandango* v: Luis Jardin gesp: Luis Jardin   **K:** Robert Primes   **S:** Frank Morriss, Dallas Puett   **Pd:** Philip Harrison   **Ko:** Wayne Finkelman, Eduardo Castro   **SpE:** John Thomas   **B:** Mike Fenton, Judy Taylor, Lynda Gordon, Lynne Carrow   **CoP:** Fitch Cady, Louis Venosta, Eric Lerner   **P:** Rob Cohen   **V:** UIP   **Lz:** 111 Min

Mel Gibson (Rick Jarmin), Goldie Hawn (Marianne Graves), David Carradine (Eugene Sorenson), Bill Duke (Albert Diggs), Stephen Tobolowsky (Joe Weyburn), Joan Severance (Rachel Varney), Harry Caesar (Marvin), Jeff Corey (Lou Baird), Alex Bruhanski (Raun), John Pyper-Ferguson (Jamie), Clyde Kusatsu (Mr. Takawaki), Jackson Davies (Paul Bernard), Florence Paterson (Molly Baird), Tim Healy (Paul), Wes Tritter (Scottie), Lossen Chambers (Lossen), Ken Camroux (Neff), Robert Metcalfe (Don)

Ex-Hippie Rick Jarmin wurde vor 15 Jahren nach einem Flugzeugabsturz offiziell für tot erklärt. In Wirklichkeit wurde er in ein Zeugenschutzprogramm aufgenommen, weil er in Drogengeschäfte verwickelte FBI-Agenten mit seiner Aussage hinter Schloß und Riegel brachte. Sorenson hat seine Zeit abgesessen und kennt nur ein Ziel: Rache. Gemeinsam mit seinem Kumpan Diggs und dem FBI-Agenten Weyburn verfolgt er Jarmins Weg mit wechselnden Identitäten durch die USA. Sämtliche Anschläge schlagen fehl. Zufällig kreuzt auch Ricks frühere Verlobte Marianne seinen Weg und wird in die wilde Jagd verwickelt, die im Zoo ihren Höhepunkt findet, wo sie, nachdem die Verfolger unschädlich gemacht wurden, endlich ihren Rick dauerhaft in die Arme schließen kann.

"Die meisten Filme sind entweder Action-Komödien oder romantische Komödien. *Ein Vogel auf dem Drahtseil* ist im Gegensatz dazu eine Action- und eine romantische Komödie." So beschrieb Regisseur John Badham sein Werk. "Wir saßen alle zusammen und schwärmten davon, wie wunderbar es wäre, Mel Gibson und Goldie Hawn für die Hauptrollen zu gewinnen. Sie erschienen uns als absolute Idealbesetzung. Die Kombination von Mel und

Goldie mag auf den ersten Blick ein wenig ungewöhnlich erscheinen, aber gerade das macht es spannend." Für einen unaufmerksamen Betrachter scheinen die beiden ein ganz normales Paar zu sein, doch kein Make-up oder Filter konnte über den Altersunterschied zwischen der 46-jährigen und ihrem weit jüngeren Co-Star hinwegtäuschen.

Rick und Marianne (G. Hawn) auf der Flucht

Der Film spielte innerhalb von vier Monaten in Deutschland DM 12 Mio. ein. Diesen Erfolg verdankte er wohl der Tatsache, daß Gibsons beinahe unbekleideter Luxuskörper die Leinwand füllt. Der Hauptdarsteller strippt bei jeder Gelegenheit. Schon zu Beginn der Geschichte wird auf den Helden geschossen. Die Drehbuchautoren fanden es besonders wirksam, ihm die Kugeln in den Allerwertesten zu verpassen. Danach richten sich dann auch die Dialoge aus, die sich mit Vorliebe um besagten Körperteil drehen und auch die Kamera gefällt sich in einer Nahaufnahme von Gibsons behaartem Gesäß.

Die Fans kommen bei diesem Film voll auf ihre Kosten, wenn auch Bilder des unbekleideten Schauspielers von vorne züchtig oberhalb der Gürtellinie enden, und nur die Anspielungen ein Stockwerk tiefer gehen.

Diese Rolle ist Gibson im wahrsten Sinne des Wortes auf den Leib geschrieben. Rick Jarmin wechselt 15 Jahre lang ständig seine Identität. Er paßt sich an wie ein Chamäleon und denkt sich stets neue Geschichten über seine Vergangenheit aus, die er dann seinen Bekannten erzählen kann, wobei er sich oftmals in widersprüchliche Aussagen verstrickt. Mad Mel verhält sich in Bezug auf diese Schwäche meist auch nicht anders. Außerdem gilt er als *enfant terrible*, da er liebend gern Streiche ausheckt oder über seine Kollegen Witze reißt. Auch hier findet man Parallelen zur Rolle des Rick Jarmin, der ebenso versucht, seine Mitmenschen auszutricksen. So gibt er vor, daß er sich die Beine unter einem Auto eingeklemmt hat, liegt aber in Wirklichkeit putzmunter auf der anderen Seite des Fahrzeugs und lacht über seinen gelungenen Scherz. Mel Gibson spielt sich also selbst, weshalb man seine schauspielerischen Leistungen wohl kaum übermäßig loben kann.

David Carradine wirkt in der Rolle des skrupellosen Sorenson nicht sehr überzeugend. Obwohl er sich anstrengt, wirklich gemein auszusehen, ähnelt er mehr dem netten, etwas ausgeflippten Herrn von nebenan als einem wahllos mordenden Gangster. Überdies haftet sein "Kung-Fu-Image" immer noch stark an ihm. Besonders, wenn man ihn in den ersten Szenen des Films barfuß aus dem Gefängnis schlendern sieht, erwartet man gleich eine Kostprobe seiner Kampftechnik. Auch Stephen Tobolowsky enttäuscht als "böser Bube". Vielleicht traut man ihm gerade noch zu, geheime Daten aus Computern zu löschen, doch daß er sich an der Verfolgungsjagd in der Dschungelhalle beteiligt, erscheint genauso lächerlich, als trete ein fünfjähriges Kind im Ring gegen Mike Tyson an. Nur Bill Duke schafft es, gefährlich auszusehen und als unberechenbarer Drogenhändler überzeugend aufzutreten und Autorität zu vermitteln.

Marianne rettet ihren Rick zwar vor den Killern an der Autowerkstatt, sie hat aber nicht genug Vertrauen zu ihm, ihn in ihren Wagen einsteigen zu lassen und er muß, während er locker neben ihrer Luxuslimousine hertrabt, harte Überzeugungsarbeit leisten, um mitfahren zu dürfen. Hat sie Angst, daß er mit seinem angeschossenen Hintern die Sitze ruiniert? Bei der Werbung, die hier für BMW gemacht wird, hätte sie sich das schon leisten können, denn der Automobilkonzern hätte ihr bestimmt gleich ein Ersatzfahrzeug geschickt. Nicht genug, daß die Hauptdarstellerin mit einem BMW die Straßen unsicher macht, Gibson spöttelt dann auch noch "Sie kommen nach Detroit und mieten sich 'nen BMW, das ist ja wie nach Deutschland zu fahren und 'nen Hamburger zu essen." Überdies spielt sich während einer Verfolgungsjagd eine nette Szene in dem Wagen dieser gewissen Marke ab. Rick hat sich kopfüber in das Fahrzeug gestürzt und mit seiner Hand das Gaspedal kräftig heruntergedrückt, so daß - Marianne am Steuer, Rick am Gas - die beiden durch die Stadt jagen. Er schimpft: "Nimm deinen Fuß aus meinem Gesicht." Sie kreischt zurück: "Nimm dein Gesicht vom Gas." Wenn man berechnet, was dieser Filmausschnitt als Werbespot gekostet hätte, muß man mit 5 und 6-stelligen Zahlen rechnen.

Die unendlichen Verfolgungsjagden münden in einer Zoohalle von riesigen Ausmaßen mit Regenwald- und Steppenelementen und jeglichen auch nur ansatzweise gefährlich wirkenden Tieren. Der Bau der kostspieligen Anlage in Vancouver - mit 25 Metern Höhe und über 100 Metern Länge das größte Studio-Set, das dort jemals gebaut wurde - dauerte zwei Monate, wobei 155 Personen 12 Stunden am Tag, 7 Tage die Woche unentwegt beschäftigt waren. Sie bemühten sich, alle Nachbildungen so natürlich wie möglich zu gestalten und so wurden die Steilklippen mit den sanft abfallenden Pfaden per Hand modelliert. Die Höhlen- und Gewölbewände mußten so stabil sein, daß sie einen Tiger mit 350 kg Gewicht tragen konnten. Damit sich die "Kätzchen" die Pfoten nicht am Betonfußboden verletzten, hatte man für drei verschiedene Sandsorten zu sorgen. Als dann die vierbeinige Besetzung - sechs Tiger, eine Löwin, drei Jaguare, ein Pavian, sechs Schimpansen, vier Krokodile, eine Eidechse von 1,50 Metern Länge, ein Leguan, eine vier Meter lange Pythonschlange, 25 verschiedene Papageienarten - anrückte, bereitete sie Badham "tierische" Kopfschmerzen: "Sie lesen halt keine Drehbücher. Filmen mit Tieren ist immer eine Art unkontrolliertes Chaos - man muß ständig darauf vorbereitet sein, daß etwas vollkommen Unerwartetes und womöglich Gefährliches geschieht. Man muß ständig auf dem Sprung sein. Sonst sind es die Tiere."

Die Dreharbeiten erwiesen sich vor allem für Goldie Hawn als Tortur: "Es war eine einzige große Anstrengung; so ziemlich alle Ängste, die ich kenne, mußte ich für diesen Film überwinden", klagte sie über das Projekt. Sie mußte eine Achterbahnfahrt überstehen, sich über brüchige Hängebrücken hangeln und in schwindelerregender Höhe über das Dach eines Hochhauses kriechen - von einer Motorrollerfahrt ganz zu schweigen: "Das werden Erpressungsphotos von mir. Mein Mund steht offen und ich habe wohl auch

Mel's Genick gebrochen." Für die Flug-Stunts ging man über die Grenze nach Washington State.

Ein Vogel auf dem Drahtseil ist ein Unterhaltungsfilm von nicht gerade hohem Niveau: weder sehr romantisch - die Vielzahl an Action-Szenen überdeckt die kurzen Augenblicke, in denen Gefühl gezeigt wird, fast vollständig - noch richtig spannend, denn schon nach den ersten 15 Minuten ist vollkommen klar, wer die Bösen sind und daß sie auf jeden Fall verlieren werden! James M. Welsh schreibt dazu in *films in Review*: "Die Gehirnzellen des Publikums müssen eine Weile in der Sommersonne braten, um für solch eine halbfertige, an den Haaren herbeigezogene, hirnlose Vorstellung bereit zu sein."

AIR AMERICA
Air America   USA   1989/90

R: Roger Spottiswoode   Db: John Eskow, Richard Rush nach dem Roman von Christopher Robbins   M: Charles Gross   L: *Free Ride* v: Dan Hartman   ges: Edgar Winter, Rick Derringer   *Love Me Two Times* v: The Doors   ges: und gesp: Aerosmith   *Long Cool Woman in a Black Dress* v: Roger Cook, Allan Clarke, Roger Greenway   ges: Charlie Sexton   *Right Place, Wrong Time* v: Mac Rebennack   ges: B.B. King, Bonnie Raitt   *Pushin' Too Hard* v: Sky Saxon   ges: The Seeds   *Get Ready* v: William Robinson   ges: The Temptations   *Do It Again* v: Donald Fagen, Walter Becker   ges und gesp: Steely Dan   *Run Through the Jungle* v: John Fogerty   ges: Creedence Clearwater Revival   *Baby, I Need Your Lovin'* v: Eddie Holland, Lamont Dozier, Brian Holland   ges: The Four Tops   *Rescue Me* v: Carl William Smith, Raynard Miner   ges: Fontella Bass   *California Dreamin'* v: John Phillips, Michelle Gillian ges: The Mamas and the Papas   *Gimme Shelter* v: Mick Jagger, Keith Richard   ges und gesp: The Rolling Stones   *Tumbling Tumbleweeds*   *One More Ride* v: Bob Nolan   ges: Sons of Pioneers   *Horse With No Name* v: Dewey Bunnell   ges: America   *Come Fly With Me* v: Jimmy Van Heusen, Sammy Cahn   ges: Frank Sinatra   K: Roger Deakins   S: John Bloom, Lois Freeman-Fox   Pd: Allan Cameron   Ko: John Mollo   SpE: George Gibbs   B: Janet Hirshenson, Jane Jenkins   CoP: Allen Shapiro, John Eskow   P: Daniel Melnick   V: Scotia   Lz: 112 Min

Mel Gibson (Gene Ryack), Robert Downey, Jr. (Billy Covington), Nancy Travis (Corinne Landreaux), Ken Jenkins (Major Donald Lemond), David Marshall Grant (Rob Diehl), Lane Smith (Senator Davenport), Art La Fleur (Jack Neely), Ned Eisenberg (Pirelli), Marshall Bell (O.V.), David Bowe (Saunders), Burt Kwouk (General Lu Soong), Sinjai Hongthai (Genes Frau), Natta Nantatanti (Genes Tochter), Purin Panichpan (Genes Sohn), Harvey Jason (Kino), Tim Thomerson (Babo), Roger Welty (Botschafter)

1969 verkündet Präsident Nixon, der Krieg bleibe auf Vietnam beschränkt, von anderen Ländern gehe keine Aktivität aus. Der für die offziell nicht existierende "Air America" angeheuerte Billy Covington wird da eines besseren belehrt. Von Laos aus schmuggeln die Piloten Waffen, Bomben, Lebensmittel und Drogen ins Kriegsgebiet. Der erfahrene Flieger Gene Ryack, der mit Waffenschiebereien einen einträglichen Nebenerwerb betreibt, nimmt Billy unter seine Fittiche. Der zwielichtige General Lu Soong, Unterstützer der USA, läßt hin und wieder größere Drogenladungen transportieren. Alles geht seinen gwohnten Gang, bis Senator Davenport sich vor Ort umsehen will. Bei einem Einsatz transportiert Billy unwissend Opium und muß notlanden. Lu Soong taucht auf und läßt die Ladung in sein Flugzeug verfrachten. Billy und sein Co-Pilot werden von Gene aus dem Dschungel gerettet. Kurz darauf geht Lu Soongs Drogenlabor in die Luft. Wegen der Anwesenheit des Senators braucht man einen einzelnen Sündenbock, um die Air America reinzuwaschen. Für Billy wird eine geschickte Falle aufgebaut.

Die Air America galt lange Zeit als die größte "zivile" Fluglinie der Welt. Obwohl sie sogar den US-Präsidenten höchstpersönlich transportierte, wurde ihre Existenz jedenfalls offiziell stets abgestritten. Bereits 1947 von der CIA gegründet, kam die Linie meist dort zum Einsatz, wo politische Fragen nicht mehr auf diplomatischem Weg gelöst werden konnten. Während des Vietnamkriegs unterhielt sie eine Basis in Laos, obschon Präsident Nixon in der Öffentlichkeit jegliche Verbindung zu diesem Staat leugnete ("Was aber amerikanische Streitkräfte in Laos angeht, so befinden sich dort zum gegenwärtigen Zeitpunkt keine Kampfstellungen"), und verhalf dem Land durch Drogengeschäfte und Falschgeldtransporte zu Devisen. Außerdem zählten noch Napalm und Munition zur Ladung der Flugzeuge. Diese Aktionen dienten zur Finanzierung des Militärs der Laoten, was natürlich kein Akt reiner Nächstenliebe war. Im Gegenzug unterstützte Laos, d.h. einflußreiche Drogenbosse und korrupte Politiker, die US-Kriegspläne.

Regisseur Roger Spottiswoode, der durch den Nicaragua-Thriller *Under Fire* bereits Erfahrung mit politisch kritischen Filmen gesammelt hatte, erlebte mit der $-35-Mio-Adaption von Christopher Robbins` Roman ein finanzielles Disaster. Der Streifen, mit dem Spottiswoode die amerikanische Einmischung an Krisenherden beanstanden wollte, spielte in den USA nur magere $ 31 Mio ein, was nicht einmal die Produktionskosten deckte. Eine geplante Fortsetzung kam daher nicht zustande.

Bei der Organisation und den Dreharbeiten herrschte fürchterliches Chaos. Man wechselte Schauspieler, Regisseur, Produzent und Drehbuchautor fast so oft wie andere Leute ihre Hemden. Das ursprüngliche Skript stammte von Richard Rush. Er hatte im Sinn, ein Drehbuch im Stile der Korea-Comedy M*A*S*H zu schreiben: "Es sollte die erste Komödie über Vietnam sein." Er war sowohl von der ruchlosen Politik, als auch dem Mut und dem Abenteuergeist der Flieger fasziniert gewesen, hatte aber sein Skript bereits verkauft und somit keinen Einfluß mehr darauf, was damit geschah. Zuerst versuchte man Sean Connery, Bill Murray und Kevin Costner für den Film zu verpflichten, blieb aber dann bei Mel Gibson hängen. Als dieser das Skript las, weigerte er sich mitzuwirken, da er an Komödien leichterer Art gewöhnt war: "Die Haltung war absolut zu schwarz." Inzwischen hatte man auch den Produzenten gewechselt. Dan Melnick, der neue Mann in der Position, schloß sich dieser Meinung an. Also gab man Rush den Laufpaß und heuerte John Eskow an, damit er die Geschichte umänderte. So wurde daraus ein weniger politisches, dafür aber kommerzielleres Skript, das Eskow selbst als "lustige, verrückte Sache für die ganze Familie, mit vielen Lachern und großen Dingern, die explodieren" beschrieb. Nun unterzeichnete auch Gibson seinen Vertrag und erhielt die Rolle des Ryack. Für den Part von Covington wurde Robert Downey, Jr. verpflichtet., ein großartiger Schauspieler, was die Oscar-Nominierung für *Chaplin* beweist, der aber in Bezug auf Drogengenuß schon ein gebranntes Kind war. Downey hatte keine leichte Zeit vor sich. Besonders traf ihn, daß sein Co-Star die gleichen Strapazen wie er ertragen konnte und dann immer noch "aussah, als wäre er gerade aus einem Armani-Katalog gestiegen."

Gedreht wurde im "Goldenen Dreieck", im Norden Thailands, in Chiang Mai, der alten Hauptstadt des Landes und in der Grenzstadt Mae Hong Son, die im Besitz des größten Opiumproduzenten der Welt sein soll, nur wenige Kilometer von den historischen Schauplätzen entfernt. Also saß Regisseur Spottiswoode, der für seinen Kollegen Bob Rafelson eingesprungen war, 13 Wochen lang mit einem Hauptdarsteller mit Drogen- und einem anderen mit unregelmäßig auftretendem Alkoholproblem mitten im Dschungel – in einer Drogenhochburg - fest. Beide Stars benahmen sich aber musterhaft. Besonders Gibson war so brav wie nie. Einmal mußte er sechs Stunden bei den Aufnahmen als Statist im Hintergrund sitzen und er murrte weder noch beschwerte er sich, und er telephonierte auch nicht mit seinem Agenten. Auf diesen verwunderlichen "Geduldsausbruch" angesprochen antwortete er: "Hey, wenn man die Chance hat, etwas zu tun, muß man es schon richtig machen."

Die Produktion erwies sich als Großunternehmen: 500 Mann wurden in vier Schichten eingeteilt und 15 Kameras verwendet. Rund 1200 Statisten wurden beschäftigt. Außerdem borgte man sich von der thailändischen Luftwaffe 26 Flugzeuge. In Chiang Hon Song wurde für die Dreharbeiten ein Mohnfeld angelegt – mit 300.000 künstlichen Gewächsen, was die Produktionskosten natürlich explosionsartig in die Höhe trieb.

Die Crew hatte unter den harten Arbeitsbedingungen zu leiden – bei Temperaturen von fast 40 Grad, von mysteriösen Viren und Erdbeben geplagt, erlebten sie Asien in seiner ganzen katastrophalen Schönheit. Am ersten Drehtag begann, gerade als die ersten Aufnahmen gemacht werden sollten, ein Trommelkonzert in einem nahegelegenen Dorf. Einer der Dorfbewohner war gestorben und trotz aller Bitten des Teams blieb die Geräuschkulisse bestehen, und man durfte die Kameras wieder abbauen. Dann wurde für eine Szene unbedingt Regen benötigt. Der Dorfschamane hatte dem Regisseur das kalte Naß prophezeit, obwohl die staatliche Wettervorhersage auf Sonne tippte. Spottiswoode verließ sich auf die "Experten" und - war verlassen. Die Technik für den künstlichen Wolkenbruch war aufgebaut, als auch schon Sturzbäche vom Himmel stürzten, mit einem kleinen Erdbeben als Zugabe. Auch die Nachtaufnahmen, die Gibson liebevoll "the shits" nannte, waren nicht nur wegen der Mücken eine Plage. Das Team hatte seinen eigenen Arzt am Set. Dr. Rabkin erfreute seine Klienten immer mit den neuesten Informationen über die Schlangen der Umgebung. So klärte er das Team über die Existenz einer Art namens "two-step" auf. "Zwei Schritte" deshalb, weil man eben nicht weiter komme, wenn sie einen gebissen habe. "Man braucht sich keine Sorgen wegen der Behandlung dieses Bisses machen. Keiner überlebt ihn." Neben einigen bissigen Reptilien zählte zu den neuen Bekanntschaften auch Typhoon Dan, der sie im wahrsten Sinn des Wortes sofort stürmisch begrüßte. Außerdem wären einige Flugzeuge der thailändischen Luftwaffe bei den Dreharbeiten beinahe in den Baumwipfeln hängen geblieben. Als ob das nicht gereicht hätte! Nun waren sich die Verantwortlichen auch nicht mehr über den Schluß einig. Die Hauptdarsteller mußten ein paar Wochen nach Drehschluß in London nochmals anrücken und ein neues Ende spielen.

Gibson war begeistert von der Botschaft des Films, davon, daß die Piloten gemeinsam aufstehen und ein moralische Entscheidung treffen, aber von dem sentimentalen Hollywood Happy-End war er ebenso enttäuscht wie die Kritiker, die *Air America* in den Boden stampften. So folgte die französische Zeitschrift *positif* bei der Rezension nicht ihrem Namen, sondern übte reichlich Kritik: "Weder die Entwicklung des Stoffes, noch die Handlung selbst (eine Folge schwieriger Landungen, gefolgt von mehr oder weniger improvisierten Rettungen), noch die unpersönliche Inszenierung oder die Darstellung von Mel Gibson, der sich in seinem neuen Image des *good bad guy* verschanzt, können den Zuschauer aufmerksam halten. [...] *Air America*, dessen Drehbuch neuer Ideen entbehrt und eine erzählerische Bedrängnis zeigt, die nichts Gutes für die unmittelbare Zukunft dieses Sub-Genres Vietnamfilm verheißt, ist nichts anderes als das M*A*S*H* des Armen." *Air America* vergibt große Chancen. Weder der Charakter der Piloten wird richtig ausgestaltet noch werden die Schwierigkeiten ihres Lebens zur Genüge beleuchtet, ein großer Verlust für die Handlung, der diese mit phantastischen Luftaufnahmen und bewundernswerten Stunts in die Oberflächlichkeit absinken läßt.

Auch im Dschungel immer frisch rasiert: die Air America Piloten Gene und Billy (R. Downey, Jr.)

Gibson zeigt die Eigenheiten des Schlitzohrs Gene Ryack, der in seinem Beruf schon ein "alter Hase" ist und sich durch Waffenschiebereien seine Altersversorgung sichern will. Diese Rolle paßt zu ihm, als wäre sie für ihn geschrieben worden. Hier kann er Sprüche klopfen und sich verbal austoben. Ryack ist ein Haudegen, der sich aus Leidenschaft für das tägliche Risiko entschieden hat. Ihm gefällt das Leben mit der Gefahr. Dies unterscheidet den Film in erfrischender Weise von amerikanischen Heldenepen, in denen die Hauptpersonen stets edelmütig handeln und mit einem Hungerlohn als Sold bis in den Tod fürs Vaterland kämpfen. Zudem wird die Absurdität des Vietnamkriegs betont, eines Krieges, mit dem sich die amerikanischen Soldaten nicht einmal identifizierten, da sie nicht für sich selbst, für ihre eigenen Familien kämpften. Auch im Film riskieren Dutzende von Piloten tagtäglich ihr Leben, und ihnen ist nicht einmal bewußt, warum. Sie sprechen vom Nervenkitzel der Gefahr, aber der Krieg ist ihnen gleichgültig.

Der ironische Ton, der die Geschichte durchzieht, gibt den Hochmut und das Überlegenheitsgefühl der Amerikaner im Ausland der Lächerlichkeit preis, wenn der Senator den höchsten Militär in Laos für einen Gepäckträger hält, ihm seinen Koffer in die Hand drückt, und als seine Begleiter ihn darauf ansprechen wollen, nur meint: "Das Trinkgeld gibt's später." Dann sieht dieser Politiker vor einer Bar Amerikaner, predigt "Sie sind nicht einfach betrunken – das sind betrunkene Amerikaner!", steigt aus und ermuntert die Männer: "Selbst wenn einige von euch nicht irgendwelche Orden tragen oder niemals in Geschichtsbüchern erwähnt werden, gibt es trotzdem einige von meiner Sorte in Washington, die genau wissen, was ihr für den Krieg leistet." Die Angesprochenen lachen bloß: "Würden Sie's uns erklären?"

Sogar tragische Szenen werden mit amüsanten Dialogen gefüllt, die jedoch keineswegs fehl am Platz sind. Gene und Billy hängen kopfüber mit ihrem abgestürzten Hubschrauber in den Baumkronen, streiten sich, wer zuerst aussteigen und sich metertief hinunterstürzen soll, denn jeder will paradoxerweise der erste sein. Sie werfen eine Münze, die im Dickicht unter ihnen verschwindet. "Was ist das? Kopf oder Zahl?" – "Zahl". – "Nein, das ist doch Kopf, oder? Na gut, ich werd' nachsehen", sagt Ryack und löst seinen Sicherheitsgurt, um in die Tiefe zu sausen. Unten angelangt meint er: "Unter den gegebenen Umständen war das gar kein schlechter Sturz!" Auch Robert Downey, Jr. beweist seine schauspielerischen Fähigkeiten. Er spielt das verwirrte, aber im Grunde clevere Greenhorn, das einfach nicht glauben kann, daß es in einen Krieg verwickelt ist.

Downey verleiht seiner Figur nicht nur viel Humor und Hintergründigkeit, sondern auch die Begeisterung eines Fliegers: "Ein Pilot, der nicht fliegt, ist wie ein Hund ohne Nase." Jedoch betont er die vernünftige, ernste Seite dieser Rolle: "Unsere Regierung führt mit Drogengeldern einen Krieg und da drüben jenseits der Grenze in Vietnam sind unsere Jungs abhängig von diesem Stoff. Ich meine, da kannst du genausogut Klapperschlangen in einen Schulhof werfen." Leider wird die moralische Seite der Drogengeschäfte nur kurz angesprochen, wenn man zwischen zwei Flugzeugabstürzen im Dschungel dazu gerade einmal etwas Zeit findet. Die Behandlung dieser Probleme geht sofort in der nächsten Schießerei unter, auch Covingtons lächerlicher Versuch, das Drogenlabor in die Luft zu sprengen, wirkt lediglich wie der Angriff eines Moskitos auf eine Elefantenhaut. Im Nachspann wird es offenbar: Covington ist klar geworden, daß man mit Moral nicht weiterkommt, weshalb er nun die staatliche Lotterie betrügt. Zwar sterben die Jungs in Vietnam immer noch an Drogen, aber gut, daß man bei Filmen Probleme ganz einfach ausblenden kann! "An die Hunderttausend Leute starben infolge der Aktivitäten der Air America. Wie konnte man aus solch einem Buch eine Komödie machen?" klagte Autor Robbins.

HAMLET
Hamlet USA/Großbritannien 1990

R: Franco Zeffirelli **Db:** Christopher De Vore, Franco Zeffirelli nach dem Drama von William Shakespeare **M:** Ennio Morricone gesp: Orchestra Unione Musicisti di Roma, Mittelalterliche Musik gesp: Dufay Collective **K:** David Watkin **S:** Richard Marden **Pd:** Dante Ferretti **Ko:** Maurizio Millenotti **B:** Joyce Nettles **P:** Dyson Lovell **V:** 20th Century Fox **Lz:** 134 Min

Mel Gibson (Hamlet), Glenn Close (Gertrude), Alan Bates (Claudius), Paul Scofield (Geist), Ian Holm (Polonius), Helena Bonham-Carter (Ophelia), Stephen Dillane (Horatio), Nathaniel Parker (Laertes), Sean Murray (Güldenstern), Michael Maloney (Rosenkrantz), John McEnery (Osric), Trevor Peacock (Totengräber), Richard Warwick (Bernardo), Christien Anholt (Marcellus), Dave Duffy (Francisco), Pete Postlethwaite (König im Schauspiel), Christopher Fairbank (Königin im Schauspiel), Vernon Dobtcheff (Reynaldo)

Nach dem Tod des Königs von Dänemark heiratet dessen Witwe Gertrude Claudius, den Bruder des Verstorbenen. Bei einer nächtlichen Begegnung mit dem Geist des Verblichenen erfährt der Königssohn Hamlet, daß sein Vater durch des Bruders Hand vergiftet wurde. Hamlet, nun auf Rache sinnend, verhält sich gegenüber dem Königspaar immer absonderlicher, so daß man um seinen Geisteszustand fürchtet. Als eine Theatergruppe am Hofe gastiert, wird in der Darbietung auf den Brudermord angespielt. Claudius, der seine Tat entdeckt sieht, will sich seines Neffen entledigen und schmiedet seine Ränke. Ahnungslos gerät auch Polonius, dessen Tochter Ophelia den Königssohn liebt, in das Intrigenspiel. Eine seiner Lauschereien nimmt durch Hamlets Degen ein tödliches Ende. Man vertuscht die Tat und schickt den ungeliebten Neffen nach England, wo er beseitigt werden soll. Piraten vereiteln die Überfahrt und Hamlet kehrt nach einiger Zeit nach Dänemark zurück, wo Ophelia gerade zu Grabe getragen wird. Seine Herrschaft in Gefahr sehend, heckt Claudius einen neuen Plan aus, wobei ihm diesmal Ophelias Bruder Laertes als Werkzeug dienen soll.

Franco Zeffirellis dritte Shakespeare-Verfilmung nach *Romeo und Julia* und *Der Widerspenstigen Zähmung* erwies sich als risikoreichstes Projekt seiner Laufbahn. Der Regisseur hatte schon 1979 versucht, *Hamlet* mit Richard Gere auf der Bühne zu inszenieren, war aber bereits bei den Vorbereitungen gescheitert. Für die filmische Rolle des Dänenprinzen wurde ein Schauspieler benötigt, der in erster Linie Geld und somit Leben in die Produktion bringen konnte, die Massen begeisterte und auch noch Zeffirellis Vorstellungen von seinem Hamlet entsprach. Der einzige, der alle diese Forderungen erfüllte, war Mel Gibson. Das $-15-Mio-Projekt wurde von Warner Brothers finanziell kräftig unterstützt, da die Firma hoffte, Gibson zu einen Langzeitvertrag überreden zu können. Um zu zeigen, wie sehr er sich mit dem Film identifizierte, stimmte der Schauspieler selbst einem Honorar zu, das die $-1-Mio-Grenze nicht überschritt, "Peanuts" für den normalerweise mit traumhaft hohen Gagen verwöhnten Action-Helden.

Mel Gibson als verrückter Dänenprinz

Es begann alles ganz harmlos - bei einem Essen im Hotel "Vier Jahreszeiten" in Beverly Hills trafen sich Zeffirelli und Gibson im Januar 1989 zum ersten Mal. Dort trug der Regisseur dem Schauspieler bei einem Teller Spaghetti an, die Hauptrolle in einem der kompliziertesten und verwickeltsten Dramen der Welt zu übernehmen: *Hamlet*. Was niemand erwartet hatte, geschah: Gibson fing Feuer und sagte schon am nächsten Tag zu, wovon sein Agent Ed Limato, obwohl er das Treffen selbst arrangiert hatte, nicht gerade erbaut war, und er versuchte alles, was in seiner Macht stand, um seinen Schützling davon abzuhalten. *Hamlet* war ein "Tanz auf dem Vulkan" und sogar Zeffirelli meinte: "Mel setzte sein Leben und seine Karriere aufs Spiel. Hätte er keinen Erfolg gehabt, wäre er der Witz der Filmindustrie gewesen."

Die Spötter warteten schon. Sobald bekannt wurde, daß Gibson die Rolle angenommen hatte, ließen sich in der Regenbogenpresse nicht selten Überschriften wie "Mad Max spielt verrückten Dänen" finden. Man warf teilweise bereits vor dem Film die faulen Eier und Tomaten, die sich ein Kritiker normalerweise für Premieren aufspart. Zyniker witzelten, Zeffirelli werde wohl demnächst Sylvester Stallone als Romeo verpflichten. Andere böse Zungen behaupteten, Mel werde einen Monolog in einen Lockruf für Rinder umwandeln. Ständig wurden dem Schauspieler die Leistungen seiner großen Vorgänger Laurence Olivier, John Gielgud, Alec Guinness, Derek Jacobi, Nicol Williamson ... vor Augen geführt und man sagte, Mad Mel könne nur eindimensionale Action-Helden spielen. Doch man hatte nicht mit dem Ehrgeiz des Amerikaners gerechnet, der sich nun mit Eifer an die Arbeit machte, seinen Kritikern zu beweisen, was für ein guter Schauspieler er war.

Während seiner klassischen Schauspielausbildung hatte er schon Erfahrung mit Shakespeare gesammelt. Jetzt hatte er die Möglichkeit, daran anzuknüpfen. Er meinte: "*Ein Vogel auf dem Drahtseil* ist wie chinesisches Essen. Du nimmst es, ißt es, genießt es - und weg ist es. Harmloser Spaß. Aber *Hamlet* war etwas anderes." Die Arbeit an *Hamlet* war für ihn besonders wichtig, da er hier seine Fähigkeiten unter Beweis stellen konnte und die Chance bekam, in den Olymp der bekanntesten und begabtesten Schauspieler aufgenommen zu werden. Jedoch wurde die Luft auf dem Weg zum Berg der Unsterblichen immer dünner und es bestand die Gefahr, abgrundtief zu fallen. Sein oder Nichtsein, das war hier die Frage.

Gedreht wurde in den Shepperton Studios in der Nähe von London, in Kent (Dover Castle) und an der schottischen Küste (Blackness und Dunnottar). Die Burgen wurden vorübergehend in künstliche Fassaden gehüllt und erhielten mit in Wasser gelöstem Kohlestaub die richtige Patina. Der Startschuß zu den 70 Drehtagen fiel am 23.04.1990, an Shakespeares 426. Geburtstag. Die Arbeiten erwiesen sich als nervenaufreibend und äußerst belastend. Dunnottar Castle in Schottland wurde kurzerhand Helsingör. Dieses wunderbare Fleckchen Erde hatte nur einen Makel, nämlich strahlend schönes Wetter. Jeder halbwegs normale Mensch hätte sich über dieses großartige Geschenk für die Britischen Inseln gefreut - nicht Franco Zeffirelli. Sein Hamlet hatte düster zu wirken, und so unternahmen Techniker stundenlang jede menschenmögliche Anstrengung, das Sonnenlicht und den blauen Himmel abzuschirmen und aus den Räumen der Burg zu bannen. Trotz der sonnigen Witterung war es bitterkalt und die Kostüme der Schauspieler erwiesen sich als viel zu dünn. Besonders bekamen die Mitwirkenden den eisigen Wind zu spüren, wenn sie ein menschliches Bedürfnis verspürten und jedes Mal eine halbe Meile zu einem Toilettenhäuschen wandern mußten. In solch einem Fall war Gibson doppelt gestraft, weil der arme Kerl in sein Kostüm eingenäht wurde. Man bedenke den Aufruhr, wenn Hamlet dem "Ruf der Natur" folgen mußte! Außerdem sprangen hin und wieder Fotografen aus den Büschen, um die Öffentlichkeit durch aktuelle Bilder auf dem laufenden zu halten. Dann machte Gibson auch noch sein Rücken zu schaffen. Als er einen Kollegen in einer Szene hochhob, zerrte er sich einen Muskel und die geplanten Aufnahmen mußten um 24 Stunden verschoben werden. An besonders anstrengenden Drehtagen verlor er bisweilen 10 Pfund an Gewicht.

Obwohl sich Zeffirelli stets bemühte, zu allen nett und freundlich zu sein, wer konnte es dem Regisseur denn verdenken, wenn er bei dem Druck, der auf ihm lastete, bisweilen unkontrolliert Dampf abließ? Helena Bonham-Carter fauchte er an: "Lächle nicht, du siehst aus wie ein Affe!" Ebenso charmant sagte er zu Parker: "Dir fehlt die Leidenschaft!" Doch mit Glenn Close schloß der schwierige Künstler eine Freundschaft fürs Leben und auch mit Gibson kam er eigentlich ganz gut aus. Er erzählte von seinem Hauptdarsteller: "Manchmal sieht man ihn in einer Ecke des Studios wie einen Verrückten herumgehen, wie diese Männer, die glauben, sie seien Napoleon." Auch Gibson beschrieb den Regisseur bei der Arbeit als "einen Verrückten, der meint, er sei Napoleon". Was konnte da schon passieren?

Hamlet war unzählige Male verfilmt worden, z.B. 1946 von John Gielgud mit Richard Burton in der Hauptrolle. Im gleichen Jahr war auch noch eine russische Produktion von Grigorij Kosinzev auf den Markt gekommen und 1970 hatte sich Tony Richardson an Shakespeares Meisterwerk gewagt. Der größte Konkurrent war aber zweifellos Sir Laurence Oliviers Fassung von 1948, die man sogar mit dem Oscar gekrönt hatte. Der Zwang, alles besser zu machen als seine Vorgänger, veranlaßte Zeffirelli, den ganzen Zeitplan umzuwerfen, sobald ihm eine neue, seiner Meinung nach geniale Idee zugeflogen war. Sein erster Assistent Mickey Murray entwickelte aufgrund der Häufigkeit dieser Vorfälle einen eigenen Code dafür. Er sagte immer: "Macht nichts, meine Damen und Herren, wir haben wieder eine DFI (a different fucking idea - eine verdammte neue Idee). Dieses Verhalten am Set, mit dem Zeffirelli auch seine "Allmacht" demonstrierte, brachte ihm bald den Spitznamen "der Papst" ein.

Gibson glaubte, er würde verrückt, wenn er nicht hin und wieder aus der Rolle fiele. Sobald sich die Gelegenheit bot, Witze über ein Ereignis oder eine Person zu reißen, konnte er sich nicht mehr zurückhalten. Glenn Close, die Hamlets Mutter Gertrude spielte, bemerkte, die effektivste Methode ihn davon abzuhalten, schlechte Witze zu erzählen, sei ihn zu küssen. Die beiden verstanden sich großartig, und Gibson kündigte scherzhaft an, daß er sie nach dem Film adoptieren werde. Mehrmals machte er sogar vor laufender Kamera Faxen. In der Bücherei-Szene mit Ian Holm stand dieser auf einer Leiter, die an einen Vorsprung in der Wand gelehnt war, auf dem Gibson saß. Plötzlich stieß Mel die Leiter weg und Ian Holm fiel hinunter. Zuerst war nichts als eisiges Schweigen von Zeffirelli im Raum, dann meinte er, "Ja, ja, laßt das drinnen und macht es nochmal."

Entsetzt starren Gertrud (G. Close) und Hamlet auf den Geist des toten Königs

Mel war der festen Überzeugung, die Rolle des *Hamlet* sei verwunschen und hatte beständig Angst zu versagen. Doch er glaubte auch, den hamletschen Geist um sich zu spüren. Ähnliche metaphysische Erlebnisse brachte nur noch Zeffirelli mit. Hamlets ermordeter Vater erscheint hier als Geist und der Regisseur behauptete stolz, er hätte ihn bestimmt richtig in Szene gesetzt, da er persönlich bereits Erfahrungen mit derartigen Erscheinungen gemacht hätte und nicht nur einmal. "Ich sah es!", prahlte er, und wer sollte dieser überzeugend einfachen Aussage wohl keinen Glauben schenken, besonders als er betonte, er sei auf keinen Fall betrunken gewesen. Doch sind echte Gespenster wirklich so langweilig? Der Geist des alten Königs ist weder ein abgrundtief häßliches, furchteinflößendes Geschöpf noch ein mächtiges übersinnliches Wesen noch eine mitleideregende, elende Gestalt. Seine Erscheinung wirkt öde und einschläfernd.

Als der Tag der Premiere näher rückte, begann sich Gibsons Nervosität konstant zu steigern. Er hatte panische Angst, daß der Film von den Kritikern in Grund und Boden gestampft werden würde. Doch er hatte sich ganz unnötig gesorgt: Amerika war äußerst angetan von seiner Darstellung des Dänenprinzen, und Australien war bis auf einige Kritiker, die meinten, jede Szene des Films wäre bedeutungslos, unglaublich stolz auf seinen "Fast"-Landsmann. Aber Gibson wußte, daß dies nur unbedeutende Vorentscheidungen waren. Ihm kam es nur auf das Finale in England an.

In Großbritannien spitzten in der Zwischenzeit für die königliche Premiere - die Herzogin von York war geladen - im Londoner Odeon am Haymarket schon die Kritiker ihre Stifte. Es war durchaus nicht abzusehen, ob ihm Blumen verehrt würden. Als der Tag gekommen war, verscherzte sich Gibson gleich die Gunst der prominentesten Zuschauerin. Er war nämlich im Straßenverkehr aufgehalten worden und hatte sich verspätet. Fergie grüßte ihn kalt mit den Worten: "Wirklich nett von Ihnen, daß Sie auch noch gekommen sind."

Die Begeisterung der britischen Kritiker hielt sich in Grenzen. Ihre Urteile waren sozusagen "lauwarm", weder lobten sie den Film, noch ließen sie sich dazu hinreißen, ihn übermäßig zu beanstanden. Ähnlich fielen auch die Kommentare zu Gibson selbst aus, z.B. schrieb die *Times* :"Obwohl Gibson keinen einzigen Moment schlecht ist, ist beinahe jeder der Mitwirkenden besser." Zudem verhielt sich die große Menge der Jugendlichen, die Zeffirelli durch seinen "Mad Hamlet" gewinnen wollte, äußerst zurückhaltend. Zwar erzielte das Schulvideo *Mel Gibson Goes Back to School*, in dem der Schauspieler von Hamlet in der Sprache der Jugendlichen erzählt " [...] tolle Geschichte[...] acht gewaltsame Tode, Mord, Inzest, Ehebruch, eine Verrückte, Gift, Rache [...] und Schwertkämpfe" einige Erfolge, aber die Kinos blieben leer.

Man hatte gedacht, einen publikumswirksamen Hamlet geschaffen zu haben und sich dabei verkalkuliert. Das Drama war auf 134 Minuten zusammengeschnitten, besser gesagt, verstümmelt worden, man hatte die unhandliche Torte in mundgerechte Brocken zerteilt. Was dabei verloren ging, läßt sich am besten im Vergleich mit Kenneth Branaghs "Mammut-Hamlet" von 1996 mit 232 Minuten Dauer herausstellen. Bei Zeffirelli fehlt die Rahmenhandlung, in der der kriegerische Norweger Fortinbras Helsingör besetzt, ganz. Auch die Anfangsszene mit den Wächtern, denen der Geist von Hamlets Vater erscheint, wurde rigoros gestrichen. Monologe und Dialoge enthalten oftmals nur noch Elemente, die die Handlung vorwärts treiben. Zudem verlegte man die Handlung des Dramas ins finstere Mittelalter, obwohl Zeffirelli noch betont hatte, sein Hamlet sei "ein Mann des Augenblicks, einer, der besser ficht als alle anderen, der besser reitet, der komponiert und dichtet - ganz ein Mann der Renaissance". Kenneth Branagh hingegen verschob das Stück gleich um einige hundert Jahre in eine viel lebenslustigere, frohere Zeit. Er ist spöttischer, nachdenklicher, tiefer, während Gibson nur an der Oberfläche dieses abwechslungsreichen Charakters kratzt. "Mad Mel" wirkt besonders ermüdend, wenn er in Monologen die innere Zerrissenheit des Dänenprinzen darstellen soll. Er vergißt, daß er außer durch Verdrehen seiner Augen noch mit seinen Händen und dem Rest seines Körpers die Rede unterstreichen könnte.

Bei den Action-Szenen, wie z.B. beim Duell am Ende des Films kommt dann plötzlich wieder sein schauspielerisches Talent zum Vorschein. Im Kampf überzeugt er vollkommen, besonders, wenn er sich über seinen Gegner mit kleinen Gesten - er gibt vor, sein Schwert nicht halten zu können und blinzelt Glenn Close schelmisch zu - lustig macht. Doch die Sterbeszenen wirken wieder lächerlich. Gibson und Close vermitteln einem eher die Vorstellung, an einer Darmgrippe zu leiden, als mit Gift im Blut ihr Leben auszuhauchen.

Helena Bonham-Carter hingegen rührt als Ophelia die Herzen der Zuschauer zutiefst. Sie spielt das kleine schüchterne verliebte Mädchen ebenso gut wie die unzähmbare Verrückte. Auch ihre Schauspielerkollegen Ian Holm und Alan Bates geben eine überzeugende Vorstellung.

Zeffirellis Shakespeare-Neufassung erweist sich insgesamt als mittelmäßig. Der Film ist unspektakulär und unbedeutend, kurz gesagt überflüssig, und es ist nur zu bedauern, daß Ennio Morricones gefühlvolle ausdrucksstarke Musik vollkommen untergeht. "Ein Schicksal, das Morricone und auch andere Größen der Filmmusik oft ereilt hat. Sie ruft keine Erinnerung wach an frühere *Hamlet*-Partituren, sicher nicht an die Waltons bei Olivier oder auch an die Schostakowitschs bei Kosinzev. Das Thema von Hamlet, mit Streichern, voller Schmerz und Pausen wie ein Atemholen, ist in zwei Fassungen aufgeteilt: wie jenes der Ophelia, fein und verletzlich - sie wird in *to be or not to be* wieder aufgenommen und erweitert. Die Musik zu Anlässen wie *the banquet* oder vor allem *the play* erwächst einer extremen Stilisierung, frei von irgendwelchen pseudophilologischen Gefälligkeiten. Damit wird der wahre Sinn des Shakespeareschen Textes, im wesentlichen ein Nachdenken über den Tod, verstärkt" (Roberto Pugliese).

BRENNPUNKT L.A. - DIE PROFIS KEHREN ZURÜCK
Lethal Weapon 3   USA   1991/92

R: Richard Donner   **Db:** Jeffrey Boam, Robert Mark Kamen   **M:** Michael Kamen, Eric Clapton, David Sanborn   **L:** *It's Probably Me* v: M. Kamen, E. Clapton   T: Sting   ges: Sting und E. Clapton   *Runaway Train* v: Elton John, Bernie Taupin, Olle Romo   ges: Elton John, E. Clapton   *It's so Hard to Say Goodbye to Yesterday* v: Christine Yarian, Freddie Perren   ges: Boyz II Men   *Latin Lingo* v: Lawrence Muggerud, Louis Freeze, Senen Reyes   ges: u. gesp: Cypress Hill   **K:** Jan De Bont   **S:** Robert Brown, Battle Davis   **Pd:** James Spencer   **Ko:** Nick Scarano   **SpE:** Matt Sweeney   **B:** Marion Dougherty   **CoP:** Steve Perry, Jennie Lew Tugend   **P:** Richard Donner, Joel Silver   **V:** Warner Bros.   **Lz:** 118 Min

Mel Gibson (Martin Riggs), Danny Glover (Roger Murtaugh), Joe Pesci (Leo Getz), Rene Russo (Lorna Cole), Stuart Wilson (Jack Travis), Steve Kahan (Captain Murphy), Darlene Love (Trish Murtaugh), Traci Wolfe (Rianne Murtaugh), Damon Hines (Nick Murtaugh), Ebonie Smith (Carrie Murtaugh), Alan Scarfe (Herman Walters), Nick Chinlund (Hatchett), Gregory Millar (Tyrone), Delores Hall (Delores), Mary Ellen Trainor (Stephanie Woods), Mark Pellegrino (Billy Phelps), Bobby Wynn (Darryl), Lauren Shuler-Donner (Krankenschwester)

Weil Policesergeant Martin Riggs und sein Partner Roger Murtaugh das Entschärfen einer Bombe verpatzen, werden sie zum Streifendienst verdonnert. Auf ihrer Reviertour werden sie Zeugen eines Überfalles. Eine wilde Verfolgungsjagd endet mit der Verhaftung eines Täters. Sehr zum Ärger von Riggs wird die Ermittlung des Falles der Agentin der inneren Sicherheit, Lorna Cole, übertragen. Noch bevor es zum Verhör des Inhaftierten kommt, erschießt ihn der Ex-Polizist Jack Travis. Martin, der eine Schwäche für Lorna hat, überredet sie zur Zusammenarbeit. Von ihr erfährt er, daß Travis sein Geld vermutlich mit konfiszierten Waffen, die eigentlich zur Vernichtung bestimmt sind, verdient. Durch Zufall beobachtet Riggs einen Waffenkauf Jugendlicher. Es kommt zum Schußwechsel, wobei Murtaugh einen Freund seines Sohnes erschießt. Auf der Beerdigung des Jungen verspricht Roger den Eltern, den Waffenschieber aus dem Verkehr zu ziehen. Während man weiter nach Travis fandet, verschafft sich dieser Zutritt zu den im Polizeidepartment konfiszierten Schnellfeuerwaffen. Zu spät entdecken Roger, Martin und Lorna den Raub und Travis kann sich mit einer Wagenladung aus dem Staub machen. Zwischenzeitlich hat der ehemalige Kleinkriminelle und jetzige Immobilienmakler Leo Getz, ein Freund Martins und Rogers, den Umschlagplatz der Beute ausfindig gemacht. Obwohl Leo sich den beiden gern anschließen möchte, setzt man ihn kurzerhand außer Gefecht. Gemeinsam mit Lorna, die bereits Jacks Aktivitäten beobachtet, bringen die beiden Polizisten die Verbrecherbande zur Strecke.

Brennpunkt L.A. - Die Profis kehren zurück kostete $ 30 Mio. spielte jedoch weltweit das Zehnfache ein. Die Explosion zu Beginn des Films war ein Glückstreffer: Die Stadt Orlando sprengte ihr altes Rathaus und das Filmteam mußte nur noch mit den Kameras anrücken und das Drehbuch um die ungeplante Sequenz erweitern. Wie üblich verwandeln die zwei Hauptpersonen möglichst viele Autos in Schrott, einige Häuser in Ruinen und reichlich Schurken in Häftlinge. Diesmal allerdings servierte Regisseur Donner weniger Leichen, dafür wesentlich mehr Gags als in den ersten zwei Filmen. "Die *Brennpunkt L.A.*-Serie hob ihr Profil in der Öffentlichkeit nicht nur durch das Aufführen von größeren und besseren Stunts, sondern auch, indem sie sich von einer Action-Komödie in eine Komödie mit Action verwandelte." (*Sight and Sound*) Besonders in den ersten 30 Minuten reihen sich eine gute Idee, ein witziger Dialog an den anderen, z. B. als Riggs unbedingt eine Bombe entschärfen und unter keinen Umständen auf die Fachleute warten will. Sein beschwörendes "Vertrau mir", vermag seinen Partner nicht ganz zu überzeugen: "Das ist gewöhnlich mein größter Fehler" – und das mit Recht. Die beiden treffen bei der Bombe nur noch einen Kater an, woraufhin der einfallsreiche Riggs die Situation natürlich zur "Katerstrophe" umbenennt. So jagt ein Gag den anderen bis die Bombe explodiert und ein Gebäude in die Luft jagt: "Uuups!"

Einige verschrottete Autos, verwüstete Lagerhallen und gebrochene Rippen später wird plötzlich der moralische Aspekt in die Handlung mit eingebracht. Murtaugh erschießt zufällig einen Freund seines Sohnes in Notwehr. Der Cop trauert um das Opfer, säuft und versteckt sich aus Kummer vor seiner Familie. Es wird dem Zuschauer nicht ganz klar, warum er an den Tod all der anderen Leute, die er aufgrund seiner gefährlichen Polizeiarbeit auf dem Gewissen hat, nicht den kleinsten Gedanken verschwendet. Donner hätte sich entscheiden müssen, ob er ein Lehrstück oder einen Action-Film drehen wollte. Beides zusammen deckt weder den Unterhaltungswert noch vermittelt es lehrreiche Aussagen. Das Publikum erwartet sich von *Brennpunkt L.A. - Die Profis kehren zurück* eben nur Zerstreuung und kein Hohelied der moralischen Werte.

Ursprünglich sollte der Internal-Affairs-Agent im Film ein Mann sein. Aber die Gattin des Regisseurs schlug vor, statt dessen eine Frau ins Spiel zu bringen. Darum schloß sich dem Chaotenduo Gibson-Glover das Ex-Model Rene Russo an. Sie spielt die harte Lorna Cole an Riggs' Seite. Anfangs bekriegen sich die beiden, doch es ist bald vorhersehbar, daß sie ein Paar werden, nach dem guten alten Filmschema "Was sich liebt, das neckt sich." Neben beachtlichen akrobatischen Leistungen bei Kampfaufnahmen und einer netten Szene, in der Cole und Riggs sich in einem Angeberstrip der Sonderklasse die Kleider vom Leib reißen, um die Narben, die ihnen ihre Abenteuer eingebracht haben, zu vergleichen und damit zu prahlen – ein guter Einfall, wäre er nicht aus *Jaws* geklaut – stellt Russo aber keine große Bereicherung für den Film dar. Ihre Dialoge sind langweilig und ihrer schauspielerischen Leistung fehlen die Glanzpunkte, was an ihrer Rolle liegen mag. Ähnlich steht es mit Joe Pesci. Er hat scheinbar in *Brennpunkt L.A.* schon seinen ganzen Witz verbraucht und erntet nun nur noch müde Lacher durch sein peroxidgebleichtes Haar und seine ständigen OKs. Seine Auftritte sind jedoch gut dosiert, so daß seine schwachen Leistungen kaum stören.

Außerdem ist dieses Mal eine harte Konkurrenz für ihn im Rennen, denn wenn die Gags auszugehen drohen, tritt die beleibte Polizistin Delores Hall auf den Plan. Sie bringt frischen Wind in die verstaubte Polizistenwelt, zumal sie für Murtaugh schwärmt und ihn regelrecht zu verfolgen scheint. Einmal muß sich der Arme sogar auf allen Vieren kauernd hinter einem Tisch vor ihr verstecken, nur um ihren Blumen, den Pralinen und auch den Liebesschwüren zu entkommen.

Danny Glover spielt den älteren Roger Murtaugh etwas anders als in den vorhergehenden Filmen. Der pensionsreife Cop ist nun friedliebender geworden, obwohl er sich immer noch gerne einen Spaß wie kleine Schießereien oder Verfolgungsjagden erlaubt. Nach der Degradierung zum Streifenpolizisten muß er einen Hüftgürtel tragen, da ihm sonst seine Uniform nicht mehr passen würde. Glover spielt ihn als souveränen, aber dennoch besorgten Mann: "Du weißt, daß ich dich liebe, Riggs. Und deine Probleme sind auch meine Probleme." Dieser Cop meint, was er sagt und deshalb versucht er auch seinem Partner das Rauchen und seine Brutalität abzugewöhnen: "Du kannst doch nicht immer alles mit deinen Fäusten regeln!" Dabei beißt er bei Riggs natürlich auf Granit: "Ich konnte doch bei den vielen Leuten nicht meine Knarre ziehn. Zu gefährlich."

Gibson beweist wieder einmal sein Gespür für Humor und dumme Sprüche. Sein Riggs ist ein Haudegen, der ohne Gewissensbisse gleichzeitig ein Hochhaus in die Luft sprengen und eine Kompanie von Bösewichten ins Jenseits befördern kann. Doch er zeigt auch in diesem Film Gefühl. Zu Murtaugh sagt er verzweifelt: "Du bist so was wie meine Familie. Ich habe drei wunderbare Kinder. Ich liebe sie, obwohl´s deine sind. Trish macht meine Wäsche. Ich lebe von Deinem Kühlschrank, ich lebe in deinem Leben. Was soll ich tun, was soll aus mir werden ohne euch?" Die meiste Zeit läuft er aber Hundeleckerlies und Zwiebeln kauend - er soll ja mit dem Rauchen aufhören - durch die Gegend, wobei er Ärger magisch anzuziehen scheint. Zu Beginn des Films kommt er an einen Einsatzort und stellt sich mit den Worten "Riggs, Mordkommission" vor. Als er darauf hingewiesen wird, daß eigentlich niemand tot sei, meint er nur: "Die Nacht ist noch jung." Sogar als Streifenpolizist sucht er sich ein Opfer für seine Späße. Er will einem Passanten einen Strafzettel aushändigen, weil er unachtsam über die Straße gegangen sei. Das Problem ist bloß: "Weißt du wie man die Dinger ausfüllt?" Als von seinem Partner keine Hilfe kommt ("Die Schrift ist so klein, ich kann´s nicht lesen ohne Brille."), ändert er die Methode: "Ich erschieß diesen verdammten Mistkerl. Ich mach' ein Sieb aus ihm. Es wird wie ein Selbstmord aussehen."

"Diese lethalen Balgereien weisen in ihrer Mischung von Gewalt und Sex eine gewisse Verwandtschaft mit den Bond-Filmen auf, die weltmännischen Fleming-Werke sind aber martinitrocken, wohingegen diese Streifzüge wie Bier mit einem Schuß Bourbon hinterdrein sind", formulierte Keith Edwards in *films in Review* film- und spirituosenkundig.

Die Aufnahmen weisen bisweilen eine hohe Qualität auf. Riggs hängt an der Scheibe einer U-Bahn-Lok und in der Scheibe, direkt neben ihm spiegelt sich das Bild des Schaffners. Zudem erzielt die Kombination von Feuer und Wasser – die Gegensätzlichkeit von Riggs und Murtaugh - im Vorspann eine gute Wirkung.

Immer wieder findet man Anspielungen auf die anderen Filme der Serie, sei es nun in den Dialogen, in denen sich die Partner aufgrund der in Aussicht stehenden Pensionierung Murtaughs sentimental an gemeinsame Erlebnisse erinnern, oder als zum wiederholten Male *The Three Stooges* vom Computerbildschirm Lorna Coles flimmern.

Die Kritiken zum dritten Teil der Serie waren wirklich vernichtend. Man darf aber keine zu hohen Ansprüche an den Film stellen, denn um es mit Denbys (*New York*) Worten zu sagen: "Die Idiotensaison hat begonnen!"

FOREVER YOUNG
Forever Young   USA 1992

R: Steve Miner   **Db:** Jeffrey Abrams   **M:** Jerry Goldsmith   **L:** *The Very Thought of You* v: Ray Noble ges: Billie Holiday   *You Are My Sunshine* v: Jimmie Davis, Charles Mitchell ges: Elijah Wood   **K:** Russell Boyd   **S:** Jon Poll   **Pd:** Gregg Fonseca   **Ko:** Aggie Guerrard Rodgers   **SpE:** Peter Chesney   **B:** Marion Dougherty   **P:** Bruce Davey   **V:** Warner Bros.   **Lz:** 104 Min

Mel Gibson (Daniel), Jamie Lee Curtis (Claire), Elijah Wood (Nat), Isabel Glasser (Helen), George Wendt (Harry), Joe Morton (Cameron), Nicolas Surovy (John), David Marshall Grant (Wilcox), Robert Hy Gorman (Felix), Millie Slavin (Susan Finley), Michael Goorjian (Steven), Veronica Lauren (Alice), Art La Fleur (Alices Vater), Eric Pierpoint (Fred), Walt Goggins (Militärpolizist), Amanda Foreman (Debbie), Karla Tamburrelli (Blanche), Robert Munns (der falsche Harry), J.D. Cullum (Frank)

Während Daniel kurz vor dem Zweiten Weltkrieg sein Geld als Testpilot verdient und die Absicht hat, Helen, seine große Liebe, zu heiraten, bastelt sein Freund Harry an einer Maschine, mit der man Menschen einfrieren und wiedererwecken kann. Noch bevor Daniel seiner Geliebten den Antrag macht, verunglückt sie schwer und fällt in ein Koma. Daniel, der mit der Ungewißheit über ihren Gesundheitszustand nicht weiterleben kann, bittet Harry, ihn für ein Jahr einzufrieren. Nach anfänglichem Zögern wagt der das Experiment. 1992 findet der zehnjährige Nat mit seinem Freund die Maschine in einer Militärlagerhalle. Nat erweckt Daniel aus seinem Tiefschlaf. Zu seinem Entsetzen stellt der Testpilot fest, daß Jahre vergangen sind. Als er beim Kommandeur der Militärbasis vorspricht, hält man ihn für einen Geisteskranken. Mit Hilfe von Nat und dessen Mutter Claire begibt er sich auf die Suche nach Harry. Von dessen Tochter erfährt Daniel, daß dieser bereits seit längerem verstorben ist, aber daß Helen noch lebt. Zwischenzeitlich hat sich das FBI an Daniels Fersen geheftet, da ein Forschungsteam an einem ähnlichen Projekt arbeitet wie ehemals Harry. Eine wilde Verfolgungsjagd entbrennt nach dem rapide alternden Daniel, der um jeden Preis seine Helen wiedersehen will.

Mel Gibson hatte nach der *Brennpunkt L.A.*-Serie genug von Gewalt und Action. Deshalb entschied er sich für einen Film, in dem die Romantik die Hauptrolle spielt - *Forever Young*. Das Skript mit dem ursprünglichen Titel

The Rest of Daniel wurde von Warner Brothers für zwei Millionen Dollar erworben, um ihren berühmten Vertragspartner bei Laune zu halten. Die Investition machte sich bezahlt, denn *Forever Young* spielte insgesamt 100 Millionen Dollar ein.

Forever Young erzählt in seiner Rahmenhandlung von einer großen Liebe, die durch unglückliche Zufälle erst nach 53 Jahren zu ihrer Erfüllung kommt. Ein weiterer Handlungsstrang zeigt Daniel in der "neuen Welt", die ihm fremd und unverständlich erscheint und in der er sich nur schwer zurechtfindet, wobei er dazu noch vor dem FBI fliehen muß. Außerdem wäre da noch die Krankenschwester Claire mit ihrem reizenden Sohn und ihrem konfusen Liebesleben. Sie erliegt später beinahe Daniels Charme und der Zuschauer meint, daß sich die Hauptperson jetzt in die Krankenschwester verliebt, Nat ein guter Vater sein wird und sie alle glücklich bis an ihr Lebensende zusammenleben. Irrtum! Endlich hat es die Filmindustrie wieder geschafft, einen Kassenschlager zu produzieren, dessen Ende nicht schon nach fünf Minuten zu erahnen ist.

Mel Gibson gibt eine außergewöhnlich gute Vorstellung. Er spielt den bis in die Haarspitzen "coolen" Testpiloten, der sogar noch ruhig bleibt, wenn im Cockpit seines Flugzeugs bei einem Versuch der Druck so groß ist, daß das Meßgerät aus der Anzeigentafel hüpft. Es kostet ihn nur ein kühles: "Aber nicht doch." Er weiß sich immer zu helfen, auch wenn die Situation ausweglos scheint. Als das Höhenruder klemmt, stemmt er seinen Fuß gegen das Armaturenbrett, um es zurückzureißen und in letzter Sekunde gelingt es ihm. Nachdem er dieses gefährliche Experiment glücklich überstanden hat, meint er nur locker: "Sah gut aus, oder?" und "Mann, hab' ich 'nen Hunger." Besonders überzeugend ist er in der Szene, in der er zuerst einen Heiratsantrag probt, dann aber kein Wort über die Lippen bringt, als seine Freundin tatsächlich vor ihm steht. Er blickt ihr tief in die Augen, stößt stotternd einige undefinierbare Silben aus und fragt dann:"Willst du Kuchen haben?" Danach weiß er nicht mehr, was er tun soll und verschlingt als einzige Lösung für diese peinliche Situation das Stück in drei Sätzen! Als sie dann gehen will, zieht er sie in eine Telefonzelle und schlägt vor: "Helen, laß uns nie wieder aus dieser Telefonzelle gehen." Gibson erzählte, er sei bei seinem Filmantrag genauso aufgeregt gewesen wie damals, als er seine Frau Robyn um ihre Hand gebeten hatte. Wurden hier vielleicht traumatische Erinnerungen wach? McCormicks Unsicherheit steigert sich schon bald zu purer Verzweiflung, da seine Freundin in tiefes Koma fällt und laut ärztlicher Diagnose nie mehr erwachen wird. Daniel sitzt apathisch in seinem Haus auf dem Boden, eine Flasche Wein, zwei Schachteln Zigaretten und einen Aschenbecher - bis zu Rand hin mit Kippen gefüllt - neben sich und weigert sich sogar, mit seinem besten Freund Harry Finley zu sprechen. Dieser muß buchstäblich mit der Tür ins Haus fallen, um den Verzweifelten trösten zu können. Gibson stellt einfühlsam dar, daß für Daniel ein Leben ohne Helen keinen Sinn mehr hat. "Ich habe in meinem Leben nichts ohne sie getan, ich habe keine Erinnerung ohne sie." Zudem glänzt der Schauspieler in der Rolle des "Aufgetauten". Immer noch etwas steifgefroren humpelt er wie Robert de Niro als Frankenstein in Kenneth Branaghs Verfilmung von *Mary Shelley's Frankenstein* durch eine Lagerhalle, wobei das trübe Licht sanft die Konturen seines Körpers hervorhebt.

Erstaunlich ist nur, wie gut er als Mann aus der Vergangenheit mit dem Jetzt zurechtkommt. Der Film vergibt hier die Chance, die Probleme eines Menschen aus einer anderen Zeit mit der heutigen Technik und der modernen Welt, mit anderen Wert und Moralvorstellungen als "damals" darzustellen; er konzentriert sich vielmehr auf die romantische Komponente und baut diese aus. Doch es wäre wirklich eine Bereicherung gewesen, wenn außer der Szene, in der McCormick erste Erfahrungen mit einem Anrufbeantworter macht und sich dann beschwert: "Er hat nur gesagt, ich soll ihm 'ne Nachricht hinterlassen und in mein Ohr gequietscht", noch weitere Gags mit dem "Mann aus dem Eis" in die Handlung eingebracht worden wären.

Aber auch so findet sich viel Komisches in *Forever Young*. McCormick meint zu Claire angesichts ihrer riskanten Fahrweise: "Sie fahren ja so, wie ich fliege." Beim Essen erzählt sie dann ausführlich über ihre Arbeit, daß sie bei einem Verletzten, der in einem Meer von Blut schwamm - Daniel und Nat mampfen genüßlich weiter - Erste Hilfe leisten mußte und nach der Wiederbelebung sein Herz in Händen hielt. Man kann sich kein geeigneteres Tischgespräch vorstellen! Daß der kleine Nat stets plumpe Versuche unternimmt, das Mädchen Alice zu beeindrucken, reizt zudem die Lachmuskeln des Publikums. Hollywoods Kinderstar Nummer Eins, Elijah Wood, verkörpert diese Rolle geradezu. Seine großen Augen füllen sich mit Tränen, als sein Freund Daniel ihn wieder verlassen will. Sogar Mel Gibson lobte die Leistung seines zwölfjährigen Kollegen: "Elijah weiß mehr über diesen Job als seine Jahre vermuten lassen. Er ist professionell und talentiert." Die beiden verstanden sich großartig und wurden bald Freunde, was nicht allzu erstaunlich ist, da der Schauspieler durch seine Sprößlinge einige Erfahrung mit Kindern vorzuweisen hat. Bei den Aufnahmen, in denen Daniel Nat in einem Baumhaus Flugunterricht erteilt, tröstete Elijah den völlig überspannten Gibson sogar, der ständig seinen Text vergaß und dazu maulte: "Ich bin nicht fertig, nicht in einer Million Jahren. Wir werden nur Film verschwenden." "Nun laß uns einfach damit weiterspielen. Mel, wenn ich einen Fehler mache, spielst du einfach weiter, und ich werde das gleiche bei dir tun, o.k.?" und er ermunterte den Mann, der eigentlich sein Vater sein könnte mit: "Du schaffst es, Mel!"

"Dein Baumhaus geht einem aber mächtig ins Kreuz", klagte Gibson nicht umsonst in einer Szene. Ihn quälten starke Schulterschmerzen. Er mußte seine Beschwerden jedoch erdulden, ohne auf Erlösung hoffen zu können, da man den Filmplan einhalten mußte, um den Rahmen des vereinbarten Budgets nicht zu sprengen. Also wurde Mels Behandlung durch einen Chiropraktiker in die Mittagspause gelegt.

Jamie Lee Curtis stellt die Krankenschwester Claire als eine Frau dar, die schon oft in ihrem Leben enttäuscht und verlassen wurde. Die Schauspielerin bringt die Tiefe, aber auch den Witz der Figur zum Vorschein. Nachdem McCormick das Dach von Claires Haus abgedichtet hat, damit der Regen nicht wieder in ihren Kleiderschrank rinnt, bedankt sie sich mit einem spitzbübischen Lächeln. "Danke für den riskanten Einsatz zur Rettung meiner Unterwäsche." Daniel und sie kommen sich immer näher, können jedoch kein Paar werden.

Die Arbeit des Make-up-Teams erwies sich als Meisterleistung. Es ließ Gibson innerhalb von sieben Stunden in sechs kleinen Schritten um 53 Jahre altern, wobei sich vor allem seine Augen zum Problem entwickelten, da sie so leuchtend waren. Ihre Wirkung wurde mit speziell angefertigten Kontaktlinsen etwas abgeschwächt. Die Leute in der Maske waren emsig beschäftigt, sein Gesicht in Falten zu legen und die Haut am Hals so zu drapieren, daß sie faltig aussah. Jedoch sollte Mel trotz der Veränderungen attraktiv und anziehend wirken und darum versuchte man, ihm ein Aussehen im Stil von Cary Grant zu verleihen. Dies konnte Mel Gibson eine Vorstellung davon verschaffen, wie er wohl als Greis aussehen würde, doch der Schauspieler gab sich bescheiden und bekannte, er währe glücklich, wenn er mit 85 Jahren auch nur annähernd so gut aussehen würde, fügte aber überzeugt hinzu: "Ich werde mich nie im Leben liften lassen." Natürlich erzählte er wieder jede Menge Anekdoten über seine Verkleidung als alter Mann. Er berichtet, daß er bisweilen geschminkt von den Aufnahmen zum Mittagessen gegangen sei. "Die Leute wußten nicht, wer ich war. Sie reagierten sehr gut und zeigten dem alten Kerl gegenüber Respekt."

Eigenartig wirkt nur, daß sich Daniels Aussehen ziemlich lange überhaupt nicht verändert und dann plötzlich von Sekunde zu Sekunde seine Jugend schwindet. Unglaublich ist auch, daß das FBI die Verfolgung des Piloten sofort einstellt, sobald es die Aufzeichnungen über den Versuch besitzt. Und warum scheint Helen kaum überrascht zu sein, daß sie ihren Daniel nach 53 Jahren wiedersieht? Zugegeben, es ist viel romantischer, keine Fragen zu stellen und nur sein Herz sprechen zu lassen. Jedoch einen kritischen Zuschauer vermag ein Herz-Schmerz-Ende nicht zu befriedigen, zumal die Hauptperson einen Großteil ihres Lebens in ihrer persönlichen Eiszeit verbracht hat, scheinbar nur zum Sterben aus ihrem Dornröschenschlaf erwacht und dieses Problem nicht einmal ansatzweise angesprochen wird.

Forever Young enthält einige Leitmotive wie das Haus auf den Klippen bei einem Leuchtturm. Nachdem Helen ins Koma gefallen ist, erzählt Daniel erschüttert: "Wir haben am Leuchtturm gespielt, als wir beide noch Kinder waren. Sie hat gesagt, wir werden miteinander alt." Das nächste Mal taucht das Motiv in der Szene auf, in der sich die Hauptperson einfrieren läßt. McCormicks Gedanken schweifen durch seine Vergangenheit mit Helen und das letzte Bild, bevor er das Bewußtsein verliert, zeigt Helen und ihn küssend vor dem Leuchtturm. Am Ende des Films finden sich die beiden an demselben Platz wieder. Der Zuschauer muß oftmals sehr genau beobachten, um Anspielungen auf versteckte Elemente in der Handlung nicht zu übersehen, so. streut sich Daniel in einem Restaurant Salz in die Handfläche und wirft es dann über seine Schulter. Diese Geste hätte normalerweise keinen Sinn, wenn nicht seine Freundin kurz bevor sie vom Auto angefahren wurde, im Lokal Salz verschüttet und es auf diese Weise entsorgt hätte. Auch Billie Holidays Lied *The Very Thought of You* wird immer wieder eingespielt, besonders, wenn es um die Liebe der beiden zueinander geht. Außerdem spiegelt das Wetter fast immer McCormicks Gemütsverfassung – z. B. regnet es, als Helen im Koma liegt . Die gleiche Wetterlage findet man, als er sich entscheidet, sich einfrieren zu lassen und später, als seine rapide Alterung beginnt. Ein anderes Element, das sich häufig wiederholt, ist der Satz "Hören Sie auf, mir nachzulaufen." Er charakterisiert die Beziehung von Claire und Daniel und sobald sich die beiden begegnen, beginnt ihr Gespräch meist mit diesen Worten.

Lobenswert sind die großartigen Szenenübergänge. Der Zeitsprung von 1939 nach 1992 wird dadurch überbrückt, daß sich in Daniels Vorstellung er und Helen küssen, während hinter ihnen ein Doppeldecker vorbeifliegt und dann den Blick auf ein Stück blauen Himmel mit einigen Wölkchen freigibt. Das gleiche Bild leitet die Aufnahmen von 1992 ein. Ähnliches ist zu sehen, als McCormick meint, er könne keinesfalls bei Nat und Claire übernachten. "Ich bin ein Fremder. Deine Mutter wird doch keinen Fremden in ihr Haus lassen." Nat zwinkert daraufhin verschlagen: "Wollen wir wetten?" Die nächste Szene beginnt damit, daß Claire ein Bettuch ausschüttelt und dann die Couch damit bezieht. Besonders gut gelungen sind die Kameraaufnahmen der Bilder, in denen Daniel seinem kleinen Freund Nat Flugstunden gibt. Die beiden simulieren ein spannendes Abenteuer mit Notlandung und die Kamera führt die Bewegungen des fiktiven Flugzeugs aus, so daß die

Bilder viel spannender werden und ein Live-Gefühl vermittelt wird. Die historischen Flugzeuge hatte das *Flying Museum* in Chino, Kalifornien beigesteuert. Russell Boyd arbeitet mit speziellen Farbfiltern, um den "alten" Szenen den richtigen Gilb zu verpassen. Regisseur Steve Miner schuf einen bewegenden Film, dessen anrührende Szenen durch Jerry Goldsmiths Musik noch unterstützt werden. Seine Stücke für Klavier und Querflöte zeigen die enge emotionale Bindung zwischen Helen und Daniel ebenso wie das Orchesterstück am Ende.

Daniel McCormick will sich für Harrys (George Wendt, links) Experiment zur Verfügung stellen.

DER MANN OHNE GESICHT
The Man Without a Face USA 1993

R: Mel Gibson   Db: Malcolm MacRury nach dem Roman von Isabelle Holland   M: James Horner   gesp: The London Symphony Orchestra   *Born a Woman* v: Martha Sharp ges: Sandy Posey   *Ch'ella mi creda* aus *La fanciulla del west* v: G. Puccini, C. Civinini, C. Zangarini, D. Belasco ges: Jussi Björling   *Moon River* v: Johnny Mercer, Henry Mancini ges: Andy Williams   *The Challenge* aus *Red River* v: Dimitri Tiomkin   K: Donald M. McAlpine   S: Tony Gibbs   Pd: Barbara Dunphy   Ko: Shay Cunliffe   SpE: Brian Ricci   B: Marion Dougherty   CoP: Dalisa Cohen   P: Bruce Davey   V: Tobis   Lz: 115 Min

Mel Gibson (Justin McLeod), Nick Stahl (Chuck Norstadt), Fay Masterson (Gloria), Gaby Hoffmann (Megan), Geoffrey Lewis (Chief Stark), Ethan Phillips (Mr. Lansing), Richard Masur (Carl), Michael DeLuise (Douglas Hall), Margaret Whitton (Catherine), Jean de Baer (Mrs. Lansing), Jack de Mave (Mr. Cooper), Malcolm MacRury (zweiter Leiter von Holyfield)

Chuck wächst bei seiner Mutter und den beiden Stiefschwestern auf. Sein Traum ist der Besuch der Kadettenschule, die auch schon sein als Pilot verunglückter Vater mit Erfolg durchlaufen hatte. Leider sind seine schulischen Leistungen schwach. In seiner Not wendet er sich an den menschenscheuen Sonderling McLeod, der mit seinem verunstalteten Gesicht ein Einsiedlerleben führt. Zwischen dem ehemaligen Lehrer und Chuck entwickelt sich eine innige Freundschaft, die von den örtlichen Autoritäten mißbilligt und falsch interpretiert wird und in einem Verfahren wegen Kindesmißbrauchs endet. Jeglicher Kontakt bleibt untersagt. Chuck schafft, obwohl er mittlerweile erfahren mußte, daß der Vater in der Psychiatrie geendet hatte, sein Lebensziel und absolviert die Militärakademie mit Erfolg und weiß, daß er dem "Monster" McLeod viel zu verdanken hat.

Gibson beweist bei *Der Mann ohne Gesicht* zum ersten Mal auch seine Stärken als Regisseur. Es zeigt sich hierbei deutlich der Einfluß von Richard Donner und Peter Weir. "Zwar setzen die Dialoge durchaus böse Pointen, aber die Bilder scheinen von jener schönen reinen Menschlichkeit duchtränkt zu sein, die Weirs amerikanische Produktionen gelegentlich schwülstig und beflissen wirken läßt." (*Frankfurter Rundschau*) Dies gab der Star auch offen zu: "Die, mit denen ich in der Anfangszeit arbeitete, prägten mich wahrscheinlich mehr, denn damals war ich noch neugierig und stellte wirklich Fragen wie: 'Was machen Sie da ? Was? Warum?' [...] 'Warum machen wir das?' Es ergibt manchmal einfach keinen Sinn, wenn man sich nicht in den Regisseur hineinversetzen und seinen Blickwinkel herausfinden kann.[...] So haben wir Männer wie George Miller und Peter Weir - keine schlechten Vorbilder". Dies schien zu funktionieren. Gibson brachte einige wirklich gute Ideen in den Film ein, z. B. in der Szene, in der Chuck seine Schulbücher von den Küstenfelsen holen will und, um dorthin zu gelangen, über McLeods Grundstück schleicht. Das Haus des Verunstalteten wird aus der Perspektive des Jungen gezeigt, ein Fenster steht offen und weiße Vorhänge wehen heraus. Die nächste Einstellung präsentiert den Blick durch eben dieses Fenster nach draußen. Man sieht den kleinen Jungen, der sich gerade durchs Gelände schlägt. So wird der Eindruck vermittelt, McLeod beobachte den Eindringling. Eine ähnliche Technik wird verwendet, als Chuck aus Wut über seine Mutter im Autoladeraum einer Fähre einen Vorderreifen des Familienfahrzeugs zersticht. Eine Hand rückt in einem anderen Wagen den Seitenspiegel zurecht, um das Geschehen besser verfolgen zu können, und dem Zuschauer ist die Präsenz des "Monsters" vollkommen bewußt, obwohl er es erst später zu Gesicht bekommt. Die Exposition des Films bildet gemeinsam mit dem Ende einen gelungenen Rahmen um die Geschichte. Sie beginnt mit Chucks großem Traum, in dem er als erfolgreicher Kampfpilot aus der Schlacht heimkehrt und in einem großen Triumphzug gefeiert wird. "Es war ein richtig guter Traum. Aber ganz egal was es für ein Traum ist, es gibt darin jedes Mal ein Gesicht, das ich nicht erkennen kann, das ich immer noch vermisse. Es ist irgendwo da draußen – jenseits der Menge." Die Kamera wischt schnell über die jubelnde Menschenmenge, bleibt bisweilen auf einigen Gesichtern hängen. Danach erst beginnt die Haupthandlung. Das Ende gestaltet sich ähnlich. Der Film schließt mit dem Satz: "Aber ein Gesicht werde ich immer vor mir sehn, irgendwo da draußen – jenseits der Menge."

Der Mann ohne Gesicht wurde dem in den 60ern spielenden Roman von Isabelle Holland nachempfunden. Der Regisseur veränderte die Vorlage, in der sich ein Lehrer tatsächlich an einem seiner Schüler vergeht, zu einem schnulzigen Melo-Lehrstück über Freundschaft und Vertrauen. Der "Monster-Mensch" entpuppt sich als Engel und ganz nebenbei werden noch Probleme wie Kindesmißbrauch, die Oberflächlichkeit der Gesellschaft, Außenseiterdasein, Erziehungskonflikte, Familienstreitigkeiten und die Schwierigkeiten des Erwachsenwerdens angesprochen. Der Film versucht sie innerhalb von 115 Minuten so zu behandeln, daß man sie dann wunderbar beschönigend noch zu einem Happy-End verknüpfen kann. Ein ziemlich gewagtes Unterfangen für einen Neuling auf diesem Gebiet, zumal Gibson in der Hauptrolle dieses Mal Mut zur Häßlichkeit beweist. Sein Gesicht ist zur Hälfte entstellt, worunter seine Mimik leidet. Der Regisseur hatte ursprünglich nicht im Sinn, auch als Schauspieler mitzuwirken: "Ich war nicht meine erste Wahl. Ich fand keinen anderen Schauspieler." Obwohl sie ihm ganz neue Perspektiven eröffnete, klagte Gibson über seine Doppeltätigkeit: "Es war eine Menge Arbeit und ich war zeitweise wie durchgedreht vor Erschöpfung. Allein für das Make-up haben wir täglich zwei Stunden gebraucht. Ich war in meinem ganzen Leben noch nie so überbeschäftigt wie während dieses Regie-Jobs."

Gibson hatte große Angst, daß sein Regiedebut bei der Öffentlichkeit auf Ablehnung stoßen würde: "Ich bin zu ängstlich, obwohl ich nicht denke, daß sie mich kreuzigen werden." Die Kritiken zu *Der Mann ohne Gesicht* waren durchwachsen. Obwohl man kaum einen Kommentar findet, der durchwegs negativ wäre, kann man auch nicht behaupten, daß die Fachleute an Kritik sparten. Die *FAZ* spottete: "Attacke des Welttheaters auf die Pickel des Vergil. Wenn Teenager Superväter suchen und bei Lateinlehrern landen." Harald Fricke von der *taz* gab seiner Rezension die Überschrift: "Verträumt, depressiv, nichtsnutzig". Doch als Regisseur wurde Gibson wie hier von *Die Presse – Kultur und Medien* außerordentlich gelobt: "Gibson glänzt durch einprägsame Schauspielführung und Gespür für Ambiente."

Gibson zeigt auch als Schauspieler seine Qualitäten. Seine Methoden als Lehrer Justin McLeod erinnern zwar teilweise an Robin Williams in *Club der toten Dichter* – rein zufällig abermals ein Werk von Peter Weir – da auch er nach dem "Man-lernt-nicht-für-die-Schule-sondern-fürs-Leben-Prinzip" vorgeht und Wissen mit ungewöhnlichen Methoden vermittelt, aber er ersetzt einen Teil der Kreativität des "Captain" durch Strenge, dessen psychologische Tricks durch Disziplin. Gibson selbst verteidigt diese Erziehungsform: "Man muß die Grundregeln etablieren. Der Partner muß wissen, was er darf und was nicht... Wenn eine Gesellschaft funktionieren soll, dann braucht sie Regeln, an die man sich verbindlich hält." Und es funktioniert – wenigstens im Film.

Gibson konnte sich gut in die Probleme und Sorgen des 13jährigen Chuck hineindenken: "Da ist ein kleines bißchen Biographie drinnen, aber nur sehr schwach." Im nächsten Augenblick wollte er seine Aussage schon wieder revidieren: "Ich wollte überhaupt nicht sagen, daß das auch nur im entferntesten meine Geschichte ist. Nur eine gute Geschichte. Ich kann mich mit dem Kind identifizieren ... Kinder lehren einen genauso viel wie man sie lehrt – ich denke, das ist der Inhalt des Films."

Der Star stellt die Entwicklung des Lehrers eindrucksvoll dar. Zuerst ist da dieser verbitterte Einsiedler, der sich von den Menschen fernhält, sogar auf einer Fähre im Wagen unter Deck bleibt, um nicht gesehen zu werden, und der den kleinen Chuck durch Zynismus und Sarkasmus von sich fern halten will. Der Junge versucht an den Einzelgänger näher heranzukommen, ein Gespräch mit ihm zu beginnen, aber der Schmerzensmann, dem seine Zwiespältigkeit buchstäblich ins Gesicht geschrieben steht, blockt ab. Durch die gemeinsamen Unterrichtsstunden mit seinem Schüler taut der Gezeichnete auf und lernt wieder mit Menschen umzugehen. Sein Zynismus verwandelt sich langsam in Humor, besonders bei seinen Reaktionen in Bezug auf sein Gesicht. Der "Monster-Mensch" erkennt, daß nicht nur die Menschen Vorurteile gegen ihn, sondern er auch welche gegen sie hat. Mel Gibson spielt wirklich fabelhaft. Obwohl die von ihm erstellte Skizze zur Veranschaulichung einer geometrischen Aufgabe nicht so ganz von seiner Kompetenz überzeugt - ein rechter Winkel beträgt 90° und nicht 105°! – ist sein Lehrer voller Elan, absolut glaubhaft. Durch die Maske ist seine Mimik sehr eingeschränkt, trotzdem schafft es der Schauspieler, ein Gefühl der Lebendigkeit zu vermitteln. Sehr gut spielt er auch in der Szene, in der McLeod während einer Puccini-Arie einen Spiegel an die normale Hälfte seines Gesichtes hält, um sich der Illusion hinzugeben, er sei nicht entstellt. Der Schmerz, den er wegen seiner Entstellungen und der damit verbundenen Ächtung durch die Menschheit empfindet, sind hier deutlich spürbar.

Regisseur Gibson erläutert Nick Stahl eine Szene

Mel Gibson als entstellter Justin McLeod

Nick Stahl wurde durch seine Rolle als Chuck Norstadt in der Filmindustrie bekannt – und das mit Recht. Er bringt die Leistung eines erwachsenen Schauspielers, vermittelt die Einsamkeit des kleinen Jungen, seine Träume, Wünsche, Enttäuschungen. Mit Humor spielt er Chuck, der sich Mut zuspricht, als er zu McLeod geht: "Falls er ein Kannibale ist, sag ich ihm einfach, ich hätte Knochenkrebs." Die Probleme mit Mutter und Schwester Gloria, die ihn beide für geistig zurückgeblieben halten, haben Chucks Selbstvertrauen stark geschwächt und nur die Freundschaft mit dem "Monster" kann ihm neuen Mut geben. Stahl zeigt eindringlich die Parallelen seiner Rolle zu Justin McLeods Außenseitertum auf, die Einsamkeit, das Unverstandensein beider. Bisweilen übertrifft der junge Schauspieler dabei sogar seinen großen Kollegen Mel Gibson.

Gedreht wurde in Maine, wo die Städtchen Bayside und Camden einen Sommer lang eine zusätzliche Touristenattraktion zu bieten hatten.

MAVERICK - DEN COLT AM GÜRTEL EIN AS IM ÄRMEL
Maverick   USA 1993

R: Richard Donner   **Db:** William Goldman   nach dem Maverick-Charakter von Roy Huggins   **M:** Randy Newman   **L:** *A Good Run of Bad Luck* v: Hayden Nicholas, Clint Black ges: C. Black   *Ride Gambler Ride* v: Randy Newman ges: R. Newman   *Renegades, Rebels and Rogues* v: Paul Nelson, Larry Boone, Earl Clark ges: Tracy Lawrence   *You Don't Mess Around With Me* v: Waylon Jennings ges: W. Jennings   *Amazing Grace* (Trad.) ges: John Anderson, Randy Archer, Clint Black, Suzy Bogguss, Gary Chapman, Billy Dean, Radney Foster, James Garner, Mel Gibson, Amy Grant, Noel Haggard, Faith Hill, Waylon Jennings, Hal Ketchum, Tracy Lawrence, Kathy Mattea, Reba McEntire, John Michael Montgomery, Michael Omartian, Johnny Park, Eddie Rabbit, Restless Heart, Ricky Van Shelton, Danny Shirley, Larry Stewart, Joy White, Tammy Wynette   **K:** Vilmos Zsigmond   **S:** Stuart Baird, Dallas Puett   **Pd:** Tom Sanders   **Ko:** April Ferry   **SpE:** Matt Sweeney   **B:** Marion Dougherty   **CoP:** Jim Van Wyck   **P:** Bruce Davey, Richard Donner   **V:** Warner Bros.   **Lz:** 126 Min

Mel Gibson (Bret Maverick), Jodie Foster (Annabelle Bransford), James Garner (Zane Cooper), Graham Greene (Joseph), Alfred Molina (Angel), James Coburn (Commodore), Geoffrey Lewis (Matthew Wicker), Paul L. Smith (russ. Großfürst), Dan Hedaya (Twitchy), Waylon Jennings (Mann mit versteckter Waffe), Dub Taylor (Hotelpage), Dennis Fimple (Stuttering), Max Perlich (Johnny Hardin), Danny Glover (Anführer der Bankräuber), Vilmos Zsigmond (Albert Bierstadt), Lauren Shuler-Donner (Bademagd), Steve Kahan (Händler), Vince und Janice Gill (Zuschauer), Denver Pyle (alter Pokerspieler), Art La Fleur (Pokerspieler), Clint Black (freundlicher Pokerspieler), Doug McClure, Henry Darrow, Robert Fuller, William Smith, Michael Paul Chan, Bert Remsen, Donal Gibson, Bill Handerson, Chuck Hart, Richard Blum, William Marshall, Cal Bartlett (Riverboat Pokerspieler)

Bret Maverick ist unterwegs zu einem Pokerturnier. Um die noch fehlenden Dollars für die Teilnahme zu bekommen, pokert er mit Annabelle Bransford und Angel und seinen Männern in einem kleinen Westernkaff. Trotz seiner Glückssträhne gelingt es ihm nicht, die benötigte Summe zu gewinnen. Er schließt sich Annabelle und Marshal Zane Cooper an, die das gleiche Ziel wie Maverick haben. Unterwegs stoßen sie auf eine Gruppe von Siedlern, die gerade beraubt worden ist. Maverick verspricht ihnen für eine Provision, das Geld wieder zu beschaffen. Als Maverick mit dem gestohlenen Geld zurückkehrt, tauchen einige Indianer auf. Joseph, ihr Anführer, ist ein alter Freund und Maverick sieht seine Stunde gekommen, um sich von seinen beiden Mitreisenden zu trennen. In Josephs Lager kann Maverick sich einige Dollar zum Startgeld hinzuverdienen. Nach Verlassen des Lagers fällt er in die Hände von Angel, der ihn mit einem Strick um den Hals in der Wüste zurückläßt. Trotz aller widrigen Umstände treibt Maverick das fehlende Startgeld auf und gelangt rechtzeitig auf den Dampfer des Commodore, wo das Pokerturnier veranstaltet wird. Als schließlich der Sieger feststeht, packt Cooper, der als Aufpasser eingestellt wurde, das Geld und verschwindet. Maverick nimmt die Verfolgung auf. Als er den Dieb stellt, muß er feststellen, daß der Commodore der Drahtzieher aller Anschläge auf sein Leben war. In einem letzten Showdown erledigt Maverick den Schurken.

Maverick und Annabelle (J. Foster) in einem ihrer zahlreichen Dispute

Maverick schloß sich einer alten Fernsehtradition an. Die erste Folge flimmerte im September 1957 - ein Jahr nach Gibsons Geburt - von den Bildschirmen des ABC Fernsehnetzes. Vor allem die ersten beiden Staffeln der Serie wurden unglaublich umjubelt. Nach weiteren Fortsetzungen verschwand aber das Interesse an den Erlebnissen des Pokerschlitzohrs Maverick und die Geschichten wurden immer einfallsloser. Die Reihe entwickelte sich von einem Western mit Humor zu einer Slapstick-Komödie. Die Serie dominierte die Bildschirme insgesamt nur zwei Jahre lang und stand nach vier Jahren endgültig vor dem Aus. Insgesamt produzierte man 124 Folgen von *Maverick*, außerdem wurden zwei Remakes verfilmt, *Young Maverick* mit 8 und *Bret Maverick* mit 17 Folgen, die aber keineswegs erfolgreich waren. Dazu kam noch der Spielfilm *The New Maverick*.

Was machte nun *Maverick* zu einem Publikumsrenner, zum Straßenfeger der 60er? Es war seine Andersartigkeit. Verglichen mit den edlen Westernhelden seiner Zeit ist Maverick beinahe ein Halunke, ein Spitzbube, der nur hilft, wenn die Geldfrage geklärt ist, und sich, wenn eine Schießerei in Sicht ist, lieber aus dem Staub macht oder, falls das nicht mehr möglich ist, sich unter Saloon-Tischen verkriecht. "Der traditionelle Westernheld ist ein unerschütterlicher Cowboy, der nicht zögern würde, alles abzuknallen und sein Leben zu riskieren, um einer Maid in Not zu helfen. Wenn dieses Mädchen zu Maverick gehen würde, wäre es jedenfalls mehr als wahrscheinlich, daß er ihr die Richtung zum Büro des Sheriffs zeigen würde. Oder manchmal würde er dem Mädchen helfen, aber bevor er mit hineingezogen wird, würde er sie fragen: "Was springt dabei für mich heraus?" (Ed Robertson). Von jeglicher altruistischer Handlung weit entfernt, läßt sich Maverick aber immer zu einem Abenteuer überreden, wenn eine Belohnung ausgesetzt ist, obwohl er sein Geld lieber auf einfachere Weise, nämlich beim Pokern verdient. "Ich liebe Geld, aber ich hasse das Gefängnis." Er gibt seinem Verstand anstelle seiner Fäuste oder gar des Schießeisens den Vorzug und versucht so, unangenehmen Situationen aus dem Weg zu gehen. Trotzdem, oder gerade deshalb, stolpert er von einem Abenteuer in das nächste. "Ich wollte einen Western machen, der alles verdrehte – sogar die Art der Kleidung des Helden. So ist in den meisten Western der feine Spieler der böse Junge, und er kleidet sich in Schwarz. So ließ ich den feinen Spieler in Schwarz zum guten Jungen werden, aber zu einem guten Jungen, dessen Einstellungen das Gegenteil des typischen Westernhelden sind," meinte Mavericks geistiger Vater, Roy Huggins.

Dieser schrieb die ersten Drehbücher für die Episoden, baute aber, nachdem sich die Serie zum Erfolgsschlager entwickelt hatte und er mit der Produktion von Skripten kaum mehr nachkam, eine Autorengruppe um sich herum auf, die nach seinen Vorstellungen neue Abenteuer für den Anti-Helden ausklügelte. So wurde dem ursprünglichen Bret Maverick bald eine Familie hinzugefügt: Bruder Bart (Jack Kelly), Beau (Roger Moore) und Old Pappy, Beauregard. Letzterer tauchte kaum auf dem Bildschirm auf, sondern wurde nur immer zitiert: "Wie mein alter Pappy immer sagte ..." So konnte man lustige "Weisheiten", sogenannte Pappyismen, in die Dialoge einbauen, die aus dem Mund der anderen Familienmitglieder lächerlich geklungen hätten. Auch in Donners Film werden einige Kostproben dieser Sprüche zum besten gegeben: "Also mein Paps pflegte zu sagen: Wer heute beim Streit schnell Leine zieht, so manchen anderen Tag noch sieht."

"Maverick" bedeutet an sich Einzelgänger oder Abtrünniger. Der Name allein spricht also schon für die Besonderheiten der Rolle. Für Maverick standen zwei Quellen Pate: Samuel A. Maverick, ein texanischer Rinderzüchter, berühmt für seine Unabhängigkeit, und Bret, Huggins ältester Sohn. Zur Verkörperung dieser Rolle wurde James Garner. James Scott Bumgarner wurde am 7. April 1928 in Norman, Oklahoma geboren. Weil er die Schule ohne Abschluß verlassen hatte, mußte er sich mit wenig einträglichen Nebenjobs begnügen. Nach dem Koreakrieg und einem mißlungenen Versuch, an der Universität Fuß zu fassen – er hatte den Abschluß nachgeholt - begann er sich 1952 für die Schauspielerei zu interessieren. Die Leistungen, die er auf der Bühne erbrachte waren erbärmlich, und er konnte sich nur durch die Einnahmen eines berühmten Zigarettenwerbespots über Wasser halten. Dann bekam der Halb-Cherokee jedoch die Chance, eine kleine Rolle in der ersten Episode von *Cheyenne* zu übernehmen. *Cheyenne* war die erste Fernsehproduktion von Warner Brothers und Garner enttäuschte seine Förderer nicht. Am Tag nach den Dreharbeiten sah Jack Warner den jungen Schauspieler und erkundigte sich sofort: "Wie heißt er?" – "Jim Bumgarner." Warner zeigte auf der Stelle seine Geschäftstüchtigkeit: "Streich das 'bum' weg und gib ihm einen Siebenjahresvertrag." Diese Namenskorrektur stellte den Beginn von Garners großer Schauspielkarriere dar. *Maverick* katapultierte ihn endgültig in die Reihen der unvergessenen Stars und machte ihn als Bret Maverick zur Legende. Nach jahrelanger Westernabstinenz – er hatte sich mit Warner Bros. entzweit - kehrte er mit Donners Werk wieder an den Ursprung seines Schaffens zurück, nur nicht in seiner ursprünglichen Rolle. Der Hollywood-Veteran spielt dieses Mal Marshall Zane Cooper, für dessen Rolle eigentlich Paul Newman vorgesehen war. Letzterer sagte aber kurzfristig ab und nun stand man kurz vor Drehbeginn ohne geeignete Besetzung da. Donner gestand: "Ich glaube, in unserem Innersten wollten wir nicht zu Jim Garner gehen, weil wir ihn nicht verletzen wollten. Da ist der Junge, der die Rolle geschaffen hat und was sonst hätten wir ihm anbieten können, als die Rolle von Maverick, aber Mel würde diese spielen. Mel und ich unterhielten uns: Sollten wir zu Garner gehen? Er kann allerhöchstens sauer auf uns zu werden, so schickten wir ihm ein Drehbuch ... und er kam herein und strahlte."

Eine der ersten Aktionen von Gibsons eigener Icon Production war der Erwerb der Rechte an der Kinoversion der TV-Serie *Maverick* aus den 50er Jahren. Für Gibson war die Rolle des Maverick immer ein Traum gewesen. "Als Kind war *Maverick* eine meiner Lieblingsserien. Was kann es Schöneres geben, als seine Kindheitsphantasien auszuleben und dafür auch noch bezahlt zu werden? Bret Maverick ist ein lockerer Typ, das imponiert mir." Beim US-Kinostart spielte die $-40-Mio.-Produktion am ersten Wochenende $ 17,2 Mio. ein. Die Reaktionen der Kritiker fielen überschwenglich aus. Manche schrieben, man müsse in Zukunft wohl statt vom "Wilden" vom "Witzigen" Westen sprechen. Auch daß das schauprächtige und unglaublich lustige Spektakel ungeniert aus dem Genre zitiert, störte niemanden. Vielmehr wertete man es zugunsten des Werks, da es damit die Tradition der alten *Maverick*-Western parodiert.

Die Garderobe Gibsons wurde fast detailgetreu James Garners Serien-Outfit nachempfunden. Man drehte den Film innerhalb von 15 Wochen im Glen Canyon National Park in Utah und um den Lake Powell in Arizona. Den historischen Raddampfer, die *Lauren Belle*, auf dem im Film die große Pokerpartie stattfindet, borgte man sich aus dem Schiffahrtsmuseum von Portland und kleidete ihn lediglich in eine neue Fassade. Einen Gag der besonderen Art findet man in den Szenen des Pokerturniers: An den Spieltischen sitzt die alte Darsteller-Garde aus vielen TV-Westernserien. Außerdem servierte Regisseur Richard Donner auch eine Delikatesse für alle *Lethal-Weapon*-Fans. Der Bankräuber ist Danny Glover, der dort als Murtaugh die Straßen sicher und in seiner Rolle als Ganove hier nun eher unsicher macht. Maverick sieht den Verbrecher so an, als würde er ihn kennen. Die beiden starren sich ins Gesicht, schütteln dann den Kopf, schauen sich wieder an, als könnten sich nicht mehr daran erinnern, woher sie sich denn kennen. Als der Gauner dann die Bank verläßt, schimpft er leise vor sich hin: "Ich bin zu alt für diesen Mist." Dieser Ausspruch ist eigentlich Sergeant Murtaughs Lieblingssatz. Randy Newman komponierte die wunderbar verspielte Filmmusik. Diese variiert verschiedene Themen und unterstützt die Westernromantik der großartigen Bilder von Vilmos Zsigmond. Das Drehbuch stammte von Oscar-Preisträger William Goldman.

Jodie Foster sah man bislang eigentlich nur in ernsten Rollen, in *Maverick* aber zeigte sie sich von ihrer komödiantischen Seite. Sie war von der Rolle gleich begeistert: "Sie haben mir das Drehbuch an einem Donnerstag geschickt. Ich habe es am Donnerstag Nachmittag gelesen, habe am Freitag zugesagt und hatte am Samstag Kostümprobe. Ich habe gesagt: 'Yeah, ich kann es kaum erwarten und ändert bloß nichts.'" Als Foster gefragt wurde, was sie denn an der Rolle der Spielerin Annabelle Bransford fasziniere, antwortete sie: "Vor allem die Tatsache, daß ich noch nie eine solche Rolle gespielt hatte. Ich wollte eine leichte, spritzige Komödie drehen und habe mich dafür sogar an die Korsetts gewöhnt. Kostümfilme faszinieren mich, weil sie mir eine völlig neue Welt eröffnen." Vielleicht half auch die $-5-Mio-Gage über die unbequemen Kleider hinweg. Ursprünglich war Meg Ryan für die Rolle vorgesehen, aber die hatte gerade Babypause. Foster galt also lediglich als Notlösung. Gibson und Donner waren beide äußerst skeptisch, was die Schauspielerin betraf. Vor allem letzterer sträubte sich bis zuletzt gegen ihre Verpflichtung. Entgegen allen Erwartungen verstand sie aber sofort, wie sie zu spielen hatte: "Soviel habe ich von Komödien begriffen. Letztlich kommt es gar nicht so sehr darauf an, wie etwas genau aussieht, und auch nicht, ob alles genau zusammenpaßt. Es ist auch egal, was man anhat und ob alles tatsächlich einen Sinn hat. Das Einzige, worauf es wirklich ankommt, ist, daß der Funke überspringt." Jodie verblüffte alle, besonders Donner: "Ich wußte nicht, was das werden würde. Aber sie ist das süßeste, witzigste und erotischste, was mit je untergekommen ist. Unglaublich. Sie ist ein niedliches kleines Ding." Das niedliche kleine Ding nahm Donners altmodische Regieanweisungen bei den Dreharbeiten zuerst mit einer Art verletztem Berufsstolz entgegen: "Wenn ich in einem anderen Film mitten in einer Szene gewesen wäre und er hätte gesagt: 'Dreh dich nach rechts! Mach den Mund auf! Mach schon!', dann hätte ich ihm den Hals umgedreht. Aber für den Film, den wir gedreht haben, war es tatsächlich das Richtige."

Gibson und Foster verstanden sich blendend. Sie wurden enge Freunde und hielten auch nach Ende der gemeinsamen Arbeit den Kontakt zueinander aufrecht. Jodie schwärmte von ihrem Filmpartner: "Er entwaffnet einen manchmal geradezu, weil er so wenig bedrohlich ist – er ist sofort der beste Kumpel [...] Richard wirkt eher gefährlich, wie ein Spinnennetz, in dem man hängenbleiben könnte [...] Mel ist ein Kind." Mel revanchierte sich sofort: "Die Arbeit mit Jodie war ein Höllenspaß, ich würde sofort wieder mit ihr drehen. Wir haben uns alles erzählt, was uns auf dem Herzen lag."

Die Atmosphäre am Set war großartig. Gibson und Foster produzierten Gags am laufenden Band. "Wir haben dauernd herumgealbert. Mel ist einer meiner besten Freunde geworden." Chefmaskenbildner Mike Hancock berichtete über die Arbeit: "Wir hatten Tonnen von Outtakes (Szenen, die nicht zu gebrauchen sind, weil die Schauspieler soviel gelacht haben). Gerade Jodie kriegte sich oftmals nicht mehr ein." Die Zusammenarbeit der Hauptdarsteller kommentierte Donner folgendermaßen: "Heiß, die beiden. Phänomenal. Man brauchte einen Eimer Wasser, um sie zu trennen." Die Love-Story zwischen den Charakteren soll übrigens nicht im Original-

Drehbuch gestanden haben. Foster sagte zu diesem Thema: "Unsere Rollen sind so böse und fies, daß man an so Liebeszeug gar nicht denkt. Aber wir haben uns ständig so sehr geneckt, daß eine Love-Story wohl unausweichlich war. Donner wäre wohl betrogen gewesen, wenn wir ihm die nicht geboten hätten." Sogar der Regisseur taute bei der guten Stimmung am Set auf: Gibson und Donner führten sich Foster zufolge "wie zwei große Jungs im Sandkasten" auf. Der Regisseur wurde so locker, daß er sich sogar in Interviews mit den Journalisten Späße erlaubte. Im Film soll eine Zauberin – gespielt von Linda Hunt, Gibsons Co-Star in *Ein Jahr in der Hölle* – mit ihren Klapperschlangen durch die Lande ziehen (finden konnten wir den vorgeblichen Auftritt zumindest in der deutschen Version trotz aller Aufmerksamkeit nicht). Donner schwor, die Szenen seien mit echten Giftschlangen gedreht worden, und spöttelte: "Wenn man am Set umherlief und sich in irgendeinen Stuhl setzte, konnte es passieren, daß man sich in eine Schlange setzte. Man mußte auch verdammt vorsichtig sein, wenn man zum Pinkeln ging. Wir haben drei Leute verloren, aber ich weiß nicht mal, wer die waren und es macht sowieso nichts. Das waren nämlich bloß Schauspieler."

Auch im Wilden Westen hat die Moderne bereits Einzug gehalten: Maverick auf einem neuartigen Fortbewegungsmittel. Häuptling Joseph (Graham Greene) sieht skeptisch zu.

Viel zu lachen gab es auch bei dem gemeinsamen Versuch von Jodie Foster, James Garner und Mel Gibson, den Song *Amazing Grace* für den Soundtrack zu singen, da Mel ständig aus dem Takt fiel. Seines musikalischen Versagens wegen wurde das Lied dann mit professionellen Country-Musikern neu eingespielt.

Trotz vieler Parallelen zu der alten Maverick-Serie bringt der Film einige neue Ideen, besonders in Bezug auf die Hauptperson. Dieses Mal will Maverick nur wissen, wie gut er im Pokern ist und das Geld scheint Nebensache zu sein. Diese edle Einstellung, einmal nicht aus Profitgier zu handeln, zeigte der alte Maverick lediglich in zwei von 124 Episoden, *The War of the Silver Kings* und *The Town That Wasn't There*. Außerdem läßt sich in Gibsons Darstellung der Held leicht in die Irre führen. Er wird auch wieder des schnöden Mammons wegen in Abenteuer verwickelt, verzichtet dann aber trotzdem auf die Belohnung. Er hilft einer Gruppe von Frauen und Kindern, die von Banditen überfallen worden ist, ihr Hab und Gut wieder zurück zu erlangen, nimmt sein Honorar aber nicht an. "Er ist nicht so weltmännisch und cool wie der James Garner Maverick. Er läßt sich von Dingen leichter aus der Ruhe bringen, den falschen Dingen. Er ist ein Typ, der sich mehr Sorgen darüber macht, daß sein Hemd schmutzig werden, als daß er gehängt werden könnte", beschrieb Gibson seine Rolle. Aber Maverick ist immer noch genauso vorsichtig wie bisher, wenn Ärger im Verzug ist. Als er beim Pokern von einem Revolverhelden bedroht wird, der behauptet, daß diese Runde ungültig sei, weil er sich nicht konzentriert habe, stimmt ihm der Held ängstlich zu: "Gentlemen, diese Runde zählt eindeutig nicht!" Auf die Frage, ob er schon immer ein solcher Feigling gewesen sei, antwortet er freimütig: "Ja, ich glaub' schon. Na ja, also wenigstens soweit ich mich zurückerinnern kann. Ich bin nämlich lieber reich als tot."

Mel Gibson erweist sich als würdiger Nachfolger von James Garner. Er bringt den Witz, aber auch die Hintergründigkeit dieser Figur zur Geltung. Besonders brilliert er in Szenen mit Jodie Foster. Die beiden ergänzen sich großartig. Sie stürzt als Annabelle mit einem perfekt gespielten "Ach, wenn ich doch nicht verheiratet wäre!" in Mavericks Arme. Dieser stöhnt leidenschaftlich: "Ich weiß nicht, wie ich nur weiterleben soll ohne – ohne meine Brieftasche." Erst jetzt wird offenbar, daß Annabelle eine Diebin ist und ihre Komplimente nur Theater sind. Dieses Katz-und-Maus-Spiel der Zockerprofis, dem sich auch noch Garner anschließt, bleibt bis zum Ende unvorhersehbar und unglaublich spannend. Die geschickte und plötzliche Wendung der Geschichte stellt dann den krönenden Abschluß dieses "Gag-Feuerwerks" dar. Garner lebte sich großartig in seine neue Rolle ein. Bei solch einem erfolgreichen Remake hätte man sich sogar über ein "Fortsetzung folgt" im Nachspann gefreut.

Die drei Stars des Streifens: Mel Gibson, Jodie Foster und James Garner

POCAHONTAS
Pocahontas   USA 1994

R: Mike Gabriel, Eric Goldberg   **Db:** Carl Binder, Susannah Grant, Philip LaZebnik   **M:** Alan Menken   **L:** M: Alan Menken T: Stephen Schwartz   *The Virginia Company* ges: Chor (Gerard Alessandrini, Liz Callaway, George Dvorsky, Merwin Foard, Chris Groerendaal, Ray Harrell, Rob Lorey, Bobbi Page, Richard Warren Pugh, Gordon Stanley, Molly Wasserman, Joan Barber, Al DeRuiter, James Apaumut Fall, Larry French, Larry Hansen, Joan Henry, Bill McKinley, Wilbur Pauley, Patrick Quinn, Annie Sutton, Scott Barnes, Jonathan Dokuchitz, Bruce Fifer, David Friedman, Randy Hansen, Alix Korey, Bruce Moore, Caroline Peyton, Peter Samuel, Mark Waldrup, Lee Wilkoff), ges: Chor und Mel Gibson   Steady as the Beating Drum ges: Chor, ges: Jim Cummings   *Just Around the Riverbend* ges: Judy Kuhn   *Listen with your Heart* ges: Linda Hunt und Bobbi Page   *Mine, Mine, Mine* ges: David Ogden Stiers, Mel Gibson und Chor   *Colors of the Wind* ges: Judy Kuhn   ges: Vanessa Williams   *Savages (Part 1)* ges: David Ogden Stiers, Jim Cummings, Chor   *Savages (Part 2)* ges: von Judy Kuhn, David Ogden Stiers, Jim Cummings und Chor   *If I Never Knew You* ges: Jon Secada and Shanice   Traditionelle indianische Musik und Lieder, darunter *The Death Song* von Hawk Pope   ges. und gesp: Algonquin Sänger (Lesa Wakwashbosha Green, Gayle Melassa Pope, Ginny Ah' Chantooni Frazier, Rebecca (Dasse Manitsa) Hawkins, Stephen Snow Owl Bunch, Richard A. "Bear Coat" Bercot) und Shawnee Nation United Remnant Band   **ML:** David Friedman (Lieder)   Danny Troob (Musik)   **S:** H. Lee Peterson   **Aus:** Michael Giaimo   **B:** Brian Chavanne, Ruth Lambert, Karen Margiotta   **P:** James Pentecost   **V:** Buena Vista   **Lz:** 81 Min

Mel Gibson (John Smith), Irene Bedard, Judy Kuhn (Gesang) (Pocahontas), Linda Hunt (Großmutter Weide), David Ogden Stiers (Gouverneur Ratcliffe/Wiggins), Russell Means (Powhatan), Christian Bale (Thomas), Billy Connolly (Ben), John Kassir (Meeko), Frank Welker (Flit), James Apaumut Fall (Kocoum), Joe Baker (Lon), Danny Mann (Percy), Michelle St. John (Nakoma)

Unter dem goldgierigen Gouverneur Ratcliffe machen sich britische Siedler 1607 in die Neue Welt auf. Dort trifft der Abenteurer John Smith auf die Häuptlingstochter Pocahontas und verliebt sich in sie. Heimlich treffen sie sich, begleitet von vierbeinigen Freunden, in den Wäldern. Wie zu erwarten, kommt es bald zu Kämpfen zwischen den Ureinwohnern und den Neuankömmlingen. Die beiden Liebenden versuchen zu vermitteln. Doch der Häuptling will Rache für den Tod seines besten Kriegers und schwingt den Tomahawk gegen Smith. Pocahontas deckt ihn mit ihrem Körper. Ihr Vater Powhatan läßt sich erweichen und schließt Frieden mit den Weißen. Nur Ratcliffe zeigt keinerlei Verständnis und legt das Gewehr an. Smith sieht die Gefahr und wirft sich in die Schußlinie. Die Siedler sind empört und entwaffnen Ratcliffe. Der schwerverletzte Smith muß sich von seiner Liebsten trennen und das Schiff nach England besteigen, um dort seine Wunde zu kurieren.

Nach unzähligen phantastischen Abenteuern in den vergangenen Jahren durchwühlte die Disney Company 1990 die Historie und stieß auf die Häuptlingstochter Pocahontas, deren Stamm den frühen Kolonialisten in Virginia über die erste rauhe Zeit hinweggeholfen hatte. Unter den Siedlern befand sich auch der Abenteurer John Smith, der Jahre später die Geschichte von der Begegnung mit der damals etwa 11-jährigen schriftlich festhielt. Pocahontas heiratete einen Tabakpflanzer und kam 1616 an den englischen Hof, wo sie ein Jahr später mit 21 an den Pocken starb. Soweit die geschichtlichen Tatsachen.

Disney verarbeitete den Stoff in den folgenden Jahren zu einer romantischen Liebesgeschichte (fast) ohne Happy End. Zwar muß das glückliche Paar sich trennen, aber jeder nimmt neue Erkenntnisse über sich und die anderen mit auf den Weg. Damit kehrte Disney der alten Tradition, die "Rothaut" radebrechend mit Knollennase und Feder im Haar zu präsentieren, den Rücken und paßte sich den aktuellen gesellschaftspolitischen Erfordernissen an. "Politisch so korrekt wie Vollkornkekse", merkte Leslie Felperin von *Sight and Sound* süffisant an. Bösewicht ist nunmehr der britische Gouverneur in seiner Goldgier, der sich der Weisheit der edlen Wilden verschließt. Dem schlanken Wildfang mit der langen schwarzen Barbie-Mähne steht aus optischen Gründen ein blondes hochgewachsenes Bleichgesicht teutonischen Gepräges gegenüber. Eine Ähnlichkeit mit dem Originalsprecher Gibson drängt sich daher nicht gleich auf, aber bei genauerer Beobachtung ist doch unverkennbar, wer den Zeichnern als Vorbild diente. Aus Mimik und Augenspiel sprüht der gibsonsche Schalk, und auch in den Handbewegungen spiegelt sich der Sprecher wider. Leider geht durch das Fehlen der gewohnten deutschen Synchronstimme dieser Effekt größtenteils verloren.

Da die Stimmaufnahmen zeitlich weitestgehend vor der Animation entstanden, bestand genügend Gelegenheit, die Bilder den Charakteristiken des Sprechers anzupassen. Letzterer hatte es da schon schwerer: "Es ist schon interessant, kein Bild sehen zu können und seine eigene Vorstellungskraft zu brauchen, um in einem Raum mit Mikro die Geschichte und die Vorkommnisse rein mit der Stimme zu erschaffen." Eric Goldberg lobte seinen "Darsteller": "Mel brachte das Wesen von John Smith, das wir wollten, zum Vorschein. Er gab der Rolle auch eine Reife, die das Gefühl verstärkte, daß wir es hier mit jemandem zu tun haben, der wirklich in der Welt herumgekommen ist und viel erlebt hat. All dies bot er uns mit seiner Stimme dar und ließ Smith unbekümmert erscheinen und doch sehr sehr warm, sensibel und sogar verwundbar." Mike Gabriel ergänzt: "Wir waren von der Qualität seiner Schauspielkünste sehr beeindruckt und von seiner Fähigkeit, einer Dialogzeile, die vielleicht etwas zu karikiert war, die Spitze zu nehmen und sie abzuschwächen. Will sagen, er nivellierte eine Zeile statt sie aufzubauschen, was wir sonst immer machen." Zudem ließ er es sich auch nicht nehmen, seine Singstimme zu präsentieren, die er sonst nach eigenem Bekunden eher unter der Dusche erschallen läßt.

Den besonderen Charme der Disney-Zeichentricks machen jedoch von jeher die Tierdarstellungen aus. Dem realistischen Anspruch der Geschichte wollte man gerecht werden, indem man den Vierbeinern diesmal keine menschliche Sprache verlieh, sondern sie artgemäß keckern, zwitschern und bellen ließ. Es gelang den Zeichnern dennoch, mit jedem Tier einen eigenständigen Charakter auf die Leinwand zu zaubern. Den neckischen, verfressenen Waschbären Meeko als idealen Gefährten zur naturverbundenen Pocahontas, den humorlosen Kolibri Flit, den seine kleine Gestalt nicht davon abhält, seine Herrin in allen Situationen beschützen zu wollen, und Percy, den fetten Mops des Gouverneurs, den Meeko bald Mores lehrt.

Leider setzt sich die in den letzten Jahren zunehmende Tendenz zur Computergraphik auch hier deutlich fort. Den Konturen fehlt die Schärfe, die Detailfreudigkeit, im Hintergrund wie in den Kostümen und Gesichtern, die früher dabei half, die individuellen Merkmale herauszuarbeiten und die Bilder oft zu einer Augenweide werden ließ.

CASPER
Casper   USA 1994

R: Brad Silberling   **Db:** Sherri Stoner Deanna Oliver nach der Comicfigur "Casper the Friendly Ghost" von Joseph Oriolo   **M:** James Horner unter Verwendung von *Hard Copy Ball Logo* v: Edd Kalehoff   **L:** *Casper the Friendly Ghost* v: Mack David, Jerry Livingston ges: Little Richard *That's Life* v: Kelly Gordon, Dean Kay ges: Frank Sinatra   *Same Song* v: Gregory Jacobs, Ron Brooks, Tupac Shakur (Thema aus *The Black Hole* v: George Clinton, Jim Vitti, J.S. Theracon, William Earl, "Bootsy" Collins) ges. u. gesp.: Digital Underground   *Remember Me This Way* v: David Foster, Linda Thompson ges: Jordan Hill   *Jailhouse Rock* v: Leiber, Stoller ges: Bill Pullman   **K:** Dean Cundey   **S:** Michael Kahn   **Pd:** Leslie Dilley   **Ko:** Rosanna Norton   **SpE:** Michael Lantieri   **B:** Nancy Nayor   **CoP:** Jeffrey Franklin, Steve Waterman   **P:** Colin Wilson   **V:** UIP   **Lz:** 96 Min

Christina Ricci (Kat Harvey), Bill Pullman (Dr. James Harvey), Eric Idle (Dibs), Cathy Moriarty (Carrigan Crittendan), Garette Ratliff Henson (Vic), Jessica Wesson (Amber), Wesley Thompson (Mr. Curtis), Ben Stein (Rugg), Chauncey Leopardi (Nicky), Don Novello (Pater Guido Sarducci), Amy Brenneman (Amelia), Devon Sawa (Casper in persona), als Stimmen: Malachi Pearson (Casper), Joe Nipote (Stretch), Joe Alaskey (Stinkie), Brad Garrett (Fatso)

Carrigan Crittendan ist Erbin von Whipstaff Manor, einem alten Herrenhaus in Friendship, Maine, in dem sich ein Schatz befinden soll. Als sie mit ihrem Anwalt Dibs das Anwesen in Besitz nehmen will, erwartet sie eine böse Überraschung. In Whipstaff Manor haben sich einige Geister einquartiert, die ihre Spielchen mit der neuen Herrin treiben und so eine Schatzsuche verhindern. Schließlich beauftragt sie den Geistertherapeuten Dr. James Harvey, die Geister zu vertreiben. Mit seiner Tochter Kat zieht er in das alte Haus ein. Schon bald machen die beiden die Bekanntschaft von Casper, einem jungen freundlichen Gespenst, und seinen drei unerträglich kindischen Onkeln. Kat schließt Freundschaft mit Casper und entdeckt schließlich das Geheimnis von Whipstaff Manor.

Casper bietet Kindern und Kind Gebliebenen eine amüsante Unterhaltung, die vor allem dem gespenstischen Trio Stretch, Fatso und Stinkie zu verdanken ist, das seinen mehr oder weniger geistreichen Schabernack mit jedem treibt, der ihm in die Hände fällt. Daß Geistertherapeut Dr. Harvey das ideale Opfer ist, versteht sich von selbst, und so grinst dem Geplagten neben Clint Eastwood und einem Zombie eines Tages auch Mel Gibson einige Sekunden lang grimassenschneidend aus dem Spiegel entgegen.

BRAVEHEART
Braveheart   USA 1994

R: Mel Gibson   **Db:** Randall Wallace   **M:** James Horner gespielt vom The London Symphony Orchestra mit Tony Hinnegan (Kena und Whistle), James Horner (Keyboards), Eric Rigler (Uilleann Pipes), Mike Taylor (Bodhran Drum und Whistle) als Solisten Chorsänger der Westminster Abbey   **K:** John Toll   **S:** Steven Rosenblum   **Ko:** Charles Knode   **Pd:** Tom Sanders   **SpE:** Nick Allder   **B:** Patsy Pollock   **P:** Mel Gibson, Alan Ladd jr., Bruce Davey   **V:** 20th Century Fox   **Lz:** 177 Min.

Mel Gibson (William Wallace), Sophie Marceau (Prinzessin Isabelle), Patrick McGoohan (König Edward I Longshanks), Catherine McCormack (Murron), Angus McFadyen (Robert the Bruce), Brendan Gleeson (Hamish), David O'Hara (Stephen), Ian Bannen (Robert the Bruces Vater), Brian Cox (Argyle Wallace), Peter Hanly (Prinz Edward), Stephen Billington (Phillip), Donal Gibson (Stewart), Jeanne Marine (Nicolette), James Cosmo (Campbell), Alun Armstrong (Mornay), Dean Lopata (Madbaker / Bannerträger), James Robinson (William Wallace als Kind), Barry McGovern (Edwards Ratgeber)

Der junge William Wallace wird nach dem Tod seines Vaters, eines schottischen Rebellen, von seinem Onkel Argyle aufgezogen. Als Mann kehrt er in sein Dorf zurück und vermählt sich heimlich mit seiner Jugendfreundin Murron. Die englischen Besatzer töten die junge Frau, um Wallace aus der Reserve zu locken. Der stellt sich fortan an die Spitze gleichgesinnter Patrioten, um den Eindringlingen die Stirn zu bieten. In der Schlacht von Stirling gehen die Schotten als die überragenden Sieger vom Feld. König Edward I. von England versucht durch eine List, die Einfälle Wallaces im Norden seines Reiches zu stoppen und Zeit zu gewinnen. Bei Falkirk treffen die verfeindeten Parteien erneut aufeinander. Der bestochene schottische Adel, mehr an reichen Pfründen denn an Freiheit interessiert, fällt den eigenen Landsleuten in den Rücken. Auch der schottische Thronanwärter Robert the Bruce beteiligt sich schlechten Gewissens am Verrat. Wallace nimmt grausame Rache, woraufhin er in eine Falle gelockt und an Edward ausgeliefert wird. Weder Robert the Bruce noch die wohlgesonnene Prinzessin Isabelle können ihn retten. Er stirbt einen grausamen Henkerstod.

Mel Gibsons zweite Regiearbeit nach *Der Mann ohne Gesicht*, an der er zudem als Hauptdarsteller und Produzent beteiligt war, erwies sich als phänomenaler Erfolg, denn das Werk wurde 1996 mit fünf *Oscars* ausgezeichnet. Lon Bender und Per Hallberg erhielten den *Academy Award* für den besten Toneffektschnitt und Peter Thompson, Paul Pattison und Lois Burwell für das beste Make-Up. Für eine überragende Bildgestaltung durfte John Toll die goldene Statuette in Empfang nehmen und Mel Gibson wurde der *Oscar* für die beste Regie verliehen, für die er zuvor schon den *Golden Globe* nach Hause getragen hatte. An weniger bekannten Auszeichnungen heimste er noch den Preis für die beste Regie von der *Broadcast Filmcritics Association* und den *Special Achievement in Filmmaking Award* des *National Board of Review* ein. Zuletzt wurde *Braveheart* in Los Angeles auch noch zum besten Film gekürt. Ferner war das Historienmelodram in fünf weiteren Kategorien nominiert, nämlich Original-Drehbuch, Filmmusik, Kostüme, Schnitt und Ton.

Das preisgekrönte Meisterwerk wurde ein Kassenknüller. Allein in Deutschland stürmten 1,7 Millionen Zuschauer in die Kinos, um mit dem Helden William Wallace zu lachen, zu weinen und um die atemberaubend schönen, stimmungsvollen Landschaftsaufnahmen zu genießen. Sanft ansteigende Hügel mit saftig grünen Wiesen und majestätische Berge, an denen langsam Nebelschwaden vorbeiziehen, breiten sich vor den Augen des Publikums aus. Eine vollkommene Idylle? Mitnichten! Denn schon bald beginnen die Brutalitäten und das Gemetzel, die dieses Paradies in ein blutüberströmtes Schlachtfeld verwandeln, und Gibson war bei der Darstellung der Kampfszenen nicht zimperlich: "Das waren blutige Zeiten, also sind unsere Bilder sehr brutal. Der Zuschauer sollte mitten im Schlachtgetümmel sein und die ganze Perversion des Krieges nachfühlen." Es werden Köpfe, Beine und Hände abgehackt, Schädel gespalten, Feinde mit Schwertern durchbohrt, Kehlen durchgeschnitten ... Der Regisseur bietet ein unvergleichlich abwechslungsreiches Spektrum an Grausamkeiten, wobei er jedoch meint: "Wir haben uns aber sehr zurückgehalten mit der Gewaltdarstellung. Eine originalgetreue Metzelei hätte das Publikum nicht ertragen." Das Blut spritzt und sprudelt bis alles rötlich-braun gefärbt ist, und sogar der Held selbst schleppt sich wie ein Raubtier nach dem Mittagsmahl mit Blut zwischen den Zähnen aus der Schlacht.

Gibsons perfektionistische Vorstellungen für die Gestaltung dieser Szenen bedeuteten eine große Herausforderung für das ganze Team. "Wir haben die Bewaffnung und die Schlachtpläne von damals und die Art, wie man mit Pferden umgegangen ist, genauestens studiert. Wenn man Hollywood schon als das Mekka des Kinos bezeichnet, dann werden bei solch einem Projekt eben auch enorm hohe Maßstäbe angelegt." Um die Kämpfe möglichst authentisch zu gestalten, bediente man sich des gesamten mittelalterlichen

Waffenarsenals: Hämmer, Speere, Äxte, Schwerter, Morgensterne, Ketten und Schlagringe aus kleinen Geweihen. Man ließ sich das Gemetzel auch einiges kosten, so wurden z.B. von Mel Gibsons Schwert zehn Reproduktionen angefertigt, und für die Schlacht bei Stirling benötigte man weit über 1000 Statisten, die um der Originaltreue willen historisch passend gekleidet waren, und 150 Pferde. Großartige Kameraeinstellungen und ein geschickter Schnitt verzehnfachen die Wirkung der Schlacht auf den Zuschauer.

William Wallace führt seine Mannen in die Schlacht.

Gedreht wurde vornehmlich im Glen Nevis, am Fuß des Ben Nevis, des höchsten Berges der britischen Insel, während beinahe unablässig der Regen strömte. Schließlich setzte man nach Irland über, und kurbelte *Braveheart* vor Dunsoghly Castle und auf einem Golfplatz herunter. Die Landschaftsaufnahmen im schottischen Naturschutzgebiet erwiesen sich als kostspieliger als erwartet, da für die Drehgenehmigung an den *National Trust for Scotland* ein beträchtlicher Obolus entrichtet werden mußte.

Die Hauptfigur des Films, William Wallace, wurde nicht frei erfunden. Der schottische Volksheld lebte von etwa 1274 bis 1305 und wurde als "Hammer und Geißel Englands" bezeichnet. Generell besteht die Handlung von *Braveheart* aus vielen geschichtlich zu belegenden Tatsachen, doch stammen einige Details auch aus dem Märchenland. Wallace hatte niemals eine Affäre mit der Schwiegertochter Edwards I. und wurde nicht von Robert the Bruce im Stich gelassen, wenngleich er von den anderen schottischen Adeligen wirklich an die Engländer verkauft wurde. Bis zum tragischen Ableben des schottischen Königs Alexander III. im Jahre 1286, dessen Pferd ihn im Stich ließ und über eine Klippe in die rauhe See beförderte, hatte im Hochland Frieden geherrscht. Noch bevor die dreijährige Enkelin Margarete die Regentschaft antreten konnte, starb sie. Zwischen einem guten Dutzend Adeliger begann eine Auseinandersetzung um die Thronfolge. Vor allem Robert the Bruce und John Balliol taten sich dabei hervor. Der englische König Edward I. (Longshanks), hatte seit längerem sein Augenmerk auf den nördlichen Nachbarn gerichtet und sah nun die Gelegenheit gekommen, seine Ansprüche als Lehensherr und Overlord geltend zu machen. Da er mit John Balliol ein leichteres Spiel zu haben glaubte, wurde dieser 1291 zum König von Schottland ausgerufen. Balliol, "König von Edwards Gnaden" mußte nun mitansehen, wie der Engländer immer mehr Einfluß auf die Geschicke Schottlands nahm. Als sich Balliol gegen das Gängelband auflehnte, setzte ihn Edward als König ab und rückte im Frühjahr 1297 mit seinen Truppen in Schottland ein. Plündernd durchzogen die Soldaten das Land und machten ihre Rechte bei der Bevölkerung geltend. Der Willkürherrschaft fiel auch William Wallaces Frau Marion Braidfute zum Opfer. Der um 1274 als Sohn eines *laird*, eines kleinen Gutsbesitzers, Geborene begann mit einigen Getreuen eine Art Guerillakrieg und überfiel als erstes die Festung Lanark und tötete den englischen Sheriff William Heselrig. Um den ständigen Attacken von Wallaces Männern Einhalt zu gebieten, entsandte Edward seinen Feldherrn Warenne auf eine Strafexpedition. Wallace konnte die Engländer in für ihn strategisch günstiges Gelände locken. Am 11.09.1297 wurden die Eindringlinge in der Schlacht von Stirling, wo die Meeresbucht des Firth of Forth tief ins Land einschneidet, vernichtend geschlagen. Von nun an nannte sich Wallace *Guardian of Scotland*. Edward hatte er so gereizt, daß der sich der Sache selbst annahm. Mit einer neuen Taktik, wie sie auch der Film zeigt, schlugen die Engländer am 21.07.1298 die zahlenmäßig unterlegenen Schotten bei Falkirk. Wallace entkam und setzte seinen Kleinkrieg fort. 1305 fiel er durch Verrat von Ralph de Halliburton in die Hände seiner Feinde und wurde hingerichtet: gehängt, noch lebend ausgeweidet, enthauptet und geviertelt. Der Barde Blind Harry machte Wallace und seine Taten im 15. Jahrhundert unsterblich. Robert the Bruce wurde ein Jahr nach Wallaces Ende zum König Schottlands gekrönt und setzte den Freiheitskampf erfolgreich fort.

Mel Gibson hatte also ein gutes Stück Geschichte zu bewältigen und erlaubte sich dabei zahlreiche künstlerische Freiheiten. Die Schlacht bei Stirling zum Beispiel fand ganz und gar nicht so statt, wie sie der Film zeigt. Der eigentliche Überraschungsangriff wird auf der Leinwand als ein gut organisiertes Treffen zweier Heere mit Verhandlungen und Strategien dargestellt. Außerdem kam nicht Wallace auf die glorreiche Idee, die feindlichen Bogenschützen durch Angriffe von der Flanke her auszuschalten; diese Taktik war typisch für Robert the Bruce. Auch der Name *Braveheart* hat nichts mit Wallace zu tun. Der an der Lepra gestorbene Robert the Bruce hatte verfügt, daß sein Herz ins Heilige Land, nach Jerusalem, gebracht werden sollte. Nur kam es auf dem Weg dorthin zu Kämpfen zwischen Christen und Mauren. Sir James Douglas mißbrauchte die Kapsel mit dem einbalsamierten Herzen als Wurfgeschoß und schleuderte sie mit den Worten "Tapferes Herz (*brave heart*) geh du voran, und Douglas folgt dir, wie er es immer getan" in die Schlacht, um sich danach selbst auf die Feinde zu stürzen.

Die Elemente schottischer Folklore, die in die Filmmusik einfließen, erweisen sich als nicht authentisch. Sie sind dem 15. und 16. Jh. entnommen, obwohl die Handlung ins 13. Jh. einzuordnen ist. Aus all diesen Gründen sollte man den Film nicht zu ernst nehmen und sich mehr von wunderschönen Landschaftsbildern als von geschichtlichen Tatsachen beeindrucken lassen, zumal nicht einmal die Schotten selbst dieses historische Chaos gestört zu haben scheint und sie Mel Gibson seine Fehler verziehen haben.

Auf die Frage, ob er sich schon vorher einmal mit dem Freiheitshelden beschäftigt habe, erwiderte der Hauptdarsteller: "Nein, ich hatte nur den Namen schon mal gehört. Das war in der Schule, da gab es einen Typen namens Bill Wallace. Und es gab ein Pub in Sydney, wo ich früher oft gewesen bin. das war das William Wallace Hotel. Mann, was habe ich da gesoffen. Und dann kommt auf einmal ein Drehbuch, und ich dachte: Nanu, das ist doch dieses Pub." Dieser herzerfrischenden Antwort widersprach er bald darauf in einem weiteren Interview: "In Wallaces Truppen kämpften auch Gibsons! Meine Vorfahren haben also mit Wallace gekämpft. Im übrigen hat mir dieser Wallace schon immer imponiert, bereits als Kind. Wir Buben haben seine Schlachten nachinsceniert: Wir warfen uns gegenseitig Steine nach und wehrten uns mit Mistkübeldeckeln. So gesehen kann ich sagen, ich habe mir mit diesem Film einen Kindheitstraum erfüllt." Welcher dieser beiden so unterschiedlichen Aussagen darf man nun Glauben schenken? Egal! Mel Gibson ist die ideale Besetzung für diese Rolle und nur das zählt. Er spielt den charmanten Helden, den gebildeten Barbaren so überzeugend, daß er für viele Zuschauer mit der Gestalt des historischen William Wallace auf immer untrennbar verbunden sein wird.

Lediglich einige Schotten, die von den Wallaces abstammten, meinten, er sei zu klein und das scheint einleuchtend, da die Waffe des Kämpfers, der Zwiehänder, mit 1,60 Metern nur unwesentlich kürzer ist, als der Hauptdarsteller selbst. Doch diesen Kritikern begegnete Gibson mit Humor. Als er sich im Film vor der Schlacht von Stirling den Soldaten der schottischen Adeligen mit den Worten "Ich bin William Wallace" vorstellt, protestiert einer aus der Menge: "William Wallace ist zwei Meter groß!" Daraufhin erwidert dieser: "Ja, hab' ich auch gehört. Er kann Männer zu hunderten umbringen. Und wenn er bei uns wäre, hätte er den Feind schon mit Feuerbällen aus seinen Augen verzehrt und mit Blitzschlägen aus seinem Arsch."

Beeindruckend gestaltet der Hauptdarsteller seine Rolle besonders, wenn er emphatische Reden schwingen und seiner Sehnsucht nach Freiheit darin Ausdruck verleihen kann. "Ja, sie mögen uns das Leben nehmen, aber niemals nehmen sie uns unsere Freiheit!"

Obwohl sich große Teile besonders des jüngeren Kinopublikums äußerst begeistert von Gibson als Wallace zeigten, wurden auch kritische Stimmen laut. So spöttelte Libby Gelman-Waxner in *Premiere*: "Mel und all die anderen Männer in seinem Film sind fortwährend damit beschäftigt, ihre Perücken mit neuen Zöpfchen und Pferdeschwänzen zu versehen, bis es aussieht, als ob sie alle Pippi Langstrumpf spielten. Ich glaube, das Schottland der Feudalzeit war nach jener ersten Stevie-Nicks-Tour einfach nicht mehr dasselbe. Mel trägt einen schmutzigen Kilt und ein ärmelloses Oberteil, und er verliebt sich in eine Maid mit perfekten weißen Zähnen und perfektem glatten Haar. Dies ist die Art Film, in der die attraktivsten Leute auf den ersten Blick heiraten, und als Mel direkt vor der Schlacht eine zündende Rede hält, erwartete ich von den Bauern, daß sie aufstehen und sagen 'Bei Gott, Leute, folgen wir ihm. Er ist großartig!' Wenn Mel sich selbst eine Nahaufnahme gönnt, ist es praktisch Pornographie - so blau sind seine Augen."

Auch in seiner Rolle als Produzent und Regisseur ging Mel Gibson bei diesem Projekt voll auf, obwohl er es bisweilen als äußerst schwierig empfand, diese so unterschiedlichen Aufgabenbereiche zu vereinbaren. "Manchmal mußte ich 15 Seiten aus dem Skript herausreißen. Ich meine, nur herausreißen, weil kein Geld und keine Zeit übrig waren." Als Regisseur legte er viel Wert auf Kontraste, stille Landschaft/Schlachtgebrüll, einzelne Personen/Menschenmassen. Dabei konzentrierte er sich besonders auf Nahaufnahmen, die Gesichter oder Gegenstände zeigen, besonders in den Schlachten. Oftmals kombiniert er diese Technik mit Zeitlupenaufnahmen (36 Bilder in der Sekunde), die bei den Kämpfen die Wirkung auf den Zuschauer verstärken. Überdies setzte er *slow motion* bei sehr dramatischen Entwicklungen in der Handlung ein, wie der *Ius-primae-noctis*-Szene.

William Wallaces Schwert wird den ganzen Film hindurch immer wieder gezeigt und führt wie ein roter Faden durch die Handlung. Ein weiteres Leitmotiv ist das Stück Stoff, in dem Wallace eine Blume, die ihm seine Frau als Kind einst geschenkt hatte, aufbewahrt. Er trägt es sogar während der Hinrichtung bei sich, und später gibt dieses Tüchlein Robert the Bruce die Kraft, sich für den Kampf gegen die Engländer zu entscheiden.

Auffällig ist zudem, daß die meisten Szenen in trübem Licht gedreht wurden, doch weder Hauptdarsteller noch Regisseur, und schon gar nicht der Produzent Gibson, ließen sich durch das Wetter von der Entscheidung zu drehen abbringen. Das war aber nicht das einzige Problem, das er zu bewältigen hatte. Die Szene der Schlacht von Stirling, in der die Ritter gegen die mit ihren Speeren eingeigelten Schotten - die *schiltrons* - reiten, erwies sich als das Sorgenkind des Films. Die Reiter taten zwar ihr Bestes, nur die Pferde wollten sich unter keinen Umständen zu diesem in ihren Augen selbstmörderischen Vorhaben überreden lassen. So wurde kurzerhand umdisponiert, und man drehte diese Bilder eben in Arizona mit Westernpferden und Cowboys, die man lediglich in die richtigen Kostüme steckte.

Für die Schlachten und Kämpfe engagierte Mel Gibson die Reserve der irischen Armee, an die 1600 Soldaten, und die Zusammenarbeit verlief dank der militärischen Disziplin und Ordnung tadellos. Da die Geschichte von William Wallace in dessen Kindheit beginnt, benötigte man Kinder, die das Publikum in ihren Bann ziehen konnten. Der Regisseur machte aus den Dreharbeiten ein Spiel und bekam so, was er wollte - absolute Natürlichkeit! Das kleine Mädchen, das Murron als Kind spielte, war erst fünf Jahre alt und verstand noch gar nicht so recht, warum es was und wie eigentlich machen sollte, doch Gibson und die Kleine wurden bald gute Freunde. Als sie in der Szene, in der der Vater des jungen Wallace beerdigt wird, den Waisen anblicken sollte, klappte das vorerst nicht, aber dann stieg Gibson in einiger Entfernung auf eine Leiter, die so plaziert war, daß das Mädchen, wenn es zu ihm hinübersah, zugleich in das Gesicht des Jungen schaute.

Auch die Profis holte der Regisseur nicht aus der Traumfabrik Hollywood, sondern er sah sich einfach in Europa um und landete einige Haupttreffer. Patrick McGoohan zum Beispiel, der als Edward I. Wallaces Gegenspieler und Hauptfeind verkörpert, übertrifft sich selbst. Er stellt den König als gefühllos, kalt und vor allem skrupellos dar, als jemanden, der auf die Feinde schießen läßt, während auch seine eigenen Männer in der Schußlinie sind. Kühl, ungerührt und berechnend sagt er: "Als König sollte man fähig sein, jeder Lage etwas Gutes abzugewinnen."

William Wallace und Prinzessin Isabelle (S. Marceau) verbinden zarte Bande

Etwas eigenartig erscheint nur, wie schnell diese herrschsüchtige kräftige Kämpfernatur vom Drehbuch auf das Krankenbett gebannt wird, wo sie dann nur noch still und unauffällig dahinsiechen kann. Eine weitere Schwäche läßt sich auch in den letzten Szenen finden, als Wallace grausam gefoltert wird und um einen schnellen Tod zu erlangen, lediglich um Erbarmen bitten soll. Natürlich tut dies der störrische Held nicht, sondern schreit aus voller Brust "Freiheit". Warum man ihn daraufhin köpft statt ihn wie im grausamen Mittelalter schön langsam zu Tode zu bringen, bleibt unklar. Doch dieser qualvolle Schrei nach Freiheit faßt noch einmal in einem Wort zusammen, worum es eigentlich in *Braveheart* geht, was sich wie ein rotes Band durch die Geschichte zieht, die Sehnsucht nach Freiheit. "Ich möchte leben, ich möchte ein Heim, Kinder und Frieden. Das alles ist wertlos, wenn man nicht in Freiheit lebt."

Neben diesen tiefgründigen Wahrheiten lernt man auch nicht so bedeutende, aber umso amüsantere Dinge, z.B. was die Schotten des 13. Jahrhunderts eigentlich unter ihrer traditionellen Tracht, dem Kilt, trugen, denn vor der Schlacht von Stirling provozieren die Schotten ihre Feinde, indem sie zuerst vorne und dann hinten ihr Röckchen lüften - und was sieht man? Nichts als reine Natur!

Braveheart ist ein Film, der zum Nachdenken über Krieg, Frieden und Glück anregt und auf jeden Fall die Botschaft vermittelt, daß das Leben ohne Freiheit wert- und sinnlos ist. Vielleicht war das des Guten etwas zuviel, denn, wie Libby Gelman-Waxner bemerkt: "Irgendwie wünschte ich, er hätte nur gewunken und *Waterworld* gerufen".

KOPFGELD
Ransom USA 1996

R: Ron Howard **Db:** Richard Price, Alexander Ignon nach einer Idee von Cyril Hume und Richard Maibaum **M:** James Horner unter Verwendung von *Endeavor Airline Music* v: Jim Lang *Guidelite* v: Silvio Messana *A Whole, a Half and a Quarter* v: S. Messana **L:** *I Just Wanna Sing* v: Brad Brewer, Fred Miller, Leon Pendarvis ges. und gesp: The Crowtations (Brad Brewer, Darren Brown, Marvin Brown, Glenn King) *Waitboy* v: Andy Gonzales gesp: Barrio Latino Boom-Box Musik der Kidnapper v: Billy Corgan, gesp: B. Corgan **K:** Piotr Sobocinski **S:** Dan Hanley, Mike Hill **Pd:** Michael Corenblith **Ko:** Rita Ryack **B:** Jane Jenkins, Janet Hirshenson **CoP:** Adam Schroeder, Susan Merzbach **P:** Scott Rudin, Brian Grazer, B. Kipling Hagopian **V:** Buena Vista **Lz:** 121 Min

Mel Gibson (Tom Mullen), Rene Russo (Kate Mullen), Brawley Nolte (Sean Mullen), Gary Sinise (Jimmy Shaker), Delroy Lindo (Agent Lonnie Hawkins), Lili Taylor (Maris Connor), Liev Schreiber (Clark Barnes), Donnie Wahlberg (Cubby Barnes), Evan Handler (Miles Roberts), Nancy Ticotin (Agent Kimba Welch), Michael Gaston (Agent Jack Sickler), Dan Hedaya (Jackie Brown), Iraida Polanco (Fatima), Todd Hallowell (Don Campbell), Paul Guilfoyle (Wallace), Allen Bernstein (Bob Stone), Jose Zuniga (David Torres), Kevin Neil McCready (Agent Paul Rhodes)

Kate, Frau des Millionärs und Airlinebetreibers Tom Mullen, wirkt bei der Preisverleihung für "Jugend forscht" im Central Park mit. Plötzlich stellt sie fest, daß ihr Sohn Sean abgängig ist. Gemeinsam mit Tom sucht sie vergebens das gesamte Areal ab. Ein Anruf läßt die Befürchtung zur Gewißheit werden. Sean wurde entführt. $ 2 Mio werden gefordert. Als Handwerker verkleidet baut das FBI sein Einsatzbüro in Mullens Penthouse auf. Ein Zusammenhang mit einer Bestechungsaffäre, in die Tom vor einiger Zeit verwickelt war, wird nicht ausgeschlossen. Tom macht sich auf den Weg zur Geldübergabe. Er folgt den komplizierten Telefonanweisungen genau und erfährt, was den Entführer antreibt. Die Übergabe scheitert, als das FBI zugreift und den Übernehmer erschießt. Mullen kommen erste Zweifel, ob die Zahlung auch tatsächlich zur Freilassung führen wird. Dennoch ist er zu einem zweiten Versuch bereit. Unterwegs kommt ihm eine Idee. Er sucht einen Fernsehsender auf. Dort verkündet er live, daß er das Lösegeld als Fangprämie aussetzt für den, der den Entführer zur Strecke bringt und löst damit eine Schockreaktion aus. Mullen erhöht auf $ 4 Mio. Der Entführer

Jimmy Shaker erleidet einen Tobsuchtsanfall und schießt. Die Mullens hören den Schuß durchs Telefon und halten Sean für tot. Shaker sieht sich in die Enge getrieben. Er kann seinen eigenen Komplizen nicht mehr trauen. Er inszeniert die Aufklärung des Falls, erschießt seine Kumpane und wird selbst verwundet. Als der gefeierte Held das Kopfgeld abholen will, erkennt Sean seinen Entführer an der Stimme. Shaker zwingt Tom zur Bank. Nachdem die Überweisung bestätigt wurde, ist auch schon die alarmierte Polizei mit dem FBI vor Ort. Shakers Versuch, sich den Weg frei zu schießen, mißlingt. Er stirbt im Kugelhagel.

Tom und Kate Mullen (R. Russo) erhalten neue Anweisungen der Entführer

Kopfgeld bietet eine Mischung aus Action-Drama, Politthriller und Verhaltensstudie.
Vom Tellerwäscher zum Millionär - Tom Mullen, Amerikaner irischer Abstammung, hat sich aus bescheidenen Verhältnissen zum Multimillionär hochgearbeitet. Das Glück vollkommen machen eine hübsche blonde Lehrerin als Ehefrau, die ohne Wenn und Aber zu ihrem Mann hält, und ein aufgeweckter blonder Sohn. Ganz hat er als Aufsteiger seine Wurzeln noch nicht verloren. In seiner Freizeit pflegt er einen legeren Kleidungsstil in Jeans und Karohemd, zu offiziellen Anlässen zeigt sich das Ehepaar in

Giorgio Armani Kluft. Die Familie geht ihm über alles. Doch das Idealbild des amerikanischen Traums erhält schon bald die ersten Risse: Um einen Streik von seiner Fluglinie abzuwenden, hat Mullen einen Gewerkschaftsführer bestochen. Der Vater von sechs Kindern verbüßt nun eine langjährige Haftstrafe, während seinem Geldgeber nichts nachgewiesen werden konnte. Der rechtfertigt sich, er habe es für seine Firma und damit für die Angestellten und Kunden getan. Es war Gibsons Idee gewesen, der Hauptrolle einen charakterlichen Mangel zu verpassen und damit statt einer Wunschgestalt einen Menschen zu erhalten.

Mullens unerschütterliches Selbstvertrauen zerplatzt im gleichen Moment wie der ferngesteuerte rote Ballon, den Sean im Augenblick der Entführung aus den Augen verliert. Gibson spielt den verzweifelten Vater hervorragend, das Gesicht ausgemergelt mit Sorgenfalten, zwischen Aggression gegenüber dem unbekannten Erpresser und Attacken selbstzerstörerischer Verzweiflung schwankend, als er annehmen muß, Sean sei tot, und Anstalten macht, sich von der Dachterrasse zu stürzen. "Mel Gibson verkörpert einige der Eigenschaften, die die Figur haben mußte. Einerseits wollte ich die Figur als charismatischen, glaubwürdigen zeitgemäßen Helden darstellen. Andererseits sollte er auch über die Eigenschaften eines Individualisten verfügen. In meinen Augen war Mel Gibson immer so etwas wie ein Einzelgänger," erläutert Ron Howard. Sein Reichtum hat Mullen zu dem Glauben verleitet, alle Probleme mit Geld lösen zu können. Darum hat ihn auch Jimmy Shaker zum Opfer auserkoren: Er halte ihn für einen Mann, "der sich gerne freikauft." Shaker erzählt ihm die Geschichte der Elois und der Morlocks aus H.G. Wells' Sci-Fi-Klassiker *Die Zeitmaschine*. Während die einen sich sorglos in ihren sonnigen, elysäischen Gefilden tummeln, malochen die anderen unterirdisch als finstere Wesen an schweren Maschinen, um die Welt in Gang zu halten. Doch das Paradies ist nicht umsonst. Des Nachts kommen die Morlocks aus ihren Löchern, um sich an den Elois gütlich zu tun. Dieses Schicksal hat nun auch Mullen getroffen. Jahrelang hat er seinen Reichtum auf Kosten anderer genährt, nun ist ein Morlock emporgestiegen, um seinen Tribut zu fordern. Doch im Gegensatz zu den friedfertigen Opfern der Erzählung besinnt sich Mullen, nachdem er sich anfangs in sein Schicksal fügt, und weigert sich, die andere Wange hinzuhalten. Mullen will Shaker mit seinen eigenen Waffen schlagen und vertraut der menschlichen Gier. Für Mullen ist es ein Spiel mit dem Feuer. Er kann nicht wissen, daß Sean von seinen Entführern ohnehin zum Tode verurteilt wurde. Dem Zuschauer, der beide Seiten kennt, ist klar, daß die Entscheidung die einzig richtige ist. Nicht aber den Beteiligten. Mullen stellt sich für seine Mitmenschen auf die gleiche Stufe wie sein Gegner und löst Unverständnis und Entsetzen aus. Die Stimme des Volkes im Interview auf der Straße ist eindeutig. Keiner äußert Bewunderung für den genialen Schachzug. Auch das FBI, das mit der Klärung des Falls befaßt ist, reagiert mit Kopfschütteln. Mullens Aufruf erinnert an die noch gar nicht so fernen Zeiten, als in den *frontiertowns* Billy the Kid und Konsorten steckbrieflich gesucht wurden, als die Bürger das Gesetz in die eigene Hand nahmen und nicht allein auf die Ordnungshüter vertrauten. Der Millionär stellt den Rechtsstaat in Frage, indem er selbst - Auge um Auge, Zahn um Zahn - dazu aufruft, ihm den Entführer zu bringen, tot oder lebendig. Damit stiftet er zum Mord aus Habgier an, zu einer Handlung, für die es aus rechtsstaatlicher Sicht keine Rechtfertigung geben kann. Leider wird diese Problematik von Regisseur Ron Howard zugunsten der Thrillerhandlung nicht näher erforscht. Der deutsche Titel "Kopfgeld" statt "Lösegeld" als der korrekten Entsprechung des Originals deutet diese Perspektive an.

Kopfgeld arbeitet viel mit kleinen, scheinbar nebensächlichen Details. Es ist weiter nicht schlimm, wenn man sie in einem kurzen Moment der Unaufmerksamkeit verpaßt, aber sie zeigen die Sorgfalt, mit der der Film komponiert wurde. Die Kamera fängt zu Beginn flüchtig die Tätowierung am Hals der Aushilfskellnerin ein, der Sean noch freundlich zuzwinkert. Später wird er sie als Entführerin wiedersehen. Das Riesengemälde von Raphael Soyer, eine Leihgabe der New Yorker Forum Gallery, in Mullens Penthouse hat passenderweise den Titel "Waitresses". "Mr. Risk" betitelt Business Week einen Artikel über Mullen, eine Charakterisierung, deren Wahrheit sich noch herausstellt. Unten auf der Straße sind Polizisten auf Verbrecherjagd. Kurz schweift der Blick über den namenlosen Leiter der Aktion: Gary Sinise, der sich als Kopf der Bande entpuppen wird. Tom Mullen nötigt auf der Suche nach Sean einen weißen Kleinlaster zum Bremsen. Es ist der gleiche Wagen, in dem später die Entführer erschossen aufgefunden werden.

Raffiniert auch die Kontraste, die oftmals nur scheinbar sind. Zwar steht die finstere Hinterhofbehausung Shakers im Gegensatz zum hellen, geräumigen Penthouse der Mullens mit Blick auf die New Yorker Skyline, aber die Menschen sind so verschieden nicht. Als Mel seine Kopfgeldprämie aussetzt, blendet die Kamera vom entsetzten Gesicht Kates zum nicht minder fassungslosen von Shakers Freundin Maris, der Wutausbruch Shakers steht dem Mullens nicht nach. Unterschiedlichste Ursachen, aber dennoch die gleichen von Wut, Enttäuschung und Hoffnungslosigkeit geprägten Reaktionen.

Nach einer Idee von Cyril Hume und Richard Maibaum war das Drehbuch verfaßt worden. Das Thema, einen Erpresser mit seinen eigenen Methoden zu schlagen, hatte schon früher in der Luft gelegen. Es war 1956 als *Men-*

schenraub mit Glenn Ford, Donna Reed und Leslie Nielsen verfilmt worden, wobei Howard ausdrücklich betonte, den Vorgänger nicht begutachtet zu haben. Davor aber hatte noch ein Fernsehspiel, *Fearful Decision*, gestanden, das von Hume und Maibaum auf Spielfilmlänge ausgebaut und von den Endautoren nochmals ergänzt wurde. Natürlich trug auch Gibson wieder dazu bei. Seine Idee war es, Filmsohn Sean vor Schreck in die Hose pinkeln zu lassen, als er seinen Entführer wiedererkennt.

In einem der kältesten und schneereichsten Winter seit langem begannen im Januar 1996 die Dreharbeiten im New Yorker Stadtteil Queens. In den Kaufman-Astoria Studios entstand die luxuriöse Bleibe der Mullens, während Shaker in die Silver Cup Studios in Long Island verbannt wurde. Auf der Madison Avenue treffen die Widersacher zur letzten Auseinandersetzung zusammen. Die Geldübergabe wurde in einem Steinbruch in New Jersey inszeniert.

Tom Mullen setzt alles daran, die Entführer zu schnappen.

FLETCHERS VISIONEN
Conspiracy Theory   USA 1996/97

R: Richard Donner   **Db:** Brian Helgeland   **M:** Carter Burwell   **L:** *Can't Take My Eyes Off You* v: Bob Crewe, Bob Gaudio ges: Frankie Valli ges: Lauryn Hill   *Just Maintain* v: Alvin Joiner, Gloriree Rodriguez, Eric Brooks ges: Xzibit   *Every Little Thing She Does Is Magic* v: Sting ges: Mel Gibson   *Roto-Rooter Jingle* v: Captain Stubby and the Buccaneers   **K:** John Schwartzman   **S:** Frank J. Urioste, Kevin Stitt   **Pd:** Paul Sylbert   **Ko:** Ha Nguyen   **SpE:** Mike Meinardus   **B:** Marion Dougherty   **CoP:** Dan Cracchiolo, J. Mills Goodloe, Rick Solomon   **P:** Joel Silver, Richard Donner   **V:** Warner Bros.   **Lz:** 155 Min

Mel Gibson (Jerry Fletcher), Julia Roberts (Alice Sutton), Patrick Stewart (Dr. Jonas), Cylk Cozart (Agent Lowry), Stephen Kahan (Wilson), Terry Alexander (Flip), Alex McArthur (Zyniker), Rod McLachlan, Michael Potts, Jim Sterling (Wachmänner), Donal Gibson (Arzt im Roosevelt-Hospital), Brian J. Williams (Clarke), G.A. Aguilar (Piper), Cece Neber Labao (Finchs Sekretärin), Saxon Trainor (Alices Sekretärin), John Schwartzman (Heckenschütze), Brad Rea, Jim Van Wyck, Jason Merrill, Dan Cracchiolo (Detektive)

Der New Yorker Taxifahrer Jerry Fletcher wittert an allen Ecken und Enden eine Verschwörung von jedem gegen jeden. Seine Wohnung gleicht einem Bunker. Einst hat er Alice Sutton, Juristin im Justizministerium, das Leben gerettet. Seitdem versucht er, sie von seinen Theorien zu überzeugen. Tatsächlich wird er von Unbekannten überwältigt, gefoltert und in ein Krankenhaus eingeliefert. Dort besucht ihn Sutton, die sich erweichen läßt, sein Namensschild gegen das des Mitpatienten zu vertauschen, der prompt die Nacht nicht überlebt. Jerry flüchtet und Alice kommen nun doch ihre Zweifel. Sie forscht auf eigene Faust nach und findet den Schlüssel zu den eigenartigen Ereignissen in ihrer eigenen Vergangenheit.

Wirr wie die sich in den Autoscheiben spiegelnden, blitzenden und blinkenden Lichter und Leuchtreklamen der nächtlichen Metropole ist auch das abstruse Gesabbel über eine Weltverschwörung, mit dem der Taxifahrer Jerry Fletcher seine Fahrgäste eindeckt, denen die Erleichterung beim Ausstieg ins Gesicht geschrieben steht.

Die Ahnung, es hier mit einem psychiatrischen Fall zu tun zu haben, wird zur Gewißheit, als man mit Jerry zusammen seine Behausung betritt. Ein

Hochsicherheitstrakt könnte nicht hermetischer abgeriegelt sein. Dazu zeigt er Schläue. Ein Zahnstocher im Türspalt verrät, ob ein Unbefugter es gewagt hat, das Allerheiligste zu betreten. Selbst die Kaffeedosen im Kühlschrank sind noch mit Zahlenschloß gesichert. Jerrys "Wohnraum" beschränkt sich auf den spärlichen Platz, ohne Aktenschränke und Zeitungsstapel, wobei er Ausschnitte aus den einen in den anderen archiviert, um seine Theorien zu untermauern. "Verwahrlosung" kommt einem in den Sinn, zumal das Chaos in schmutziges graues Licht getaucht ist, Kakerlaken inklusive, und Jerry in Pudelmütze und versiffter Jacke sich nicht unbedingt als vertrauenserweckend anpreist. Ein Spanner ist er außerdem. Zu dem Song *Can't Take My Eyes Off You* beobachtet er die Juristin Alice Sutton durchs Fernglas in ihrer Wohnung. Spätestens bei seiner Randale im Justizpalast fragt man sich, wo die Zwangseinweisung dieses merkwürdigen Zeitgenossen bleibt. Die folgt auf den Fuß und führt nach stetig gestiegener Spannung zum Höhepunkt des Streifens. Dunkel gekleidete Männer kidnappen Jerry und schaffen ihn zu einer Folterkammer in einer ausgedienten Irrenanstalt. Das tobende Opfer wird in einem Rollstuhl fixiert, die Lider mit durchsichtigem Klebeband festgehalten, das den ungehinderten Blick auf die im Schmerz verdrehten blauen Augen freigibt, die in Großaufnahme gleißenden Lichtblitzen ausgesetzt werden, vor denen der Vorspann nicht umsonst warnt. Die Zuckungen, Verrenkungen und Schmerzensschreie des Gequälten gehen unter die Haut. Schauspieler Gibson ist in seinem Element und ergötzte sich sicher, könnte er an den Grimassen der mitleidenden Zuschauer beobachten, daß die Darstellung ihre Wirkung keinesfalls verfehlt. Mit letzter Kraftanstrengung schlägt er seine Zähne in den Gesichtserker seines Peinigers und rast mit seinem Rollstuhl durch lange, schäbige, dunkle Gänge, treppab, die Folterknechte im Rücken; eine Szene, wie sie den finstersten Alpträumen Kafkas entsprungen sein könnte. Die angebissene Nase gehörte einem künstlichen Patrick Stewart, während Gibson es sich nicht nehmen ließ, die Foltern selbst zu erdulden. "Ich habe noch nie einen Schauspieler so etwas ausgesetzt wie Mel. Die Pein war seelisch, nicht körperlich. Einmal sagte er: 'Ich halte es nicht mehr aus.' Und wir mußten aufhören und ihm einen Tag frei geben", erzählt Donner.

Mit Fletcher verflüchtigt sich auch die Spannung. Spätestens als Dr. Jonas mit Nasenpflaster auftaucht, wissen alle, das Publikum und Alice Sutton, daß hinter Jerrys Paranoia ein Körnchen Wahrheit steckt. Zwar bleiben die Hintergründe noch lange im Dunkeln, aber der einem Hitchcock würdige *suspense* wird nicht mehr eingefangen. Gewöhnliche Action-Krimihandlung und Romanze übernehmen die Führung.

Vordergründig mag man *Fletchers Visionen* als gutgemachte Unterhaltung ansehen. Dahinter verbergen sich aber zahlreiche Anspielungen auf lebende und tote Zeitgenossen, die Fletcher in seine Verschwörungstheorie mit einbaut. Das Wissen um die Absurdität seiner Behauptungen bewirkt einen Komikeffekt (ob die Auswahl der "Verschwörungshelfer", vor allem bezüglich Berufskollegen aus dem Showbiz nach persönlicher Sym- bzw. Antipathie erfolgte, sei dahingestellt). Mit der Problematik der Konditionierung Jerrys zum Mörder, zum *assassin*, spannt Helgeland einen Bogen von der persischen Assassinensekte des Mittelalters bis hin zu den Experimenten der Behavioristen. Auch die Idee zu Jerrys Manie, jedes erspähte Exemplar von *Der Fänger im Roggen* an sich zu nehmen, stammt nicht von ungefähr. Auch der Autor Jerome ("Jerry") Salinger ist ein wunderlicher Kauz, wie der Held seines zum Kultbuch avancierten Romans, Holden Caulfield, der sich in jugendlicher Unrast nach dem Rauswurf aus dem x-ten Internat durch New York treiben läßt und schließlich in der Nervenanstalt landet. Der Lennon-Attentäter Chapman hatte angeben, von Caulfield beeinflußt worden zu sein.

Jerry Fletcher hat die Orientierung vollkommen verloren

Phantastisch die Kamerarbeit, wie sie Josef Lederle im *filmdienst* zutreffend beschrieb: "In formaler Hinsicht besticht Donners Film durch die filigranen Kompositionen seines Kameramanns John Schwartzman, der die Straßen New Yorks in ein morbides, vergammeltes Schwarz taucht und die klaustrophobische Stimmung mit immer neuen Einstellungen zu beschwören weiß. Im monoligischen Powerplay des Taxi Drivers gelingen ihm immer wieder faszinierende Bilder nahe der Grenze zur Malerei: pointillistische Impressionen, in denen die Lichter der Stadt und der Verkehrszeichen zum bizarren Geflirr einer sich ins Konturlose auflösenden Welt werden, während Gibsons hellwachem Blick nichts zu entgehen scheint." Gelungen schon die Auftakteinstellung: Das gewohnte Warner-Emblem setzt sich plötzlich nach links in Bewegung - und entpuppt sich als Werbung auf einem Omnibus. Eindrucksvoll auch die Szene in Alices Auto. Plötzlich taucht Jerrys obere Gesichtshälfte aus dem Finsteren auf, das Weiß der gehetzt schweifenden Augen leuchtet scheinbar minutenlang aus dem Dunkeln. Schwartzman hatte einen Spezialfilm benutzt, eine Mischung aus Schwarz-Weiß und Farbfilm, der etwa doppelt soviel kostete, wie reguläres Material. Zwei verschiedene Endfassungen wurden abgedreht, wobei Donner sich die Entscheidung zur endgültigen Version von einem Testpublikum abnehmen ließ.

Jerry und Alice (J. Roberts) gehen den mysteriösen Vorgängen auf den Grund

Die Idee zu *Fletchers Visionen* hatte Brian Helgeland während der Dreharbeiten zu *Assassins* (!) Regisseur Donner vorgetragen, der auch gleich mit Gibson liebäugelte und Interessenten wie Brad Pitt und Jim Carey abwimmelte. Schließlich legten Silver und Donner einen $-20-Mio-Dollar-Köder im Büro des widerspenstigen Gibson aus.

Der verwundete Jerry in Alices Armen

Gedreht wurde in New York (Upper Westside: Ecke Riverside und 78th Street, Soho, Times Square - der mit großem Aufwand überschwemmt wurde - und in zahlreichen öffentlichen Gebäuden) und in Los Angeles. Und weil Film offensichtlich ein "Family-Business" ist, war Donal Gibson in einer Nebenrolle zu sehen, und Martin Glover, Dannys Bruder, hielt sich als Videoassistent im Hintergrund. Kein Wunder, daß sich Julia Roberts im falschen Film wähnte, als Danny auch noch leibhaftig als Besucher auftauchte.

Schon in den ersten drei Tagen spielte *Fletchers Visionen* auf dem US-Markt $ 19,3 Mio. Dollar ein und schlug damit die Konkurrenz haushoch. Gerüchten über eine Fortsetzung entgegnete Silver diplomatisch: "Wenn ich einen Weg finden könnte, Fortsetzungen zu drehen, ohne den ersten nochmal zu machen, dann würde ich das immer tun."

FAIRY TALE: A TRUE STORY
USA/Frankreich 1997

R: Charles Sturridge **Db**: Ernie Contreras **M:** Zbigniew Preisner **K:** Michael Coulter **S:** Peter Coulson **Pd:** Michael Howells **Ko:** Shirley Russell **B:** Mary Selway, Sarah Trevis **CoP**: Selwyn Roberts, Tom McLoughlin, Albert Ash **P:** Wendy Finerman, Bruce Davey **V:** Paramount **Lz**: 98 min

Harvey Keitel (Harry Houdini), Peter O'Toole (Sir Arthur Conan Doyle), Phoebe Nicholls (Polly Wright), Paul McGann (Arthur Wright), Elizabeth Earl (Frances Griffiths), Florence Hoath (Elsie Wright), Jason Salkey (James Collins), Lara Morgan (Jean Doyle), Adam Franks (Adrian Doyle), Guy Witcher (Denis Doyle), Joseph May (Houdinis Assistent), Mathilda Sturridge (Dorothy), Thomas Sturridge (Hob), Mel Gibson (Frances Vater)

Frances Vater wird im Ersten Weltkrieg für vermißt erklärt. Die Achtjährige wird von der englischen Verwandtschaft aufgenommen. Mit ihrer Cousine Elsie, deren Bruder kürzlich starb, verbringt sie viel Zeit an einem nahegelegenen Bach, wo sie die im Wald lebenden Elfen kennenlernen. Ein Foto der Elfen gerät über Sir Arthur Conan Doyle in die Presse und läßt den Landsitz zu einem Mekka für Elfensucher werden, die die scheuen Wesen aus ihrem Wald vertreiben. Doch alles wendet sich zum Guten. Nach einiger Zeit kehren nicht nur die Elfen zurück, sondern auch Frances Vater.

Eine Kindergeschichte nicht nur für Kinder war für Gibson genau das richtige für einen kleinen Gastauftritt zwischen seinen Action-Filmen.

EIN VATER ZUVIEL
Father's Day   USA 1997

R: Ivan Reitman   **Db:** Lowell Ganz, Babaloo Mandel nach dem Film *Zwei irre Spaßvögel* von Francis Veber   **M:** James Newton Howard, dirigiert: Artie Kane   **L:** *Young Boy   The World Tonight* v: Paul McCartney ges: P. McCartney   *I'll Never Be* v: Aaron Barrett, Andrew Gonzales, Adam Polakoff ges. u. gesp: Reel Big Fish   *Speed Home California* v: Sugar Ray ges: Sugar Ray   *Shall We Dance* v: Richard Rodgers, Oscar Hammerstein II ges: Robin Williams, Billy Chrystal   *Ain't It Something Cowboy Man* v: Lyle Lovett ges: Lyle Lovett   *Summer Down* v: Bob Marley ges. u. gesp: The Specials   *The Bottle Let Me Down* v: Merle Haggard ges: M. Haggard   *I Want to Take You Higher* v: Sylvester Stewart ges. u. gesp: Sly & The Family Stone   *Nothing   Where Only I Can Go   That Awful Man* v: Kim Shattuck ges. u. gesp: The Muffs   *The Impression That I Get* v: Dicky Barrett, Joe Gittleman ges: The Mighty Mighty Bosstones   *Put On a Happy Face* aus dem Musical *Bye Bye Birdie* v: Lee Adams, Charles Strouse   **K:** Stephen H. Burum   **S:** Sheldon Kahn, Wendy Greene Bricmont   **Pd:** Thomas Sanders   **Ko:** Rita Ryack   **SpE:** David M. Blitstein   **B:** Bonnie Timmermann, Michael Chinich   **CoP:** Gordon Webb, Karyn Fields   **P:** Joel Silver, Ivan Reitman   **V:** Warner Bros.   **Lz:** 99 Min

Robin Williams (Dale Putley), Billy Crystal (Jack Lawrence), Julia Louis-Dreyfus (Carrie Lawrence), Nastassja Kinski (Collette Andrews), Charlie Hofheimer (Scott Andrews), Bruce Greenwood (Bob Andrews), Jared Harris (Lee), Louis Lombardi (Matt), Patti D'Arbanville (Shirley Trainor), Haylie Johnson (Nikki), Charles Rocket (Russ Trainor), Dennis Burkley (Calvin), Alan Berger (Rex), Jennifer Crystal (Rose), Jason Reitman (verwechseltes Kind), Catherine Reitman (Victoria), Caroline Reitman (verirrtes Mädchen), Mel Gibson (Piercer)

Scott ist von zu Hause fortgelaufen. Da sich die Bemühungen Bobs, den Sohn zu suchen, in Grenzen halten, erzählt die Mutter Colette zwei früheren Liebhabern, dem erfolgreichen Anwalt Jack und dem labilen Künstler Dale, Scott sei womöglich ihr Sohn und schickt sie auf die Suche, die nach zahlreichen Katastrophen tatsächlich Erfolg hat. Scott kehrt reumütig nach Hause zurück und die beiden vermeintlichen Väter haben zwar keinen Sohn gewonnen, aber das Privatleben nimmt dennoch eine glückliche Wende.

Man muß schon genau hinsehen, um Mel Gibson gegen Ende des Films doch noch zu erkennen. Nur die typischen ruckartigen Kopfbewegungen verraten, wer sich hinter dem wüsten Piercer mit der Tätowierung und den von kleinen Ringen gespickten Augenbrauen, Ohren und der Nase tatsächlich verbirgt.

PAYBACK
Payback auch: Parker   USA 1997/98

R: Brian Helgeland   **Db:** Brian Helgeland, Cam., Ericson Core, Terry Hayes nach dem Roman *Point Blank* von Donald E. Westlake   **S:** Kevin Stitt   **Pd:** Richard Hoover   **Ko:** Ha Nguyen   **SpE:** Matt Sweeney   **B:** Marion Dougherty   **P:** Bruce Davey   **V:** Warner Bros.

Mel Gibson (Parker), Gregg Henry, Maria Bello, David Paymer, William Devane, Bill Duke, Deborah Kara Unger, Kris Kristofferson

Der Gelegenheitskiminelle Parker wird von der eigenen Freundin und deren Komplizen aufs Kreuz gelegt und um $ 70.000 gebracht. Dies läßt er natürlich nicht auf sich sitzen und macht sich daran, sich sein "Eigentum" wiederzubeschaffen.

Von Brian Helgeland als Drehbuchautor war Gibson bei *Fletcher's Visionen* noch ganz angetan gewesen. Als Regisseur stand er ihm weniger zur Nase. Er fand, seine Rolle käme nicht heldenhaft genug heraus und verlangte Abänderungen, zu denen Helgeland nicht bereit war. "Man hat immer ein Image im Kopf, das man vermitteln will. besonders in diesem Gewerbe. Dem kann man nicht entkommen", und "Wenn man nicht glücklich damit ist, dann ist es nicht zu spät, sich aufzumachen und zu drehen, wenn man dafür Zeit und Geld hat", meinte der Star. "Offengestanden, ich dachte, ich hätte eine gute Idee und bat Brian, sie für mich zu schreiben. Und er hielt sie nicht für gut." Prompt überredete Mel Terry Hayes, ihm einige Ergänzungen zu liefern und heuerte einen ungenannten neuen Regisseur an. Rund 30% des ursprünglichen Films sollen so verändert worden sein. Eine Folterszene und eine neue Nebenhandlung, die Entführung des Sohnes des von Kris Kristofferson gespielten Gangsterbosses, wurden neu eingefügt, und eigentlich auch der Gangsterboss selbst, der ursprünglich eine Frau - und zwar ohne Sohn - war.

Aus dem für Sommer 1998 angekündigten Kinostart konnte somit nichts werden. Bleibt abzuwarten, ob es mit dem neuen Termin von Februar 1999 für die USA klappt.

LETHAL WEAPON 4 - ZWEI PROFIS RÄUMEN AUF
Lethal Weapon 4   USA 1998

R: Richard Donner   **Db:** Channing Gibson   **M:** Michael Kamen, Eric Clapton, David Sanborn unter Verwendung des *JAWS* Themas von John Williams   **L:** *Fire in the Hole* v: Van Halen ges. u. gesp: Van Halen *Pilgrim* v: E. Clapton, Simon Climie ges. u. gesp: E. Clapton *Why Can't We Be Friends* v: Sylvester Allen, Harold R. Brown, Morris Dickerson, Leroy Jordan, Charles W. Miller, Lee Oskar, Howard Scott, Jerry Goldstein ges. u. gesp: WAR *Premonition* v: John Fogerty gesp: J. Fogerty **K:** Andrzej Bartkowiak   **S:** Frank. J. Urioste, Dallas Puett   **Pd:** J. Michael Riva   **Ko:** Ha Nguyen   **SpE:** Matt Sweeney   **B:** Marion Dougherty   **CoP:** J. Mills Goodloe, Dan Cracchiolo   **P:** Joel Silver, Richard Donner   **Lz:** 125 Min   **V:** Warner Bros.

Mel Gibson (Martin Riggs), Danny Glover (Roger Murtaugh), Joe Pesci (Leo Getz), Rene Russo (Lorna Cole), Chris Rock (Lee Butters), Jet Li (Wah Sing Ku), Steve Kahan (Captain Murphy), Uncle Benny (Kim Chan), Darlene Love (Trish Murtaugh), Trace Wolfe (Rianne), Eddy Ko (Hong), Damon Hines (Nick Murtaugh), Ebonie Smith (Carrie Murtaugh), Mary Ellen Trainor (Stephanie Woods), Jennie Lew Tugend (Chengs Empfangsdame), Cece Neber Labao (Hebamme)

Inmitten höchster Gefahr verraten Riggs und Murtaugh einander ein Geheimnis: Lorna, Riggs' Kollegin und Lebensgefährtin, und Rianne, Murtaughs Tochter, sind schwanger. Die beiden Cops stoßen unterstützt von ihrem neuen Kollegen Butters auf illegalen Menschenhandel und vermuten in dem Restaurantbesitzer Benny Chan den Drahtzieher. Den Irrtum erkennen sie erst, nachdem sie aus dem Betrieb Kleinholz gemacht haben. Sie stöbern dabei aber den wirklichen Gegner, Wah Sing Ku auf. Dessen Anschlag auf Murtaughs Familie und Lorna mißlingt und mündet in eine wilde Verfolgungsjagd. Wah schmuggelt nicht nur Landsleute ein, sondern will seine Verwandten mit Hilfe von Falschgeld aus den Händen der chinesischen Militärs freikaufen, die die Lunte aber riechen und mit allen aufräumen, außer mit Wah, dem die Profis nun den Garaus machen dürfen, bevor sie sich ihren Familienzuwächsen zuwenden können.

Nach *Brennpunkt L.A. - Die Profis kehren zurück* hatten die Hauptdarsteller Mel Gibson und Danny Glover allen Ernstes im Sinn, als Sergeants Riggs and Murtaugh nie wieder ganze Stadtteile in die Luft zu sprengen und das halsbrecherische Verfolgen von Bösewichten doch lieber den jüngeren Kollegen zu überlassen. Aus diesem Grund gab es als kleine Zugabe am Ende des Nachspanns noch eine 'unbedeutende' Explosion – ein winziges Hochhäuschen - zu sehen, im Vordergrund natürlich die beiden Polizisten, die wie aus einem Munde bekennen: "Wir sind zu alt für diesen Mist." Man soll immer gehen, wenn es am schönsten ist, heißt eine alte Lebensweisheit. Das hatten auch Gibson, Glover und das ganze Produktionsteam im Sinn. Doch Warner Brothers hatte nicht vergessen, wie *Brennpunkt L.A. - Die Profis kehren zurück* als Renner der Saison die Kinokassen zum Überlaufen brachte. So beschloß man, eine abermalige Fortsetzung zu produzieren. Die Stars ließen sich diesmal lange bitten, bevor sie ihre Zusage gaben und sich aufs neue in ein *Lethal*-Abenteuer stürzten. Gibson wollte nur mitwirken, wenn seine Rolle im neuen Film stürbe – keine Angst, Riggs bleibt natürlich am Leben – und er somit für immer aus der Serie "entlassen" wäre und Glover hielt es generell für unsinnig, "einen Film zu drehen, der eigentlich schon in dreifacher Ausfertigung existiert". Erst als Warner mit einem einem ansehnlichen Gehaltsscheck winkte, bei Gibson waren es 25 Millionen Dollar – waren die Bedenken getilgt.

(Fast) die ganze Familie (v. links) versammelt: Chris Rock, Danny Glover, Rene Russo, Mel Gibson

"Diese Filme sind purer Spaß. Das ist so, seit wir die erste Folge von *Lethal Weapon* gedreht haben. Die war auch nicht besonders anspruchsvoll. Das hier ist einfach so was wie Pop oder Popkorn. Doch was soll's - immerhin kann man damit die Miete bezahlen", erzählte Mel Gibson kaugummikauend und mit einem leichten Zwinkern in den Augen. Auch Chris Rock erfaßte den Inhalt des Films mit wenigen Worten: "Mel Gibson und Danny Glover erschießen ein paar Leute, sie reißen ein paar Witzchen, es gibt einen Verbrecher, sie spielen die Guten, Dannys Familie kriegt 'n bißchen Ärger, und ich sorge für die komischen Einlagen." Um viel mehr geht es im vierten Teil wirklich nicht. Die Helden werden dabei nur noch Vater bzw. Großvater und erfahren erst von diesem Glück, als ein Verrückter mit Flammenwerfer auf sie losgeht und Murtaugh ein Ablenkungsmanöver starten soll, indem er sich in seinen Unterhosen zeigt. Als Riggs seinem Freund dann auch noch berichtet, daß dessen Tochter schwanger ist, versteht dieser die Welt nicht mehr: "Sie kann nicht schwanger sein, sie ist doch nicht verheiratet!"

Eine Beförderung ist immer ein Grund zur Freude

Die Dreharbeiten begannen in der 3. Januarwoche 1998 und zogen sich bis Ende Mai hin. Die Anfangsszene mit dem Psychopathen wurde von 16 Kameras gleichzeitig gefilmt, da man die darin vorkommenden Explosionen nicht beliebig oft wiederholen konnte. Auch sonst sparte man nicht. Besonders viel Geld wurde wie üblich in Stunts und Spezialeffekte investiert. Neben gewohnten Materialschlachten mit Autos wird ein Hochhaus inklusive Einrichtung ramponiert. Das Auto fliegt vorne in die Glasfront, verwüstet die Etage und durchbricht auf der anderen Seite nochmals die Glasmauer. Dieser Stunt wäre beinahe schiefgegangen. Das Auto kommt nämlich im Film an einer Stelle aus dem Haus heraus, an der gerade zwei Fensterputzer am Werk sind. Einer der beiden Stuntmen, die diesen Job übernommen hatten, sprang zu spät ab, wodurch ihn beinahe das Auto gerammt hätte. Er blieb aber wie durch ein Wunder unverletzt. Auch die Landung des Pkws hätte unsanft enden können. Für ein weiches und sicheres Auftreffen hatte man einen Berg von Kartons errichtet, nur leider einige Meter zu nah am Hochhaus, so daß das Fahrzeug fast auf blankem Asphalt landen mußte.

In einer Szene des Films kommt es zu einer rasanten Verfolgungsjagd auf der Autobahn, bei der Riggs wie gewohnt von einem Auto zum anderen springt. Diese Aufnahmen konnte man natürlich nicht auf den überfüllten Freeways in Südkalifornien drehen, und deshalb zog man nach Las Vegas um. Die Organisatoren überredeten die Behörden in Nevada, einen fünf Kilometer langen Autobahnabschnitt des Highway 214 zu sperren, der gerade eben fertiggestellt worden war. Nun hatten Schauspieler und Stuntmen ganze zwei Wochen Zeit, sich auf dem Asphalt auszutoben. Man benötigte auch die volle Zeitspanne, um Mel Gibson das Surfen auf einem Kaffeetisch zu lehren. Dazu kam noch, daß das Drehbuch eigentlich noch längst nicht fertig war. Der weitere Handlungsverlauf ergab sich oft aus den Ideen oder scherzhaften Einfällen und Späßen der Schauspieler. Bei einem Interview während der Dreharbeiten meinte Gibson sogar einmal: "Ehrlich gesagt, weiß ich noch gar nicht genau, wie's im Skript weitergeht. Es kann alles Mögliche passieren. Vielleicht überleb` ich den vierten Teil gar nicht, vielleicht doch. Wir werden sehen. Schließlich schreiben die hier immer noch am Drehbuch herum – und das ist wirklich kein Witz."

Schwierig wurden für die Darsteller auch die Duellszenen gegen Ende. Sie wurden in einem Lagerhaus in Vernon und auf zwei Bühnen in den Warner-Studios gedreht. Zur Abwechslung findet der Showdown hier unter Wasser statt. Gibson und Jet Li mußten drei Drehtage in einem tiefen Tank arbeiten, wobei jedoch immer Taucher außerhalb des Kamerawinkels zur Stelle waren, um den Stars notfalls mit einem Atemgerät Luft zuzuführen. Mel Gibson zeigte sich hierbei als Routinier, aber Li, der neue Gegner der LAPD-Helden entpuppte sich als äußerst wasserscheu.

Jet Li, der Action-Star des Hongkong-Kinos, ist hier in seinem ersten Hollywoodfilm zu sehen. Als Geldfälscher und Triadenprinz Wah Sing Ku verkörpert er zum ersten Mal in seiner Karriere einen Gangster. Der Kampfkunstexperte erhielt bereits als Achtjähriger Unterricht in Wushu und erkämpfte sich nach nur drei Jahren Ausbildung und Training den Titel des Junior Champions des Pekinger Wushu-Teams. Es gelang ihm, den Titel vier Jahre lang erfolgreich zu verteidigen. Kein Wunder also, daß Li oftmals nicht nur für seine Schauspielkollegen, sondern auch für die Kameras zu schnell war. Die Kampfszenen wurden also langsamer gespielt und das fertige Band später einfach schneller abgespult. Rene Russo machte der Kämpfer unglaublich nervös, besonders als er ihr im Film mit dem Fuß einen Schlag ins Gesicht versetzen sollte. Sie zeigte panische Angst er könne sie wirklich verletzen: "Jet Li ist so schnell, ich konnte ihn nie sehen, seinen Bewegungen nicht folgen und das ist schon ein wenig unheimlich beim Drehen." Auch der Regisseur war anfangs besorgt: "Der Junge ist verdammt schnell, er mußte einige Szenen in Zeitlupe vorspielen, damit Mel und Danny überhaupt mitbekamen, wo der hinhaut." "Als mich Richard Donner engagierte, schärfte er mir ein, daß ich bei den Kampfszenen Mel Gibson auf keinen Fall verletzen dürfe", berichtet Jet Li über seine ersten Worte mit Donner.

Chris Rock steigt als neues Gesicht zur Verstärkung in die *Lethal*-Familie mit ein. Er unterstützt als Nachwuchs-Detective Riggs und Murtaugh nicht nur bei der Eliminierung des Bösen, sondern stellt zudem einen noch unverbrauchten Witzfaktor dar. Während Rock seine Schauspieltechnik selbst als "alles von Marlon Brando, eine Spur de Niro und eine kleine Prise Mickey Maus" darstellt, lobte Donner seinen Neuen: "Chris bringt von Haus aus einen ganz raffinierten Humor mit, und den investiert er voll in seine Rolle. Chris Rock ist außergewöhnlich begabt – er sagt oder tut nie etwas auf genau die gleiche Weise."

Die Sergeants Riggs und Murtaugh sind inzwischen aus der Leinwandwelt nicht mehr wegzudenken. "Das Publikum kennt diese Typen seit Jahren. Die Zuschauer halten diesen Cops gespannt die Daumen, haben eine regelrechte Beziehung zu ihnen entwickelt. Aus der Beziehung ergeben sich bestimmte Situationen; und aus diesen Situationen ergibt sich die Action des Films", beschrieb Donner das Geheimnis der Serie.

"12 Jahre, Mann. Kaum zu glauben, was? Die meisten Ehen dauern keine 12 Monate. Bei uns sind`s jetzt schon zwölf Jahre", meinte Danny Glover über seine Zusammenarbeit mit dem Team. Und mit Recht kann Produzent Joel Silver die Crew als "große Familie" bezeichnen, denn nicht nur auf dem Bildschirm halten Darsteller und Leute hinter den Kulissen zusammen. Mel Gibson sieht das zudem als Rezept für den Erfolg: "Es ist sehr schwierig, eine Sache zweimal gut hinzubekommen. Dreimal ist noch komplizierter

und viermal fast unmöglich. Wir haben allerdings den Vorteil, daß wir wirklich gerne zusammenarbeiten; wir kennen unsere Figuren in- und auswendig, sie sind uns sympathisch; auch das Verhältnis zu den Filmemachern könnte nicht besser sein. Für das, was wir da oben auf die Leinwand bringen, stehen wir mit unserer ganzen Persönlichkeit voll ein."
Trotz aller Unkenrufe und schlechten Vorzeichen - die Zahl vier scheint in Serienreihen verhext zu sein, denn viele dieser Filme fielen beim Publikum durch - haben es die draufgängerischen Helden wieder einmal geschafft. Der vierte Teil spielte in den USA und Kanada innerhalb der ersten drei Tage 34,1 Millionen Dollar ein, mehr Geld als die drei Vorgänger. Dies katapultierte *Lethal Weapon 4* sofort an die Spitze der Kinocharts. Von den Kinobesuchern beurteilten 92 % den Film positiv. Auch die deutsche Premiere am 13. 08. 1998 zog die Massen in die Kinos.

Martin Riggs muß sich des Triaden-Prinzen Wah Sing Ku (Jet Li) erwehren

Die Kritiker überschütteten das Werk zwar nicht mit Lob, aber insgesamt fielen ihre Beurteilungen nicht schlecht aus und man konnte bisweilen feststellen, daß sogar ihnen die zwei Helden inzwischen ans Herz gewachsen sind: "Denn in dem ganzen Geballer und Gewummer wollen Hauptdarsteller Mel Gibson und Danny Glover – elf Jahre nach der Erfindung des Polizistenduos Riggs/Murtaugh ein wenig ergraut und zart wampig – vor allem vorführen, daß selbst ältere Herren nur zusammen ganz gut können. In den USA nennt man so was 'Buddies': Freunde fürs Leben, die sich den ganzen Tag über den rechten Weg streiten. Menschenhändler, Mörder und der übrige schlechte Rest der Welt werden wie nebenbei erledigt – wichtig ist, daß sich Buddies mögen, weil sie sich nicht mögen. Die Paarung ihrer Gegensätze macht sie unschlagbar, ihr immer schwelender Streit ist der unterhaltende Motor ihrer Mission [...] Männer, so die hintergründige Botschaft, sind die besseren Freundinnen. [...] Zur glatten Lachnummer wird Lethal Weapon 4 immer dann, wenn er sentimental sein will. Zu albern und zu aufgesetzt werden Altherren-Freunschaften geschworen, zu theatralisch wird ein Joe Pesci ins Herz der Männerrunde geschlossen. Donner verlegen: Die Leute sollen merken, daß wir das alles nicht so ernst meinen."(*Stern*)

Mel Gibsons anfängliche Abscheu, noch eine Fortsetzung zu drehen, ist inzwischen verschwunden. Er scherzte sogar: "Irgendwann drehen wir noch einen, wenn wir alle richtig fett und alt sind und keine Haare mehr haben", und schlug auch gleich einen passenden Titel vor: "Lethal Weapon 12 – auf der Jagd nach dem verschwundenen Viagra."

In Produktion:

CHICKEN RUN
Großbritannien ab 1997

R: Nick Park, Peter Lord   Db: Jack Rosenthal, Karey Kirkpatrick   **P:** David Sproxton, Peter Lord, Nick Park   **V:** Pathe

mit den Stimmen von:
Mel Gibson, Julia Sawahla, Miranda Richardson, Ben Whitrow, Lynne Ferguson, Jane Horrocks, Timothy Spall, Phil Daniels

THE MILLION DOLLAR HOTEL
USA/Deutschland 1999

R: Wim Wenders   **Db:** Nicholas Klein, Bono, Wim Wenders   **CoP:** Paul McGuinness   **P:** Wim Wenders, Ulrich Felsberg, Deepak Nayar

Mel Gibson, Milla Jovovich, Jeremy Davies

Ein Millionärssohn wird in einer billigen Absteige tot aufgefunden. Mord oder Selbstmord, das ist die Frage, mit der sich die Ermittler herumschlagen müssen, indem sie das Leben der Hausbewohner durchleuchten.

U2 Leadsänger Bono gehört mit zu den Autoren der Geschichte.

Personenregister

48 Stunden	117, 118
Air America	38, 40
Apollo 13	49
Armstrong, Gillian	31, 103-111
Attenborough, Richard	95
Avalon, Phil	14, 15, 54, 56
Badham, John	37, 129, 132
Bailey, Ross	14
Barnard, Betty	20
Barry, Ian	23, 67
Bass, Bobby	35
Bates, Alan	39, 146
Bender, Lon	179
Bergmann, Ingrid	88
Bisley, Steve	12, 14, 15, 17, 18, 56, 80
Black, Shane	34
Boetticher, Budd	122
Bolt, Robert	94, 95
Bonham-Carter, Helena	13, 39, 143, 146
Boyd, Russell	89, 157
Branagh, Kenneth	146, 154
Brando, Marlon	17, 92, 93
Braveheart	45-49
Brennpunkt L.A.	36, 37
Brennpunkt L.A.-Die Profis kehren zurück	42
Bret Maverick	166
Bridges, Alan	95
Brown, Joffrey	119
Burstall, Tim	23, 71
Burton, Richard	143
Burwell, Lois	179
Busey, Gary	118
Carey, Jim	196
Carradine, David	131
Casper	45
Chamberlain, Richard	62
Cheyenne	167
Chicken Run	52
Chuan-Hsiung, Koo	23
Cimino, Michael	95
Clark, John	10, 18
Clift, Montgomery	102
Close, Glenn	40, 143-146

Club der toten Dichter	160
Coburn, James	28
Cohen, Rob	37
Connery, Sean	46, 135
Conolly, Jeremy	12
Costner, Kevin	43, 135
Country	98
Couturie, Bill	44
Cox, Brian	47
Cruise, Tom	51
Curtis, Jamie Lee	155
Dad and Dave on Our Selection	22
Davey, Bruce	36, 43, 47
David und Goliath	43
Davis, Judy	10, 13
de Laurentiis, Dino	94, 95
de Niro, Robert	154
Der Fänger im Roggen	194
Der Mann ohne Gesicht	43, 45, 47
Der mit dem Wolf tanzt	44
Die Bounty	28, 30, 100
Die Dornenvögel	62
Die Geisel	16
Die grünen Teufel	70
Die grünen Teufel vom Mekong	23, 38
Die Kettenreaktion	23
Dillon, Matt	24
Donaldson, Roger	28, 93, 95
Donner, Richard	39, 45, 51, 117-119, 128, 158, 167-172, 195, 207, 208
Dowding, John	18
Downey, Robert, Jr.	38, 136, 139
Duke, Bill	131
Earth and the American Dream	44
Eastwood, Clint	177
Ein Jahr in der Hölle	28
Ein Platz im Herzen	98
Ein Vogel auf dem Drahtseil	37, 40, 47, 142
Ellison, Brian W.	114
Erbarmungslos	44
Es war einmal in Amerika	28
Eskow, John	38, 136
Fearful Decision	190
Field, Sally	98, 99

Flucht zu Dritt	28, 31
Flynn, Errol	92
Ford, Glenn	190
Ford, Harrison	36, 51
Forever Young	43
Forman, Deborah	15, 16
Foster, Jodie	45, 51, 168-172
Gable, Clark	92, 93
Gabriel, Mike	175
Gallipoli	11, 25, 26, 27, 34
Garner, James	167-171
Garner, James	45
Gere, Richard	140
Geschichte zweier Städte	45
Ghost	42
Gibson Patricia	5, 6, 9
Gibson, Andrew	7
Gibson, Ann	5
Gibson, Anne	2-9, 12. 24, 34, 40
Gibson, Christian	27
Gibson, Christopher Stewart	5
Gibson, Daniel Leo	5
Gibson, Donal Regis Gerard	5, 9, 46, 197
Gibson, Edward	27
Gibson, geb. Moore, Robyn	19, 24, 27, 30, 31, 33, 34, 35, 40, 42, 44, 153
Gibson, Hannah	25
Gibson, Hutton	2-9, 12, 24, 34, 40
Gibson, Kevin Bernard	5, 6
Gibson, Louis	35
Gibson, Mary Bridget	5, 9
Gibson, Maura Louise	5
Gibson, Milo	39
Gibson, Sheila	5, 9
Gibson, William	32
Giddy, Jack	25
Gielgud, John	143
Gilliam, Terry	45
Glenn, Scott	30, 101
Glover, Danny	34, 42, 117, 118, 150, 168, 197, 202, 207, 208
Glover, Martin	197
Goldberg, Eric	175
Goldblatt, Stephen	45, 168
Grant, Cary	6, 88, 155

Hallberg, Per	179
Hamlet	13, 40, 41
Hancock, Mike	169
Harris, Julie	63
Hawn, Goldie	16, 38, 129-133
Hayes, Terry	113, 201
Heinrich V	19
Helgeland, Brian	194, 196, 201
Herrmann, Edward	106
Heston, Charlton	28
Hogan's Heroes	52
Holm, Ian	39, 144, 146
Hopkins, Anthony	29, 94, 95
Howard, Ron	189, 190
Howard, Trevor	92
Huggins, Roy	166
Hume, Cyril	190, 191
Hunt, Linda	17, 31, 86-90, 170
Isham, Mark	109
Jarrat, John	14
Jaws	150
Jupp, Eric	70
Keaton, Diane	105, 109
Kellog, Phil	95
Kelly, Jack	166
Kennedy, Byron	60, 61, 80, 114
Kensit, Patsy	37
Kinnander, Maimiti	29
Koch, Charles	86
Kopfgeld	49
Kosinzev, Grigorij	143, 147
Kristofferson, Kris	201
Ladd, Alan, jun.	44, 46
Lange, Jessica	98, 99
Laughton, Charles	92, 93
Laurie, Piper	63-65
Law, John Phillip	23, 71
Lean, David	28, 94
Lee, Mark	25, 74-76
Les Darcy Show	19
Lethal Weapon 4 - Zwei Profis räumen auf	51, 52
Li, Jet	205, 206
Limato, Ed	28, 42, 44, 142
Lopata, Dean	48, 50
Lovell, Pat	24, 34

Mac Arthur, Douglas, General	70
MacPherson, Don	45
MacRury, Malcolm	43
Mad Max	16-20, 22, 26, 32, 33, 38, 56, 57, 67, 68
Mad Max - Jenseits der Donnerkuppel	34, 43
Mad Max II	26
Maibaum, Richard	190, 191
Marceau, Sophie	46
Mary Shelley's Frankenstein	154
Matthews, Mitch	17, 56
Maverick	166
Maverick	45
May, Brian	61
McCallum, John	65
McCausland, James	61
McCormack, Catherine	47
McCullough, Colleen	19, 62
McGoohan, Patrick	184
McQueen, Steve	102
Mellor, Aubrey	11, 13
Melnick, Daniel	38, 136
Menschen am Fluß	28
Menschenraub	190
Miller, George	17, 19, 26, 32, 33, 43, 59-61, 67, 68, 80, 113, 114, 159
Mitchell, Warren	28
Modine, Matthew	105
Monkey Grip	26
Moore, Roger	31, 166
Murdoch, Keith	25
Murdoch, Rupert	24, 25
Murphy, Audie	23
Murray, Bill	135
Murray, Mickey	144
Mylott, Eva	6
Neill, Sam	23, 71
Newman, Paul	45, 167
Newman, Randy	168
Newton, Linda	12,
Nielsen, Leslie	190
No Names ... No Packdrill	23
Noyce, Philip	23, 71
Ödipus	19

Ogilvie, George	24, 114
Olivier, Laurence	143, 147
On Our Selection	22
Onorato, Paul	64
Page, Grant	32
Papadopulous, Nick	56
Parker, Nathaniel	39, 143
Pate, Christopher	19
Pate, Michael	19, 20, 62-65
Pattison, Paul	179
Payback/Parker	52
Pesci, Joe	127, 150
Pfeiffer, Michelle	123
Picknick am Sankt Valentinstag	14, 34
Pitt, Brad	196
Pocahontas	45
Punch, Angela	22
Punishment	24
Rafelson, Bob	136
Rebel	23
Reed, Donna	190
Reeves, Christopher	95
Reimers, Monroe	11, 12, 14
Renegades	42
Richardson, Tony	143
Riley, Pat	123
Robbins, Christopher	135, 139
Roberts, Julia	43, 51, 197
Rock, Chris	204, 206
Rodgers, Mic	34, 119
Romeo und Julia	10
Rosenblum, Steven	48
Rush, Geoffrey	22, 50
Rush, Richard	38, 135, 136
Russell, Kurt	38
Russo, Rene	50, 150, 206
Ryan, Meg	45, 169
Rydell, Mark	30, 98-102
Salinger, Jerome	194
Schwartzman, John	195
Scofield, Paul	39
Sesamstraße	24
Shannahan, Bill	16, 26, 28, 34
Silver, Joel	42, 51, 197, 206, 207
Skippy	54

Spacek, Sissy	30, 98-102
Spottiswoode, Roger	135, 136
Springfield, Rick	37
Stahl, Nick	162
Stewart, Patrick	51
Stigwood, Robert	24, 25
Stinson, Ed	2, 3
Summer City	18, 20, 23
Sutherland, Joan	22
Tattersall, Barry	36
Taylor, Robert	35, 36
Tequila Sunrise	36, 38
Thau, Leon	24
The Greatest Stories Ever Told	43
The Law Breakers	94
The Long Arm	94
The Million Dollar Hotel	52
The Rest of Daniel	153
The Running Man	28
The Sullivans	16, 24
The Untouchables	37
Thompson, Peter	179
Tim	20, 22
Tobolowsky, Stephen	131
Tod eines Handlungsreisenden	10, 28
Toll, John	179
Towne, Robert	123, 124
Turner, Tina	113
Under Fire	135
Wallace, Randall	44, 49
Warten auf Godot	22
Wayne, John	36, 70
Weaver, Sigourney	84-89
Weintraub, Jerry	34
Weir, Peter	11, 14, 24-28, 30, 50, 84-89, 158, 159, 160
Weißes Gift	88
Wenders, Wim	52
Whaley, George	11, 16, 22
Wherret, Richard	10
Whitton, Margaret	44
Williams Bernard	93, 95
Williams, John	99
Williams, Robin	160
Williamson, David	25

Wilson-Dickinson, Julia	39
Wood, Elijah	154
Worrall, Max	114
Young Maverick	166
Zeffirelli, Franco	39, 40, 119, 140-146
Zsigmond, Vilmos	99, 168
Zur Hölle und zurück	23
Zwei stahlharte Profis	38, 44

Literatur

Bücher

Chunovic, Louis: Jodie Foster - Ein Portrait, vgs Verlagsgesellschaft Köln 1997

Emerson, Mark; Pfaff Eugene E., jr: Country Girl - The Life of Sissy Spacek, St. Martins's Press, New York 1988

Falk, Quentin: Anthony Hopkins - The Authorised Biography, Virgin Publishing Ltd, London 1993

Goldberg, Lee; Lofficier, Randy; Lofficier, Jean-Marc; Rabkin, William: Science Fiction Filmmaking in the 1980s - Interviews with Actors, Directors, Producers and Writers, McFarland & Co., Jefferson, N.C. 1995

Hanrahan, John: Mel Gibson, Little Hills Press, St. Peters, N.S.W. Australia 1986

Hasemann, Dieter: Das neue australische Kino, Dreisam-Verlag, Freiburg i. BR. 1987

Heinzlmeier Adolf: Kim Basinger Ihre Filme - Ihr Leben, Wilhelm Heyne Verlag, München 1992

Hunter, Stephen: Violent Screen - A Critics 13 Years on the Front Lines of Movie Mayhem, Bancroft Press, Baltimore, Md 1995

Just, Lothar (Hrg): Das Filmjahr 1984, filmland presse, München 1984

Just, Lothar: Filmjahr 1981/82, filmland Presse, München 1981

Kael, Pauline: For Keeps - 30 Years at the Movies, Penguin Books Ltd., Harmondsworth, Middlesex 1994

Kluxen, Kurt: Geschichte Englands, 4. Aufl., Alfred Kröner Verlag, Stuttgart 1991

Krieger, Karl-Friedrich: Geschichte Englands von den Anfängen bis zum 15. Jahrhundert, C.H. Beck, München 1990

Marek Haltof: Peter Weir, Twayne Publishers, New York 1996

McKay, Keith: Mel Gibson, Sidgwick & Jackson, London 1986

Mowrey, Peter C.: Award Winning Films, McFarland, Jefferson, N.C. 1994

Murray, Scott (Hrg): Australian Film 1978 - 1994, Oxford University Press, Melbourne 1995

o.N., Cine para Leer 1993, Ediciones Mensajero, Bilbao 1993

Pendreigh, Brian: Mel Gibson and his Movies, Bloomsbury Publishing plc, London 1997

Pendreigh, Brian: On Location ... The Film Fan's Guide to Britain and Ireland, Mainstream Publishing, Edinburgh 1995

Perry, Roland: Lethal Hero - The Mel Gibson Biography, Oliver Books, o.O., 1993

Ragan, David: Mel Gibson, W.H.Allen & Co. Plc, London 1986

Rattigan, Neil: Images of Australia - 100 Films of the New Australian Cinema, Southern Methodist University Press, Dallas 1991

Robertson, Ed: Maverick, Legend of the West, Pomegranate Press Ltd,

Beverly Hills, CA 1994
Sellers, Robert: Sigourney Weaver, Robert Hale Ltd, London 1992
Shakespeare, William: Hamlet, Rowohlts Klassiker, Hamburg 1957
Sinyard, Neil: Mel Gibson, Crescent Books, New Jersey 1993
Stone, Judy: Eye on the World - Conversations with International Filmmakers, Silman-James Press, Beverly Hills, CA 1997
Stratton, David: The Last New Wave - The Australian Film Revival, Angus & Robertson Publishers, Australien 1980
Thompson, Douglas: Pfeiffer - Beyond the Age of Innocence, Little, Brown and Company, London 1995
Weber, Reinhard: Die Mad-Max-Trilogie, Reinhard Weber Verlag, Landshut 1998
Young, Nick: Mel Gibson, Ein stahlharter Profi mit sanfter Seele, Gustav Lübbe Verlag GmbH, Bergisch Gladbach 1993
Zander, Martina (Hrg): Das Filmjahr '86, filmland presse, München 1986

Zeitungen und Zeitschriften

Anno Domini, Heft 4/97: Braveheart von Hagen Seehase
Berliner Zeitung Nr. 267/ 25.11.93: Ich war nicht meine erste Wahl, ich fand keinen anderen
Cinema papers, May 91 Hamlet by Brian McFarlane
der Schnitt, Nr. 8/97: Fletcher's Visionen von Marc Stöhr
Der Spiegel, Nr. 10/85 vom 04.03.85: Heimatfilm, made in USA
Der Spiegel, Nr. 5/90 vom 29.01.90: Personalien Patsy Kensit
Die Presse - Kultur und Medien v. 21.12.93: Grauen in Nachbars Garten von Nikolaus Thierry
El País Semanal, Nr. 41/91: Mel Gibson, la reserva moral de Occidente, Interview mit Koro Castellano
Empire, October 1995: Ol' Blue Eyes Is Back by Jeff Dawson
Entertainment Weekly, 15. Aug. 1997: Conspiring Minds Want to Know ... How Did Julia And Mel Hook Up on Screen? We Have Our Theories by Rebecca Ascher-Walsh
FAZ, 29.11.93: Attacke des Welttheaters auf die Pickel des Vergil von Eva-Maria Lenz
Filmdienst Nr. 22, 28.10.97: Fletcher's Visionen
Filmillustrierte, 10/91: Hamlet
Films and Filming, August 1987: Lethal Weapon by Martin Sutton
films in Review, Aug./Sept. 1984: The Bounty by Charles Sawyer
films in Review, May/Juni 1996: Interview with Mel Gibson by John Andrew Gallagher and Sylvia Caminer
Frankfurter Rundschau, 03.12.93: Blaue Augen - Mel Gibsons Regiedebüt *Der Mann ohne Gesicht* von Sabine Horst
jetzt, 15.04.96: Mel Gibson, Interview mit Tobias Kniebe, Christian Seidl

Kino, 2/91: Sein oder Nicht Sein
Premiere, April 1997: Belle de Jour by Thrish Deitch Rohrer
Premiere, August 1989: Shot by Shot by Mimi Avins
Premiere, August 1995: Patriot Games by Libby Gelman Waxner
Premiere, December 1996: To Mel & Back by Holly Millea
Premiere, February 1989: In the Works by Scott Immergut
Premiere, February 1991: Hamlet Revisited by Cyndi Stivers
Premiere, Jan. 1999: Irreconcilable Differences - Town Without Pity by: John Horn
Premiere, July 1989: In the Works by Scott Immergut
Premiere, June 1990: Bird on a Wire by Kim Masters and John H. Richardson
Premiere, June 1994: How the West Was Fun or, The Saga of 'Maverick', Wherein Mel Tells Dirty Jokes, Jodie Follows a Different God, Jim Proves He's a Gamer and the Director Never Stops Talking by Fred Schruers
Premiere, May 1990: For All You Do, This Butt's For You - Mel Gibson: Hanging Out by Terri Minsky
Premiere, May 1995: Dressed to Kilt by Rachel Abramowitz
Premiere, October 1997: Auteurs de force by Christine Spines and Anne Thompson
Premiere, September 1990: Fly the Friendly Skies by Robert Sam Anson
Premiere, September 1993: Mad Mel by Rachel Abramowitz
segno cinema, no 49, Mai/Juni 91: Amleto
Sight and Sound, Juni 1997: Anna Karenina by Liese Spencer
Sight and Sound, Sept. 1997: Conspiracy Theory by John Wrathall
Stern Nr. 2/97: Ein rechter Herzensbrecher von Christine Kruttschnitt
Stern Nr. 42/97: Auf der Suche nach dem verschwundenen Dichter von Jochen Siemens
SZ Magazin Nr. 39 v. 29.09.95: Mel Gibson, Interview mit Richard Pleuger
SZ Nr. 277/93: Verbrannte Gefühle - Mel Gibsons Regie-Debüt *Der Mann ohne Gesicht* von Bodo Fründt
taz, 25.11.93: verträumt, depressiv, nichtsnutzig von Harald Fricke
Time Magazine, 21.01.1990: Wanna Be ... or Wanna Not Be ? by Richard Schickel
Treffpunkt Film, 10/91: Hamlet

Die Autoren

Lobinger, Karin: Jahrgang 1979, Abiturientin am Gymnasium Seligenthal, Landshut. Interessenschwerpunkt Kenneth Branagh und seine Shakespeare-Verfilmungen

Rennschmid, Andrea: Jahrgang 1966, Staatl. geprüfte Übersetzerin und Dolmetscherin, Dipl. Verwaltungswirt. Übersetzungen für verschiedene Fachzeitschriften, Co-Autorin von *Charlton Heston - Seine filmischen Werke* und Herausgeberin von *Alamo - John Waynes Freiheitsepos*.

Im gleichen Verlag erschienen: